KB110656

캐스팅 보트

MZ 세대는
어떻게
정치를
움직이는가

MZ세대는 어떻게 정치를 움직이는가

캐스팅 보트

초판 1쇄 발행 | 2022년 2월 7일

지은이 | 이동수
펴낸곳 | 메이드인
등 록 | 2018년 3월 5일 제25100-2018-000014호
주 소 | 서울특별시 은평구 연서로10길 15-6
전 화 | 070-7633-3727
팩 스 | 0504-252-6940
이메일 | madein97911@naver.com
ISBN | 979-11-90545-26-6 03340

* 책값은 뒤표지에 있습니다.
* 잘못 만들어진 책은 구입하신 서점에서 교환해 드립니다.

캐스팅 보트

이동수 지음

"당신의 한 표는 캐스팅 보트가 될 겁니다."

MADE IN

CONTENTS

2부
무엇이 MZ세대를 구성하는가?

3부
어떻게 MZ세대를 잡을 것인가?

4부
집단으로 표류하는 세대

프롤로그

왜 이대남들은 보수정당에 몰표를 주었을까?

서울시장 재보궐 선거가 말해주는 것

정치권에서 청년들이 이만큼 주목받았던 적은 없었다. 물론 청년이라는 소재는 선거 때마다 빠지지 않고 등장하는 단골 메뉴였다. 그러나 그건 낡고 고루한 정치에 청년으로 상징되는 역동성과 참신성을 입히기 위한 치장이었을 뿐이다. 그동안 모든 정당이 입이 닳도록 청년을 외쳤지만, 이들이 실제로 정치의 중심에 선 적은 없었다. 청년들은 상대적으로 적은 인구와 낮은 투표율로 인해 그 정치적 가치가 늘 평가절하되었다. 설익은 청년 정책과 보여주기식 인재영입은 정치 영역에서 청년이 차지하는 비중을 간접적으로 가늠할 수 있는 척도였다. 2021년 말, 더불어민주당과 국민의힘이 섣불리 청년 인재를 영입했다가 값비싼 대가를 치렀던 사건은 역설적으로 그 이벤트가 얼마나 준비되지 않은 것이었는지를 여실히 보여주었다. 한두 명의 얼굴마담을 내세우면 청년들의 지지를 얻을 수 있을 거라는 정치권의 얄팍한 전략은 여전히 달라진 게 없었다.

정치의 영역에서 청년들은 체스로 비유하면 폰과 같이 소모적인 존재였다. 2020년 4월 15일에 실시된 제21대 국회의원 선거에서 미래통합당은 '퓨처 메이커'라는 제도를 시행했다. 일부 지역구에 청년들만 공천해서 소위 청년 지역구 벨트를 형성하겠다는 계획이었다. 명분은 청년 정치인들을 우대한다는 것이었지만 실상은 미래통합당의 당선 가능성이 없는 지역에 청년들을 내보내고 당을 위해 희생하라는 것에 지나지 않았다. 총알받이나 다름없었다. 그나마도 일부 지역구에선 당이 청년들의 공천을 취소하고 기성 정치인을 다시 내세우면서 여남은 의미마저 사라져버렸다. 이때만 해도 보수정당이 청년들의 지지를 받는 일은 당분간 없을 것처럼 느껴졌다. 비록 정부 여당이 공정이니 내로남불이니 하는 논란들로 청년들의 민심을 잃었다고는 하지만, 보수정당 역시 기존의 구태의연한 모습을 떨쳐내지 못하고 있던 까닭에서다. 청년들의 더불어민주당 지지율은 계속 하락하는데 그렇다고 국민의힘이 반사이익을 보는 것 또한 아닌 상황이 계속되었다. '진보도 싫고 보수도 싫은' 청년들은 무려 절반에 이르는 수가 무당층을 형성했다. 이들의 표심이 어느 한 곳으로 향한다면, 그때가 곧 균형이 깨지는 순간이 될 게 틀림없었다. 2021년 4월 7일 실시된 재보궐 선거가 바로 그 순간이었다.

사실 'V 논란'이 있었을 때만 해도 오세훈 후보가 서울시장 보궐선거에서 승리하리라 예측한 사람은 거의 없었다. 2011년 서울시장직을 걸었던 초·중·고교 무상급식 찬반 주민투표에서 패배하여 물러난 이래, 그의 정치 인생은 내리막의 연속이었다. 2016년 20대 총선에서는 종로에서 정세균 의원에게 초반의 우위를 지키지 못한 채 결국 패배하였고, 2020년 21대 총선에서는 광진구을에서 정치 신인이던 고민정 후보를 상대로도 이기지 못하는 굴욕을 겪었다. 그가 화제가 됐을 때라곤 '헬조선' 담론이 한창이던 2015년, 청년들을 향해 "개발도상국에서 한 달만 살아보면 대한민국에 자부심이 생긴다"라고 발언해 눈총을 받았을 때 정도였다. 2021년 초까지만 해도, 재보궐 선거의 귀책 사유가 더불어민주당에 있었음에도 불구하고, 여론조사에서는 민주당의 박영선 후보가 1위를 달렸다. 오세훈은 안철수와 나경원을 상대로도 뒤처지며 경선 통과조차 버거워 보였다. 특히 그는 나경원 의원을 상대로 당내 조직에서도 밀렸던 탓에 사실상 경선 통과의 가능성이 없는 것처럼 여겨졌다. 거기에 터진 V 논란, 즉 산업통상자원부가 공개한 '북한 원전 건설 추진 보고서' 문건의 파일명에 v1.1, v1.2가 들어간 걸 두고 "대통령을 뜻하는 'VIP'의 약자"라고 했던 발언은 마치 그의 정치적 생명력이 더 이상 남아있지 않음을 확인하는 선언처럼 느껴졌다.[1] 민주당은 물론 같은 당 내에서도 "문서 작업 안 해봤냐"는 비아냥이 쏟아졌다.

---

1 경향신문, 오세훈이 쏘아올린 'V' 논란…'V'는 'VIP'인가 '버전'인가, 2021년 2월 2일

그러나 변화가 시작된 건 그때부터였다. 그의 당선 가능성이 거의 없었던 것처럼 여겨졌던 탓에, 기성 정치인들은 경쟁자인 나경원 후보 측으로 모여들었다. 당연히 나경원 캠프 내 주도권은 자유한국당 출신 의원들에게 돌아갔다. 이들이 보수 정체성을 강조할 거란 건 어렵지 않게 예측할 수 있었다. 게다가 기득권 정치인들로 똘똘 뭉친 거대한 선거 캠프는 필연적으로 비효율을 낳았다. 하지만 그 덕분에 오세훈 후보 측은 이준석 전 최고위원을 중심으로 일사불란하게 전열을 정비할 수 있었고 역전의 발판을 마련할 수 있었다. 마치 거대공룡이 된 대기업을 상대로 스타트업들이 혁신을 주도하며 추격해나가듯 말이다. 여론조사에서 드러나지 않는 변화가 시작되었다. 이들은 문재인 정부에 실망한 중도층과 청년들의 표를 끌어모으며 나경원 후보를 제쳤고, 다시 며칠 뒤에는 국민의당 안철수 후보와의 단일화에서도 승리하며 파죽지세로 앞으로 나아갔다.

2021년 재보궐선거는 처음부터 국민의힘 쪽으로 기울어져 있었다. 정부 여당 최대 지지층이었던 2030 여성들의 여론 또한 '피해호소인' 논란으로 매우 안 좋은 상황이었다. 그런데 여기에 이른바 'LH사태'가 터지면서 사실상 승부는 판가름 난 것과 다름없었다. 다급해진 박영선 후보 측은 비전을 제시하기보다는 오 후보 측의 내곡동 땅 투기 의혹을 물고 늘어졌다. 그러나 이미 부동산 가격 폭등과 LH 직원들의 땅 투기를 미연에 방지하지 못한 원죄가 있는 상황에서 국민이 그런 네거티브 전술에 호응해줄 리 없었다. 청년층의 민심은 싸늘하게 식었다. 여기에 박 후보가 20대 지지율이 낮은 이유를 두고 "역사 경험치가 낮아서 그렇다"라고 발언하며 청년들의 화를 돋우었다. 이들이 누굴 선택할지는 뻔히 알 수 있었다.

하지만 4·7 재보궐 선거의 출구조사 결과가 발표되었을 때, 정치권은 충격에 빠지지 않을 수 없었다. 너무도 압도적인 결과가 나왔기 때문이었다. 특히 서울시장 보궐선거에서 오세훈 후보는 박영선 후보를 상대로 20대 여성과 40대 남성을 제외한 모든 성별·연령대에서 승리를 거두었고, 그중에서도 20대 남성은 무려 72.5%에 달하는 이들이 오 후보에게 표를 주었다. 20대 남성들이 오세훈 후보를 선택한 비율은 매우 보수적이라고 평가받는 60대 이상 남성(70.2%)보다도 높았다. 화들짝 놀란 여권은 모병제 전환이나 남녀의무 군사 훈련제, 군 가산점과 같이 20대 남성들이 좋아할 만한 공약을 쏟아냈다. 그러나 공약 몇 개로 마음을 돌리기엔 이미 그들의 마음이 너무 돌아서 있었다.

20대 남성들의 몰표가 공개된 이후 이들의 투표 동인을 분석하려는, '이대남' 현상이 정치권을 휩쓸었다. 이대남들은 그동안 정치 변방에 머물렀던 자신들의 목소리가 주목을 받자 엄청난 효능감을 느끼지 않을 수 없었다. 그리고 그 효능감은 얼마 뒤 30대 청년 이준석을 헌정사상 최초로 제1야당 대표로 만드는 원동력이 되기도 했다. 2021년 벌어진 여러 정치적 사건 중 이대남 현상이 가장 주목할 만한 사건이었던 건 틀림없는 사실이다.

그렇다고 그 반대급부인 20대 여성, 이대녀들을 무시할 수 있는 건 아니다. 그동안은 이들의 문재인 정부와 여당에 대한 지지율이 너무 높았던 탓에 변수로 작용하지 않았을 뿐이었다. 근래 들어 나타난 이들의 민심 이반은 결코 간과할 수 없는 지경에 이르렀다. 2021년 재보궐선거에서 이들 중 상당수가 군소정당에 투표했던 사실이 그걸 증명한다. 더군다나 이들은 재보궐 선거 이후 이대남들이 주목을 받으면서 상대적으로 소외감을 느끼지 않을 수 없었다. 이런 정서가 앞으로의 선거에 어떤 영향을 끼치게 될지는 아무도 모른다.

● 캐스팅 보트를 쥔 MZ세대

2021년에 벌어진 일련의 사건들은 '청년은 진보적이고, 노년은 보수적'라는 기존의 상식을 타파하기에 충분했다. 이런 의외성 덕분에 소위 MZ세대로 일컬어지는 청년들은 한국 정치의 중심에 섰다. 이들의 민심에 따라 향후 선거 결과가 판가름 날 상황이 되었다. '가결과 부결이 동률일 시 마지막에 의장이 행사하는 결정권' 또는 '양대 정당이 균형을 이루는 상황에서 제3당이 가지는 선택권'을 의미하는 캐스팅 보트를 MZ세대가 행사하게 된 것이다. 사실 그동안 캐스팅 보트 역할을 했던 건 진보적인 청년과 보수적인 노년 그 가운데 어디쯤 위치한 40대와 50대였다. 박빙의 승부가 펼쳐졌던 2002년 대선과 2012년 대선에서도 승부를 가른 건 이들의 표심이었다. 그러나 이제는 아니다. 청년들은 산업화와 민주화가 모두 이루어진 사회에서 나고 자란 까닭에 어느 한 집단에 절대적인 지지를 보내지 않는다. 60대 이상이 산업화 세력을 대변하는 국민의힘을, 40대와 50대가 민주화 세력이 주축이 된 더불어민주당을 지지하는 경향이 상당한 것과 달리 청년들, 특히 그중에서도 20대는 시대적 상황에 따라 서로 다른 집단에 투표하며 자신들의 의사를 밝혀왔다. 이들에게 내재한 여러 정체성 중 가장 두드러지는 걸 꼽으라면 단연 무당층일 것이다. 이런 청년들이 캐스팅 보트를 쥐고 있다는 건 자명한 사실이다.

MZ세대의 정치적 특성은 기성세대와는 분명 차이가 있다. 그렇다 보니 정치권과 언론에서는 이들의 심리나 행동 기제를 분석하려는 노력이 끊이지 않았다. 정치권과 기성세대는 물었다. 도대체 왜 이대남들은 오세훈에게 압도적인 표를 몰아주었고, 이준석에 열광했는가를. '정치를 좀 아는' 기성세대의 눈에는 꼰대의 대명사나 다름없었던 홍준표 의원에게 20대 남성들이 열화와 같은 성원을 받은 것도 당최 이해가 가지 않았을 것이다. 당사자에게는 너무나 당연한 일일 텐데 말이다.

이대남 현상은 일부일 뿐이다. 요 몇 년 사이 일어난 이런저런 사건들은 MZ세대가 기존의 정치·사회적 관성에서 상당히 벗어나 있음을 보여주었다. 그 중심에는 젠더갈등이라든가 공정, 한탕주의와 같은 소재들이 놓여있었다. 사실 이 소재들과 관련한 논쟁에 있어서 그동안 정치권은 청년들의 목소리를 무시하거나 외면해 왔고, 더러는 훈계하는 식으로 대응하기도 했다. "(전교조나 이명박·박근혜 정권으로부터) 교육을 잘못 받아서" 혹은 "어릴 적부터 경쟁에 노출된 환경에서 자라서" 청년들이 공정에 집착하고 여타의 가치들, 예컨대 애국 또는 남북평화 등의 소재에 무심하다고 여겼다. 그래서 청년들의 물음과 정치권의 대답은 늘 엇갈렸다. “어떻게 공정한 사회를 만들 것이냐”고 묻는 청년들에게 정치권은 “검찰개혁을 해야 한다”든지 “좌파 정부가 물러나야 한다”라고 답변해 온 식이었다. 이런 동문서답은 도돌이표처럼 무한 반복되어 왔다. 그러다가 청년들이 향후 선거에서 상당한 영향력을 행사할 거라 예상되는 최근에서야 비로소 정치권은 진지하게 묻기 시작했다. “이들은 왜 그토록 젠더갈등에 민감하고, 페미니즘에 열을 올리는가?” “왜 공정에 목을 매는 한편 강자들에게 유리할 게 뻔한 능력주의를 선호하는가?” “청년들로 하여금 가상화폐로 상징되는 한탕주의를 추구하게 한 배경은 무엇이었을까?” 이 책은 그 질문들에 대한 답변이다.

사실 이 답변은 청년을 대변하겠다고 나선 청년 정치인들의 몫이다. 이들에게는 정치권과 또래 청년들 사이의 가교 역할을 해야 할 의무가 있다. 그러나 청년 정치인이라고 주장하는 이들 중 상당수가 소속 정당이 요구하는 바에서 크게 벗어나는 답변을 하기 어려운 게 현실이다. 그렇게 되면 청년 정치인이라는 존재는 정치권에서 청년들을 대변하기보다는 청년들을 향해 소속 정당의 이해를 대변하는 존재로 전락한다. 그건 청년에게는 물론이거니와 우리나라 정치에도 비극적인 일이다.

나 역시 주변에 얽히고설킨 인연이라든가 30대 남성이라는 정체성으로부터 완전히 자유롭지는 못하다. 그래서 내 분석이 전적으로 옳다고 생각하지는 않는다. 내 의견은 그저 지금까지 정치권에서 일해오면서 쌓아온 내 정체성의 산물일 뿐이고, 청년을 두고 벌어지는 백가쟁명식 분석의 하나에 불과하다. 하지만 이런 분석이 모여서 하나의 현상을 이해하는 데 도움이 될 거라는 건 분명하다. 그런 점에서 이 책이 오늘날의 한국 정치가 MZ세대를, 또는 MZ세대가 한국 정치를 이해하는 데 조금이라도 이해가 될 수 있다면 큰 영광일 것이다.

MZ세대의 정의는 모두가 알고 있듯 1980~1990년대 중반 출생자들을 의미하는 밀레니얼 세대(Millennial Generation)와 1990년대 중반~2000년대 출생자들을 의미하는 Z세대(Z Generation)의 합성어다. 1980년에 태어난 40대 초반과 2000년에 태어난 20대 초반을 포괄한다. 그래서 스무 살은 차이나는 이 두 세대를 하나로 묶는 게 가당키나 하냐는 비판은 MZ세대란 용어를 두고 벌어지는 끊이지 않는 논쟁거리 중 하나다. 정작 청년들은 MZ세대라는 용어에 관심이 없다는 지적도 있다. 그러나 용어의 세세한 의미를 따져가며 말꼬리 잡을 필요는 없다고 생각한다. 청년세대 또는 젊은 층을 의미하는 용어로서 MZ세대를 이해하면 될 거라고 본다. 같은 맥락에서 이 책에서 쓴 MZ세대라든가 청년, 2030세대와 같은 용어의 구분에는 큰 의미를 두지 않았다. 적어도 이 책에선 청년의 범주가 1981년생부터인지, 아니면 1988년생부터인지는 중요하지 않다. 개인마다 청년이라고 하면 떠오르는 이미지, 그 기준에 따르면 된다. 말마따나 양대 정당은 만 45세까지를 청년으로 정의하기도 하는데, MZ세대가 적절하다 아니다 하는 논쟁이 무슨 의미가 있겠나 싶기도 하다.

이 책의 모티브는 2021년 4월 한국일보 'Deep & wide' 코너에 썼던 글에서 얻었다. 4·7 재보궐 선거가 끝나고 서울시장 보궐 선거 출구조사 결과에 모두가 경악했을 당시, 한국일보로부터 연락을 받았다. 20대 남성들이 문재인 정부와 더불어민주당에 등을 돌린 원인이 무엇인지 분석해줄 수 있냐는 것이었다. 한국일보 측에선 무려 한 면을 통째로 할애해주셨다. 그 덕에 비교적 상세하게 나름의 의견을 실을 수 있었다.

영광스럽게도 매우 뜨거운 반응이 쏟아졌다. 수많은 댓글을 보며 두 가지 생각이 교차했다. 하나는 청년들이 어떻게 생각하는지를 정치권이 정말 모르는구나 하는 것이었고, 또 다른 하나는 그만큼 청년들의 의견이 정치의 영역에서 대변되는 일이 드물었구나 하는 것이었다. 왜 그렇게 생각했냐면, 역설적이게도 당시 내가 썼던 글은 20~30대가 보기엔 너무 당연한 내용이었기 때문이다. 2021년 9월 홍준표의 급부상을 분석했던 칼럼도 비슷한 반응을 얻었다. MZ세대가 보여준 정치적 특징과 그 배경을 좀 더 심도 있게 다뤄봐야겠다고 느낀 건 그때였다. 여하튼 개인적으로 가장 힘든 시기에, 소중한 기회들을 주신 한국일보에 이 자리를 빌려 감사의 인사를 드리고 싶다.

● 책의 구성

이 책은 크게 3가지 파트로 구성되었다.

'1부 – 한국 정치를 뒤흔든 MZ세대'에서는 정치권과 청년들이 마찰을 빚었던 현안들과 그 원인을 분석하는 내용을 담았다.

공정은 요 근래 한국 정치를 지배한 단어라고 해도 과언이 아니다. 문재인 정부 출범 이후만 보더라도 인국공 사태나, 평창동계올림픽 남북단일팀 구성 과정에서 공정과 관련한 첨예한 갈등이 빚어졌다. 2019년 한국 사회를 뒤흔든 조국 사태도 그 출발은 수시 전형의 공정성 논란에서 비롯되었다. 이후에도 공정 논란은 걸핏하면 대두되었다. 하지만 그때마다 정치권은 이해할 수 없다는 반응이었다. 진보진영에선 "공정한 경쟁이란 건 능력주의와 거기에서 파생되는 불평등을 은폐시킬 뿐"이라는 식으로 나무랐고, 보수진영은 그저 문재인 정부와 더불어민주당을 공격하기 위한 소재로서 공정을 다루었을 뿐이다. 청년들이 왜 공정에 집착하는지, 어떤 시대적 배경이 이들을 공정에 목매게 했는지 그 원인을 꼼꼼히 살펴볼 필요가 있겠다는 판단이 들었다.

젠더갈등 역시 오늘날 MZ세대, 특히 20대를 설명하는 데 빼놓을 수 없는 소재다. 젠더갈등은 기성세대에게는 조금의 논쟁거리도 안 되는 것이지만, 20대들에게는 이념 갈등이나 지역갈등보다 더욱 심각한 문제다. 20대 중 절반 이상이 한국 사회의 가장 심각한 갈등으로 이 성별 간의 갈등을 꼽을 정도다. 젠더갈등은 그 폭발력으로 인해 논의 자체를 꺼리거나, 한쪽 주장을 강력하게 옹호함으로써 정치적 이득을 취하는 식으로 소비되었다. 물론 이 책에서는 2021년 화두가 된 이대남 현상에 초점을 맞추어 글을 풀어나갔지만, 젠더갈등의 일부나마 거시적인 시점에서 바라보기 위해 노력했다. 이런 노력이 모이면 지금의 간극을 조금은 좁힐 수 있지 않을까 생각한다.

2021년 한국 정치에서 일어났던 사건 중 가장 재미있고 신기한 현상이었다고 할 수 있는 홍준표 열풍의 원인과 전망도 다루었다. 홍준표 의원을 향한 20대 남성들의 폭발적인 인기는 국민의힘 관계자들조차 이해하기 어려운 사건이었다. 오죽하면 더불어민주당 지지자들이 대선에서 유리한 고지를 점하기 위해 역선택을 한 거라는 말까지 나왔겠는가. 그러나 단언컨대 홍준표 의원의 인기는 허상이 아니었다. 그것은 기존 보수정당에 대한 실망과 그의 캐릭터, 그리고 새로운 미디어 환경이 융합되며 만들어 낸 필연적인 사건이었다. 2021년 9월 칼럼에서 다루었던 것보다 상세히 그 배경을 짚어보았다.

보수가 유튜브를 장악한 원인에 대한 나름의 분석도 담아보았다. 대안 미디어는 대체로 진보적이라는 인식이 강했고, 과거 인터넷 뉴스나 팟캐스트는 그걸 실제로 증명하기도 했다. 그러나 유튜브에서만큼은 보수가 절대적으로 우위에 있다. 비단 채널의 다양성뿐만 아니라, 댓글 여론에서도 그렇다. 물론 유튜브 같은 대안 미디어에서는 정부 여당에 비판적인 의견이 주류를 이루는 게 주요 원인이긴 하다. 하지만 그밖에도 존재할지 모를 다양한 변수를 살펴보고자 했다.

'2부 – 무엇이 MZ세대를 구성하는가?'에서는 MZ세대가 띠고 있는 정치·사회적 특성과 그 배경을 짚어보았다. 스마트폰의 등장이라든가 걸핏하면 불거졌던 경제위기, 그리고 양극화와 차별에 초점을 맞추어 글을 풀어나갔다. 이런 배경이 그들이 젠더갈등에 열을 올리고, 한탕주의를 추구하며, 애국이니 민주주의니 하는 가치들에 거부감을 느끼게 하는 기제로 작용한다고 보기 때문이다. 이 특성들을 잘 이해한다면 오늘날 MZ세대가 띠는 정치적 양태를 이해하는 데 도움이 될 수 있을 거라고 믿는다.

스마트폰의 등장은 아마 2000년 이후 일어난 사건 중 가장 중요한 뉴스일 것이다. 이로 인해 온라인과 오프라인의 경계가 허물어졌고, 어릴 적부터 이런 환경에서 자란 오늘날의 20대들은 증강현실과 다름없는 세상에서 살게 되었다. 이것은 이들의 정서나 행동에 큰 영향을 끼쳤다. 이슈들이 온라인 커뮤니티를 중심으로 뜨겁게 달아올랐다가 순식간에 다른 곳으로 옮겨가는 현상은 대표적인 사례 중 하나다. 기성세대가 아스팔트 위에서 목소리를 내왔다면, 2020년대를 살아가는 청년들은 온라인 커뮤니티를 중심으로 의제를 형성하고 논쟁을 벌인다. 그 배경과 함께, 청년들에게 꼬리표처럼 따라붙는 개인주의에 대해서도 일부 짚어보았다.

가상화폐라든가 영끌로 표현되는 한탕주의는 부동산 가격 급등과 결부되어 2010년대 후반을 뜨겁게 달군 정서였다고 해도 과언이 아니다. 도대체 청년들은 왜 한방에 집착하고 욜로(YOLO)나 소확행을 추구하는가? '슈퍼스타K'의 대흥행 이후 2010년대를 휩쓸었던 오디션 프로그램에 대한 열광 이면에는 어떤 정서가 스며

들어 있었을까? 그 원인과 함께 2010년대 중반 이후 전 세계에 불어닥쳤던 스트롱맨의 부상에 대해서도 살펴보았다. 한탕주의와 스트롱맨의 부상은 각각 경제와 정치라는 다른 영역의 것처럼 보이나, 사실은 같은 정서에서 파생된 현상이라고 보는 이유에서다.

한편 기성세대가 제시하는 정치·사회적 의제들에 청년들이 시큰둥한 원인을 보이는 이유도 짚어보았다. 예컨대 2018년 평창동계올림픽이라든지 2019년 조국 사태에서 이들이 남북평화나 검찰개혁이라는 의제에 동조하지 않은 이유는 무엇일까 하는 것들이다. 이걸 두고 "보수 정권 때 교육을 잘못 받아서" 그렇다고 했다가 설화를 일으킨 정치인도 있긴 한데, 이건 전적으로 틀린 주장이다. 왜냐면 청년들은 2016년 박근혜 대통령이 이념적 성격이 강한 의제를 강력하게 밀어붙일 때도 큰 거부감을 표시했기 때문이다.

또한 청년들이 먹고사니즘으로 일컬어지는, 먹고사는 문제를 왜 그토록 중시하게 된 이유를 살펴보았다. 2010년대 중반 큰 화제가 되었던 '열정페이' 논란이라든가, 2021년 초 SK하이닉스에서 촉발된 성과급 사태도 MZ세대의 정서를 이해하는 데 도움이 될 만한 사건이다. 노동환경은 분명 과거보다 나아졌다. 하지만 청년들은 늘 주어진 조건에 만족하지 않고 더 나은 처우와 합당한 보상을 요구했다. "젊어서 고생은 사서도 한다"는 기성세대와 당장 보상을 제대로 하라는 MZ세대 사이의 마찰은 계속 발생하고 있다. 이건 MZ세대가 유독 깐깐하다거나 계산적이어서가 아니다. 이와 같은 차이가 나타나는 배경을 살펴보지 않을 수 없었다.

멘토에 대한 인식이 10년 전과 달라진 점도 눈여겨볼 만하다. 한때 '청춘콘서트'로 대표되는 '힐링' 열풍이 청춘들의 마음을 설레게 했던 적이 있었다. 그러나 10년이 지난 요즘, 그러한 문화는 감쪽같이 자취를 감추었다. 그 시대를 주름잡았던 멘토들은 언젠가부터 조롱과 비아냥의 대상이 되기도 했다. 어쩌다 청년들은 이처럼 냉소적인 시선을 견지하게 되었을까? 멘토들의 흥망성쇠에는 시대와 세대의 변화가 담겨 있기 때문에 충분히 주목할 가치가 있다.

'3부 – 어떻게 MZ세대를 잡을 것인가?'는 이름 그대로 정치권이 MZ세대에게 어필하기 위해서는 어떤 노력을 해야 하는지를 중점적으로 다뤘다. 앞서 제기된 현상과 갈등에 대한 나름의 해결책을 담기도 했다. 우리 정치가 앞으로 어떤 방향으로 나아갔으면 하는지, 거듭되는 공정 논란을 극복하기 위해선 어떤 노력이 필요한지, 정치인들의 발언이 걸핏하면 청년들과 마찰을 빚는 이유는 무엇인지, 젠더갈등은 어떻게 해결의 실마리를 찾을 수 있는지, 청년들이 기성세대에게 바라는 바는 무엇인지 등을 주관적인 입장에서 서술했다.

마지막으로 '4부 – 집단으로 표류하는 세대'는 사실상의 에필로그로, MZ세대가 향후 정치권에 어떤 영향을 끼치게 될 것인지에 대한 전망을 담았다.

3부와 4부는 사견이 강하게 들어간 만큼 절대적인 정답이 될 수는 없다. 그러나 이 역시 여러 주장의 한 부분으로서, 세대 간 이해를 위한 노력의 일환이 될 수 있기를 희망한다.

책을 쓰면서, 특히 첫 문장을 시작할 땐 마치 거대한 해일 앞에 홀로 서 있는 느낌이 든다. 밑도 끝도 없는 막막함이 밀려온다. 하지만 주변의 많은 기대와 응원이 있었기에 중간에 포기하지 않고 무사히 책을 완성할 수 있었다. 그분들을 여기에 일일이 적기보다는, 시간이 다소 걸리더라도 직접 찾아뵙고 인사드릴 것을 약속드린다. 아울러 우리 부모님과 동생 그리고 이 책을 만들고, 사고, 읽어주신 모든 분에게 감사드린다.

2021년 12월 말

이동수 드림

1부

한국 정치를 뒤흔든 MZ세대

1 공정, 경쟁, 그리고 능력주의

● 인국공과 프로듀스101

문재인 대통령 임기 초만 해도 MZ세대, 즉 20대와 30대 청년들은 그의 가장 든든한 아군 중 하나였다. 그럴 수밖에 없었던 게 그는 당시 청년들이 희망을 걸 수 있는 거의 유일한 대안이었다. 보수 세력은 박근혜 대통령 탄핵으로 모든 도덕적 자산을 상실했고 이후에도 한동안 탄핵의 늪에서 허우적거리며 일말의 기대감도 심어주지 못하고 있었다. 홍준표 후보가 보수 재건을 외치며 자유한국당 대선 후보로 나서긴 했지만, 그가 할 수 있는 일이라곤 흩어진 보수의 패잔병들을 끌어모으는 것뿐이었다. 아마 그 자신도 "자유대한민국을 지키자"는 고루한 구호로는 등 돌린 청년들이 돌아오지 않는다는 걸 모르지 않았을 것이다. 그렇게 보수 세력에 실망한 청년들은 바른정당이나 국민의당으로 상징되는 제3지대로 향했다. 하지만 이 정당들은 탄생한 지 얼마 안 된 까닭에 그 기반이 너무도 미약했다. 특히 바른정당은 창당에 참여했던 의원 중 상당수가 다시 자유한국당으로 돌아가면서 초기의 동력을 상실해버렸다. 개혁보수, 합리적 보수를 향한 열망도 기존 조직의 장벽을 넘을 수는 없었다. 견제 세력이 사실상 사라진 상황에서 문재인 대통령은 구내식당에서 밥을 먹고 커피를 손에 든 채 참모들과 산책을 즐기며 연일 높은 지지율을 유지해나갔다. 비록 연출된 쇼라고 할지라도, 박근혜 전 대통령과 대비되는 그런 모습은 청년들의 지지율을 얻기에 충분했다. 오죽했으면 보수정당의 정치인마저 "너무 잘해서 두렵다"고 평가할 정도였다.

그런데 고공행진을 이어가던 문재인 대통령의 지지율은 불공정 논란이 대두되면서 청년층을 중심으로 흔들리기 시작한다. 인천국제공항공사 비정규직의 정규직 전환 문제(인국공 사태)나 평창동계올림픽 여자아이스하키 남북단일팀 구성 과정에서 표출된 갈등은 그중에서도 가장 상징적인 사건이었다. 특히 인국공 사태는 순조로운 항해를 계속할 것만 같았던 정부가 맞닥뜨린 첫 번째 태풍이었다는 점에서 주목할 만했다. 거기에 더해 비정규직의 정규직 전환은 문재인 대통령이 취임 초 가장 역점을 두고 추진한 정책이었단 점에서도 그렇다. 문 대통령은 2017년 5월 12일 취임 후 첫 외부 일정으로 인천국제공항을 찾을 만큼 문제 해결에 강력한 의지를 갖고 있었다. 그런데 "비정규직 제로 시대"를 열겠다는 정부의 포부는 청년층의 반발에 부딪히며 첫 스텝부터 꼬여버렸다. 정부는 이 정책의 수혜층이 될 거라 여겼고, 그래서 쌍수 들고 환영할 줄 알았던 청년들이 반발하자 당황하지 않을 수 없었다. 여권 일각에서는 청년들이 이기적이라거나, 점수로 측정되는 공정에만 연연한다는 반응이 나오기도 했다.

인국공 사태는 시간이 흐를수록 점입가경으로 치달았다. 언제를 기준일로 해서 비정규직 입사자들의 정규직 전환을 추진할 것이냐, 공항공사가 직고용할 것이냐 아니면 자회사를 설립해 거기로 흡수할 것이냐, 경쟁 채용을 할 것이냐 말 것이냐와 같은 논란이 끊이지 않았다. 정부는 여론의 강력한 저항에도 불구하고 의지를 굽히지 않았고, 노조는 정규직과 비정규직으로 나뉘어 반목을 거듭했으며, 청년들은 마치 자신들의 기회를 빼앗긴 양 분노를 멈추지 않았다. 갈등의 골은 메울 수 없을 만큼 깊어졌다. 그리고 사안은 실타래처럼 엉켜버렸다. 누구 하나 손 쓸 엄두를 내지 못했다.

인국공 사태는 긴 시간 동안 너무 많은 사건이 발생한 탓에 모두를 글로 정리하기 버거울 만큼 복잡하게 진행되었다. 하지만 핵심은 두 가지였다. 문재인 정부는 어쩌다가 비정규직의 정규직화를 강행하게 되었으며, 청년들은 왜 그런 '좋은 정책'을 반대하고 나섰냐는 것이다. 그런데 그걸 논하기에 앞서 먼저 짚고 넘어가야 할 게 있다. 그 대상이 왜 하필 인천국제공항공사였나 하는 점이다.

인천국제공항공사는 1999년 설립되었다. 물론 이들은 이 전에도 교통부(현 국토교통부)나 한국공항공단(현 한국공항공사)의 산하

조직으로 존재해 있었다. 그러던 중 한국공항공단 산하에 있던 수도권신공항건설본부가 분리돼 수도권신공항건설공단이 만들어졌다. 이게 오늘날 인천국제공항공사가 되었다. 그런데 설립 초기만 하더라도 이 회사는 그다지 선망의 대상이 아니었다. 우선 근무환경이 너무 열악했다. 1990년대까지만 하더라도 영종도는 그냥 오지였다. 공항이 지어지기 전이라 사옥은커녕 주변에 변변한 인프라도 갖춰져 있지 않았다. 직원들은 매일 오전 8시 인천 서구 율도에서 화물선을 타고 출근했다. 근무도 컨테이너에서 했다.[1] 그러다 보니 인재들을 끌어들이기 위해선 여느 격오지 근무처럼 유인책이 따라붙어야만 했다. 그 유인책은 말할 것도 없이 돈이었다. 인국공 직원들에게는 다른 공기업보다 높은 임금이 책정되었고, 이것은 호봉제와 결합하여 시간이 갈수록 상승했다. 신생 공기업인지라 승진도 빨랐다. 그렇게 공항이 생기고 또 그 공항이 세계적인 공항으로 발돋움하면서 인국공은 평판도 좋고 돈도 많이 받는, 취업준비생들이 가장 선호하는 공기업이 되었다.

인국공은 처음부터 민영화를 전제로 출범한 조직이었다. 2002년 민영화를 완료하고 이를 통해 공항운영의 경쟁력을 확보하려 했다. 그런 이유로 정부는 인국공 조직 규모를 작게 하려고 노력했다. 그래야 민영화 때 잡음이 덜하기 때문이다. 인건비를 최소화해야 기업가치를 높일 수 있다는 셈법도 반영되었다. 관리직군을 제외한 업무 대부분이 외주화되었다. 보안·청소·소방 등의

2 경향신문, 인천공항 정규직은 어떻게 평균 연봉 9100만원 일자리가 되었나, 2020년 7월 19일

업무는 비정규직의 몫이 되었다. 그런데 인천공항 민영화가 여론의 강한 반발에 부딪히며 무산되었다. 때마침 2008년부터 경영평가를 받으며 평가 결과에 따른 성과급이 임금에 반영되기 시작했다. 이건 인국공에 큰 호재로 작용했다. 당시 기획재정부가 인건비를 줄이면 경영평가 점수를 높게 주는 식으로 제도를 운영했기 때문이다. 당연히 업무 대부분을 외주로 돌리던 인국공은 인건비가 차지하는 비중이 높지 않았고 그로 인해 경영평가에서 높은 점수를 받을 수 있었다. 그 과실은 대부분 정규직에 돌아갔다. 정규직과 비정규직 간 격차는 점점 확대되었다. 2016년 기준 비정규직 대비 정규직들의 상대임금은 두 배 가까이 상승했다.[2] 물론 이렇게 기형적인 구조가 인국공만의 문제는 아니다. 단순반복업무 혹은 위험 업무를 외주화하고 이를 통해 비용을 절감하는 건 우리나라 많은 기업이 채택하고 있는 경영 전략이다. 그들은 이렇게 아낀 이윤을 정규직과 나누었다. 그리고 그럴수록 비정규직은 점점 더 열악한 환경에 놓였다. 결국 인국공이 껴안고 있던 문제는 연공서열제와 아웃소싱이 빚어낸 한국 사회의 얼굴이나 다름없었다.

그런데 그 많은 회사 중에서 왜 하필 인국공이 표본이 된 것일까? 사실 정부가 인국공을 비정규직의 정규직 전환 1호 사업장으로 선정하기까지는 별다른 어려움이 없었을 것이다. 누가 봐도 구조적 문제를 안고 있는 회사였기 때문이다. 인천공항에서 일하는

2 경향신문, 인천공항 정규직은 어떻게 평균 연봉 9100만원 일자리가 되었나, 2020년 7월 19일

노동자 중 정규직은 1400여 명에 불과한 데 비해 비정규직은 1만여 명에 가까웠다. 이만큼 비정규직이 상시화되고 일반화된 회사도 많지 않았다. 게다가 인국공은 모든 취업준비생이 가장 선망하는 일자리였다. 정부로서는 비정규직 문제 해결 의지를 천명하는 데 있어서 인국공 만한 기업이 없다고 판단했을 것이다.

문제는 속도였다. 모든 비정규직을 하루아침에 일소할 수는 없다. 그렇다면 우선 필요한 건 비정규직의 전반적인 처우를 개선하고 정규직과의 차별을 없애는 것이어야 했다. 그런데 정부의 처방은 '비정규직 제로 시대'라는 구호를 내걸고 공공분야 비정규직을 그대로 정규직으로 고용해버리는 것이었다. 이렇게 하면 비정규직 문제를 단칼에 해결할 수 있다고 판단한 모양이었다. 하지만 이와 같은 정부의 졸속 추진은 엄청난 반발을 불러일으켰다. 이는 마치 성 안팎의 생활 환경을 고루 향상하는 게 아니라, 성 밖에서 추위에 떨고 있는 사람 중 선택받은 일부를 따뜻한 성안으로 들이는 것과 다름없었기 때문이다. 성안으로 들어가지 못하게 된, 또는 성안에 들어가기 위해 열심히 준비하고 있던 사람들로부터 '로또 취업'이라는 비판이 터져 나오는 건 전혀 이상할 게 없는 일이었다.

정규직과 비정규직 사이에 매우 큰 격차가 존재하고, 한번 비정규직이 되면 계속 비슷한 수준의 비정규직 일자리를 전전해야 한다는 건 이제는 증명할 필요도 없는 사실이다. 그래서 청년들은 당장 일할 수 있는 '그저 그런 회사의 비정규직'이 되기보다는 시간이 오래 걸리더라도 '좋은 회사의 정규직'이 되는 길을 택한다.

그 과정에서 생활비, 학원비 등 적지 않은 취업 준비 비용이 발생한다. 청춘을 투자하는 데 따른 기회비용은 더욱 클 것이다. 이런 상황에서 전체도 아닌 특정 비정규직 집단만, 정부의 정책적 결정에 따라 정규직으로 전환되니 정규직만 바라보며 취업에 매진하던 청년들로서는 반발하지 않을 수 없었다. 게다가 그 자리가 어느 자리인가. 국내 최고의 일자리로 손꼽히는 인천국제공항공사의 정규직 아닌가. 거기에 연봉이 두 배로 오르네, 아르바이트 잠깐 하다가 인국공 직원이 되게 생겼네 하는 등의 가짜뉴스가 돌면서 청년들의 분노가 걷잡을 수없이 커졌다. 사태를 수습하기 위해 "의혹은 사실이 아니다"는 식의 해명이 나왔지만, 그걸로는 터져 나온 불만들을 수습할 수 없었다. 처음부터 그게 본질이 아니었기 때문이다.

청년들은 인국공 비정규직들이 운 좋게 신분 상승을 이루었다고 보았다. '로또 취업'이라는 말이 상징하는 바처럼, 이들은 정부의 보여주기식 비정규직 정책이 소수의 특혜집단을 만들었다고 생각했다. 아마 그것이 비정규직의 전반적인 처우 개선으로 이어졌다면 청년들이 그토록 반발하지는 않았을 것이다. 본인들도 그 수혜의 대상이 될 여지가 있었기 때문이다. 그러나 그런 일은 없었다. 4년이 지난 현재, 비정규직의 처우는 더욱 열악해졌고 전체 취업자에서 비정규직이 차지하는 비중 역시 대폭 상승했다. 결과적으로 국가가 투입한 자원이 특정 집단에게만 유리하게 작용한 꼴이 되어버렸다. 무엇보다 중요한 건 선정 요인이었다. 공기업의 정규직이 된다는, 그 엄청난 신분 상승의 주인공을 결정한 주된 요인은 대통령의 선택이라는 행운이었다. 청년들은 이 '운에 따른 보상의 비약적인 증가'를 공정하다고 받아들일 수 없었다.

'로또 취업'과 관련한 논쟁은 지역 할당제 도입 국면에서도 재차 불거졌다. 문재인 대통령은 취임 초 "혁신도시로 이전한 공공기관들이 신규 채용을 할 때는 적어도 30% 이상 지역인재를 채용하도록 할당제를 운영했으면 한다"고 지시했다.[3] 그런데 출신 대학이 기준이 되다 보니 수도권 청년들을 중심으로 역차별론이 제기되었다. 해당 지역에서 나고 자랐지만 대학은 수도권으로 진학한 청년들도 반발했다. 이들은 지방대 학생들이 "졸지에 공공기관 취업에 유리한 위치에 서게 되었다"고 여겼다. 실제로 30%라는 목표 자체는 2022년을 기준으로 제시된 수치였지만, 당시 정부 발표나 언론의 보도는 이것이 당장 대대적으로 시행되는 정책으로 여기게끔 했다. 아마 지역 할당제가 장기적인 관점에서 제시되었다면 나름의 호응을 얻었을지도 모른다. 그러나 청년들이 느낀 지역 할당제는 대통령의 말 한마디로 누군가가 경쟁 과정에서 행운을 얻게 된 것에 지나지 않았다.

인국공 사태와 지역 할당제가 '로또 취업'과 관련한 논쟁이었다면 '프로듀스101' 사태로 상징되는 불공정 논란은 시스템의 신뢰에 관한 문제였다. 2016년 1월 시작한 '프로듀스101' 시리즈는 우리나라 아이돌 그룹의 판도를 바꿀 만큼 큰 열풍을 불러일으켰다. 101명의 아이돌 연습생 중 국민이 투표하는 11명이 최종 데뷔

3 매일신문, "公기관 지역 인재 30% 이상 채용" 文 대통령 '할당제 강화' 방침, 2017년 6월 23일

한다는 콘셉트는 팬들에게 "내 아이돌은 내가 만든다"는 애정을 갖게 하기에 충분했다. 물론 방송 과정에서 누가 더 화면에 자주 등장하느냐에 따라 유불리가 작용하긴 했지만, 시청자들도 이 정도는 방송의 재미를 위해서는 불가피한 제작진의 권한 정도로 양해했다. 아니, 오히려 그런 환경 속에서 자신이 아끼는 멤버를 데뷔시키기 위해 더욱 적극적으로 투표에 임했다. 그렇게 '프로듀스101'이 최종회에서 기록한 득표수는 약 467만 표에 이르렀고, 시즌2는 무려 1607만 표에 달했다. '프로듀스101' 시리즈는 이러한 여세를 몰아 시즌 3, 4까지 계속되었다.

그러나 제작진은 성공이 낳은 검은 유혹을 뿌리치지 못했다. '프로듀스101' 시즌 3, 4의 결과를 조작한 것이다. 걸그룹 '아이즈원'을 배출한 시즌 3는 최종적으로 생방송 무대에 오른 20인 중 데뷔 멤버를 제작진이 사전에 선정했음이 밝혀졌고, '엑스원'을 탄생시킨 시즌 4는 아예 사전 온라인 투표 때부터 제작진이 개입했다는 의혹이 제기되었다. 이 사건으로 엑스원은 즉시 해체되었고 관계자들에게는 사기, 업무방해, 배임 등의 혐의가 적용돼 징역이나 벌금형이 선고되었다.

'프로듀스101' 사태는 간략히 요약하면 방송 관계자들이 일으킨 일종의 승부 조작이었다. 승부 조작은 불공정을 운운할 것도 없는 명백한 범죄다. 하지만 청년들에게 '프로듀스101' 사태는 단순한 범죄 이상의 의미를 지니고 있었다. 그것은 공정하리라 믿었던 시스템이 사실은 기득권에 의해 짜인 판이었단 것에 대한 분노였다. 그리고 그 분노 속에는 그런 불공정함이 내 일상에서도 얼마든지 작용할 수 있다는 불안감이 내재해 있었다. 이는 마치 '오징어 게임' 속 의사가 주최 측 관계자들에게 모종의 기술을 제공하고 다음 게임 내용을 사전에 받아본 것과 같았다. 청년들이 일개 프로그램의 부정행위에 그토록 분노한 건 그래서였다. 시스템에 대한 배신감과 불신이 그와 같은 분노로 표출된 것이다.

'프로듀스101' 사태에서 나타난 불공정 논란은 공공의대 설립을 추진하는 과정에서도 비슷하게 반복되었다. 2020년 여름, 정부는 역학조사나 감염내과 전문의 등 필수 분야 의료인력을 양성하고, 취약 지역에 공공의료인을 확충한다는 명목하에 공공의대(국립공공보건의료대학) 설립 계획을 밝혔다.[4] 여기에는 의대 정원을 추가로 확대하지 않고 폐교된 서남대학교 의대의 정원을 활용한다는 내용도 함께 덧붙여졌다. 그러나 공공의대는 좋은 취지에도 불구하고 의료인들은 물론 여론의 거센 반대에 직면해야 했다. 학생 선발 방식 때문이었다. 만일 공공의대가 수능같이 계량화할 수 있는 자료를 바탕으로 학생을 선발한다고 했다면 그와 같은 논란은 불거지지 않았을 것이다. 그러나 정부는 공공의대를 의학전문대학원(의전원) 형태로 운영할 것이라 발표했고, 이는 국민에게 기존의 의학전문대학원이나 법학전문대학원(로스쿨)처럼 선발 과정이 불투명하게 진행될 수도 있다는 의심을 심어주기에 충분했다. 공공의대 논란이 본격화된 것도 "시·도지사 추천에 의해 해당 지역 출신자를 선발한다"는 내용이 밝혀지면서부터였다. 이 내용은

4 SBS, [Pick Q&A] 시민단체 추천→서울의대 취업?…'공공의대 게이트' 논란, 2020년 8월 31일

1년 전 조국 전 장관의 딸 조민 씨의 부산대 의전원 입시 비리 의혹과 결부되며 '현대판 음서제' 논란을 낳았다. 정부는 이를 진화하기 위해 해명 자료를 내놓았는데, 하필 거기에 "시민단체 등이 추천위원회를 구성해 입학생을 선발한다"는 내용이 들어가면서 논란을 더욱 키웠다. 윤미향 의원과 정의기억연대의 각종 비위 사건으로 시민단체에 대한 신뢰가 바닥에 떨어진 상태였기 때문이다. '운동권 전형'이라는 비아냥이 나왔고, 정부의 계획은 크게 어그러질 수밖에 없었다.

공공의대를 두고 벌어진 불공정 논란은 다층적 차원에서 진행되었다. 학생 선발 외에도 의대생들이 의사 국가시험 거부라는 집단행동에 나서면서 이들에게 재시험 기회를 주는 게 과연 공정하냐는 물음도 제기되었다. 그러나 이건 부차적인 갈등이었다. 사람들이 제기했던 다양한 의문을 관통하는 질문은 하나였다. 과연 어떤 기준으로 한국 사회 최고 엘리트라고 할 수 있는 의사를 선발해야 하느냐는 것이다. 이것은 비단 공공의대만의 문제가 아니다. 선발 과정을 둘러싼 논쟁은 의전원과 로스쿨, 더 나아가 대입 수시 전형까지 거의 모든 분야에서 계속되고 있다. 논쟁이 끊이지 않는 이유는 간단하다. 이것들이 숫자로 계량할 수 없는 가치들을 측정하려 하기 때문이다.

● 과도기 : 정량평가에서 정성평가로

우리가 주입식 암기교육이라고 하면 떠올리는 심상들은 그다지 긍정적인 게 아니다. 소위 '깜지'라고 불리는 암기장과 천편일률적인 교과서, 그리고 불필요한 지식을 달달 외워야 하는 시험까지. 이것은 마치 교육의 목적이 사람의 지적·인격적 성장에 있는 게 아니라, 단지 시험을 치르고 거기서 나온 점수를 바탕으로 학생들을 줄 세우는 데에 있는 것처럼 여겨진다. 적어도 오늘날 우리 사회는 그렇게 느끼고 있다.

하지만 이 주입식 암기교육이 꼭 비효율적이고 불필요하기만 했던 건 아니다. 특히 산업화 시절, 이 교육 방식은 대한민국이 선진국을 빠르게 추격하는 과정에서 대단히 중요한 역할을 했다. 때마침 중등의무교육이 자리 잡으며 언어·수리·외국어 능력을 갖춘 양질의 인적 자원들이 쏟아져 나왔다. 기업들은 그런 인재들을 어렵지 않게 확보하여 즉각 현장에 투입할 수 있었다. 주입식 암기교육은 문맹률을 세계적으로 유례없이 낮추는 데도 혁혁한 공을 세웠다. 지금도 대한민국만큼 모든 국민이 고른 지적 수준을 갖춘 나라는 찾아보기 드물다. 이런 밑바탕이 있었기에 한국전쟁을 거치며 세계 최빈국으로 전락했던 우리나라는 오늘날과 같은 선진국으로 도약할 수 있었다.

하지만 시대가 바뀌며 주입식 암기교육이 더 이상 통하지 않게 되었다. 그것은 세계 속에서 대한민국의 위상이 달라지며 딸려온 필연적인 결과였다. 선진국의 우수한 기술을 빠르게 습득하고 모방하기만 하면 됐던 과거와 달리, 이제는 우리가 각 분야를 선도해야만 하는 위치에 놓였기 때문이다. 이것은 분명 다른 인재 양성 방식을 요구했다. 영어 단어를 달달 외우고 수학 문제집을 열심히 푸는 것만으론 그런 시대적 과제에 적절히 대응할 수 없었다. 2000년대 들어 교육의 틀을 바꿔야 한다는 주장이 끊이지 않았다. 다방면에서 창의적이고 능동적인 인재를 길러낼 시스템을 마련해야 한다는 것이었다. 그 결과 입학사정관제를 비롯해 로스쿨, 의전원 등 새로운 제도들이 속속 도입되었다. 이러한 변화는 2000년대와 2010년대에 걸쳐 폭넓게 진행되었다. MZ세대는 이 시기에 청소년이었던 까닭에, 이와 같은 교육의 시대적 대전환을 몸소 맞닥뜨려야만 했다. 하지만 이들은 변화의 주역이라기보다는 실험대상에 가까웠다. '시대적 요구에 부응하는 교육제도를 만들기 위해' 입시제도는 해마다 변화를 거듭했다. 청소년들은 입시제도가 날마다 뒤바뀐다는 사실 자체를 상수로 받아들였다. 그러나 그 변화는 늘 두렵고 때로는 불만스러웠다. 많은 사람이 이 대목에서 2008학년도 대학수학능력시험에서 적용되었다가 단 한 번의 시행 이후 폐지된 수능 등급제를 떠올릴 것이다. 그러나 수능 등급제는 모든 학생에게 공통으로 적용되었다는 점에서 차라리 양반이었다. 수행평가에서부터 수시전형에 이르기까지, 급변하는 교육제도 속에서 크고 작은 혼란이 발생했다. 혼란은 균열을 만들었고, 강남을 중심으로 한 상위층은 빠른 정보와 적극적인 투자를 바탕으로 그 균열을 메워나갔다. 반대급부에 놓인 대다수 MZ세대 구성원은 그 제도의 직간접적인 피해자가 될 수밖에 없었다. 이들이 제도적 불공정에 분개하는 데에 학창 시절 경험한 교육제도의 불공정이 크게 작용했음은 자명한 사실이다.

비록 모집 방식이나 대상은 전혀 다르지만, 입학사정관제나 그 후신이라고 할 수 있는 학생부 종합전형, 그리고 로스쿨·의전원 등의 제도들이 추구하는 가치는 같았다. 개인의 능력을 하나의 잣대로만 측정해선 안 된다는 것이다. 사람마다 추구하는 바가 다르고, 능력의 형태도, 경험의 종류도 상이하기 때문이다. 게다가 수능이나 사법고시같이 평가를 위해 존재하는 시험은 필연적으로 비효율성을 낳았다. 수능 시험 당일 컨디션 난조로 내년을 기약할 수밖에 없었던 고3 수험생의 1년이나, 거듭된 낙방으로 낭인이 되어버린 고시생의 청춘은 개인에게도 그렇지만 국가적으로도 큰 낭비가 아닐 수 없었다. 단 하루의 시험이 아닌, 개인의 삶 속에 녹아든 재능을 파악하여 학생을 선발해야 한다는 목소리가 나오는 게 무리는 아니었다. 그런 목소리들이 축적된 결과, 시험이라는 정량평가의 비중은 줄어들고 개인의 경험이나 인성, 목표 등을 종합적으로 측정하는 정성평가의 비중이 늘어나기 시작했다. 대입은 물론 의사와 변호사를 뽑는 시험까지, 사회 전방위적인 대전환이 이루어졌다. 그러나 이들 변화가 미처 챙기지 못한 가치가 있었다. 그것은 바로 사회적 합의와 신뢰였다.

정성평가에는 점수로 측정할 수 없는 가치들이 개입되게 마련이다. 그때는 그 기준을 누가, 어떻게 세우느냐가 아주 중요한 문제가 된다. 만일 평가 기준에 대해 사회적 합의가 이루어져 있다면 논란은 발생하지 않는다. 그러나 그런 경우는 거의 없다. 사회적 신뢰가 빈약한 상황에서 이루어지는 정성평가는 불신을 낳는다. 명확하지 않은 기준에 구성원 다수가 의구심을 품거나 불만을 가질 수밖에 없다. 지금도 끊이지 않는 대입 수시전형 논란은 그렇게 발생했다.

우리는 흔히 '수시 논란'이라고 하면 입시부정을 떠올린다. 하지만 수시는 꼭 부정행위가 없더라도 사회구성원들이 그 선발 기준에 대해 납득하지 못했을 때 논란이 되곤 했다. 2004학년도 대학입시에서 큰 논쟁거리였던 인터넷 소설가 '귀여니'의 성균관대학교 입학이 대표적인 사례다.

2000년대 초반, 인터넷 카페 등지에서 로맨스 소설을 썼던 귀여니는 《그놈은 멋있었다》, 《늑대의 유혹》 등을 대히트시키며 10대들의 아이콘으로 자리매김했던 인물이다. 당시 그녀의 소설을 읽지 않은 10대 여학생은 찾아보기 힘들 정도였고, 그녀의 작품은 그러한 인기에 힘입어 영화화되거나 베스트셀러에 올랐다. 귀여니가 어린 나이에도 불구하고 대단한 성공을 거두었다는 데 이의를 제기하는 사람은 없었다. 그리고 그녀는 그 성공을 바탕으로 2004학년도 성균관대학교 수시 2학기 연기예술 특기자전형에 합격했다.[5]

그런데 문제는 여기서부터 비롯되었다. 사실 그녀의 작품은 비록 흥행은 했을지언정 그 작품성을 인정받았다고 보기는 어려웠기 때문이다. 게다가 그녀에게는 과한 비문과 이모티콘의 남발로

5 경향신문, 인터넷소설가 '귀여니' 성균관대 간다, 2003년 11월 19일

'국어파괴자'라는 비판이 꼬리표처럼 따라다녔다. 이런 논란에도 불구하고 단지 상업적 성공을 이유로 성균관대에 합격하는 게 타당하냐는 비판들이 제기되었다. 거기에 그녀가 합격한 학과가 국어국문과라는 헛소문이 돌면서 귀여니가 사용한 '외계어'와 그녀의 문학적 자질을 두고 갑론을박이 벌어지기도 했다. 해당 학과의 주임 교수가 "연기예술학과는 소설가를 뽑는 학과는 아니며 순수 예술보다는 대중 예술에 더 무게 중심을 두고 있는 학과"라고 해명하는 일도 있었다.[6]

귀여니의 입학 논쟁은 방향전환을 꾀하던 교육제도와 기존 관성을 유지하고자 했던 사람들의 인식이 어긋나며 빚어진 마찰이었다. 두 가치가 지향했던 바는 너무도 달랐다. 특기자전형은 종래의 시험성적 중심의 획일적 선발 관행에서 탈피하여 재능과 경력, 자질을 종합적으로 판단해 학생을 선발하겠다는 취지로 도입되었다. 그러나 당시만 해도 이런 전형은 너무 생소했다. 대입 전형의 주를 이루는 건 수능을 통해 학생을 선발하는 정시였고, 수시도 학교 내신 성적을 기준으로 선발하는 경우가 대부분이었다. 이런 풍토 속에서 대다수 수험생이 대입 과정에서 쏟는 땀과 눈물을 생각했을 때, '문학으로 볼 수 없는' 인터넷 소설 몇 편 썼다고 손꼽히는 명문대에 합격하는 게 타당하냐는 비판은 충분히 나올 수 있었다.

그런데 사실 이건 사회가 어디까지 합의하느냐에 따라 달라질

6 주간한국, 왜 '특혜전형'이라 비트나, 귀여니 특별전형 파문 '일파만파', 2003년 12월 4일

수 있는 문제다. 아마 귀여니가 지금 시대에 같은 대학에 같은 전형으로 합격한다면 이때만큼 격렬한 논쟁에 휘말리지는 않을 것이다. 그녀가 이룬 사회적 성취는 분명 타의 추종을 불허했고, 상업적 성공을 아니꼽게 바라보는 정서도 옅어졌기 때문이다. 인터넷 소설에 대한 인식 또한 그때와 많이 달라졌다. 귀여니의 성균관대 입학 논란은 결국, 사회적 합의가 정성평가를 하는 데 있어서 얼마나 중요한 역할을 하는지를 보여준 셈이다.

그렇다면 정성평가의 상징이라고 할 수 있는 입학사정관제 또한 탄탄한 사회적 합의와 신뢰라는 기반 위에서 설계되었어야 했다. 그러나 교육제도가 늘 그렇듯 입학사정관제 역시 '선 추진, 후 보완'의 형태를 띠었고, 그 과정에서 숱한 잡음을 일으킬 수밖에 없었다. 입학사정관제도는 간단히 말해 성적같이 점수화된 자료뿐 아니라 학생의 집안 형편, 교내 활동, 교외 활동 등 비계량적 요소들을 종합적으로 판단해 선발하는 전형이다. 2008학년도 입시에서 서울대 등이 시범 도입하고 2009학년도 입시부터 본격화되기 시작했다.[7] 도입 후 2년 만에 선발 인원이 9배로 늘어날 만큼 이명박 정부의 핵심 교육 정책 중 하나였다.[8] 사실 줄 세우기 교육의 폐해를 최소화하고 학생의 잠재력과 창의력을 극대화하자는 입학사정관제의 취지에 반대하는 사람은 별로 없을 것이다. 그런데 문제는 이런 정성평가가 너무 섣불리, 대대적으로 추진되었다

---

7 박문각 시사상식사전, 〈입학사정관제도〉

8 세계일보, [단독] 입학사정관제 끊이지 않는 논란 왜?, 2010년 2월 25일

는 점이었다. 입학사정관제는 그 특성상 자기소개서 등 입학사정관에게 제출하는 입시 서류를 중심으로 학생을 평가할 수밖에 없다. 그런데 이건 누가 보더라도 부정이 일어날 가능성을 내포했다. 실제로 학원에서 고액을 받고 입시 서류를 대필하는가 하면, 봉사활동이나 수상 내역을 허위로 기재했다가 발각되는 일이 빈발했다. 이런 문제를 방지하고자 교내 활동이 중심이 되면 학교에서 각종 대회를 남발하는 웃지 못할 일이 벌어졌다.[9] 입학사정관제를 두고 각종 잡음이 발생하는 건 당연한 일이었다.

수능이나 학교 내신 같은 계량적 평가가 갖는 장점은 모두에게 납득할 만한 결과를 제시한다는 것이다. 그것이 개인적 차이를 배제하고 심각한 비효율을 초래하는 건 둘째 문제다. 객관적 수치로 증명되는 결과는 불합격한 사람에게도 승복의 명분을 제공한다. 그러나 입학사정관제 같은 정성평가는 그런 기준을 제시하지 못한다. 누가 왜 붙는지, 혹은 왜 떨어졌는지를 알 수 없다. 이처럼 상대적인 평가 기준과 불투명한 절차는 불공정 논란으로 이어진다. '나보다 공부 못했던 놈이 더 좋은 대학에 가는' 이해할 수 없는 일이 종종 일어나기 때문이다.

하지만 입학사정관제만 해도 전체 학생 선발에서 차지하는 비중이 그렇게 크지 않았다. 비록 선발 인원이 꾸준히 증가하기는 했어도, 여전히 많은 학생이 수능이나 학교 내신 성적을 바탕으로 대학에 입학했다. 잡음은 있었지만 그게 대세는 아니었다. 문제가

9 CBS, 입학사정관제 "가짜 스펙? 거르면 돼" vs "절대 못걸러", 2014년 10월 14일

커진 건 입학사정관제를 계승한 학생부 종합전형(학종)이 확대되고, 이 학종과 특기자전형이 대입에서 절대다수를 차지하게 되면서부터다. 여기서 잠시 학종과 특기자전형에 대해 설명하지 않을 수 없다. 학종은 입학사정관제의 문제점을 개선하여 탄생한 제도로 박근혜 정부인 2015년부터 시행되었다. 이전과 다른 점이 있다면 토익·토플 같은 공인 어학성적이나 교외 수상실적을 드러내지 못하게 되었고, 대신 학생부와 자기소개서, 교사추천서 등이 중심이 되었다는 것이다. 여기에는 교내 수상경력과 진로계획, 교과학습발달상황, 독서 활동 등의 것들이 기재되었다.[10] 반면 특기자전형은 교외 수상실적이나 인턴, 해외봉사 등의 외부 활동을 적극적으로 반영한다. 최순실 씨의 딸 정유라 씨와 조국 전 장관의 딸 조민 씨가 문제가 된 건 바로 이 특기자전형이었다.

비록 교내 활동이 중심이 되느냐 외부 활동이 중심이 되느냐의 차이는 있지만, 학종이나 특기자전형은 서로 일맥상통하는 전형이다. 정성평가 제도라는 점에서 그렇다. 이건 입학사정관제도도 마찬가지다. 그런데 사실 정성평가가 갖는 여러 문제 중 앞서 언급한 내용은 부차적인 부분이다. 무엇보다 중요하고, 또 가장 심각한 건 따로 있다. 바로 이 제도들로 인해 부모의 사회적 지위와 영향력이 개입될 여지가 많아졌다는 점이다. 수능이 같은 시험을 놓고 더 많은 사교육비를 투입한 학생에게 높은 점수를 부여하는 입시 체제였다면, 학종을 비롯한 정성평가들은 아예 부모의 재력

10 주간조선, 불공정 '학종'에 치인 20대, 조국에 폭발하다, 2019년 9월 1일

과 정보력, 그리고 인적 네트워크가 학력을 획득하는 데 직접적인 영향력을 행사할 수 있는 기반을 마련했다. 그 결과 부모가 보유한 경제·사회적 자본이 입시에서 더 노골적으로 개입될 수 있는 여지가 주어졌다. 조국 사태는 그런 현실을 가장 상징적으로 드러낸 사건이었다.

조국 사태는 정치적 성향에 따라 의견이 극심하게 갈린다. 예컨대 조국 전 장관이 딸의 부산대 의학전문대학원 입학 과정에 직접 개입했느냐 하는 것과 정경심 교수에게 선고된 형량이 적정한가 하는 것들이 그렇다. 그러나 정치적 견해에 상관없이 공통으로 인정하는 부분은 있다. 바로 조 전 장관 딸의 입시 과정에서 각종 기관 인턴 경력과 논문 저자 등재 이력 등이 적잖은 영향을 끼쳤다는 점이다. 이것은 2010년대 이후 확대된 정성평가 교육제도들이 갖는 특징이자 본질이기도 했다.

조국 전 장관의 입장에서 생각해보면 자신에게 쏟아진 비난이 억울할 수도 있다. 본인만 그런 게 아니었을 테니 말이다. 입학사정관제나 특기자전형에서 교수들이 동료의 자녀를 연구원 인턴으로 채용해주고, 더 나아가 논문 작성에 참여시키는 건 종종 벌어지는 일이었다. 당시엔 국회의원들이 자녀나 친인척을 자기 의원실에 채용하는 일도 비일비재했다. 일례로 더불어민주당 서영교 의원은 딸이 법사위원인 자신의 의원실 인턴 경력을 가지고 로스쿨에 입학했다는 논란에 휘말리기도 했다.[11] 기득권층의 이러

11 이데일리, 사시존치 모임 "서영교, 딸 의원실 인턴-로스쿨 입학 해명하라", 2016년 6월 23일

한 '스펙 품앗이'는 정성평가가 중심이 되는 교육체제에서 필연적으로 발생하는 부산물이었다.

하지만 바로 이 대목에서 청년들은 박탈감과 분노를 느끼지 않을 수 없었다. 대다수 학생에게 국책 연구원에서 인턴 경험을 쌓거나 교수의 논문 집필에 참여할 기회는 주어지지 않는다. 심지어 그런 세상이 있다는 사실조차 몰랐을 이들이 태반일 것이다. 일반적인 청소년들에게 "유엔 산하 국제기구에서 일하겠다"는 목표로 다양한 인턴 경험을 쌓거나, '세계 여행 중 아프리카의 가난을 보고' 인류애를 깨달은 뒤 관련 분야에서 일하겠다는 목표를 설정하는 건 별나라 이야기다.[12] 그런데 2010년대 들어 확대된 정성평가 제도들은 이처럼 부모의 사회적 지위와 재력이 개입될 수밖에 없는 경험들에 높은 점수를 부여하고, 대입에 반영했다. 하다못해 자기소개서만 해도 어린 시절부터 부모에 의해 체계적으로 관리된 학생이 우위에 설 수밖에 없었다. 이렇게 부모에 의해 잘 관리된 학생을 상대로 기껏해야 동네 보습학원에 다닌 게 사교육의 전부인 학생이 경쟁력을 가질 수 없는 건 자명한 사실이었다.

MZ세대 중 많은 이들이 정량평가에서 정성평가 중심으로 변화한 교육체제가 출생 배경에 따른 교육 격차를 더욱 확대했다고 믿어 의심치 않는다. 이들은 자신도 최선을 다했다고 생각했는데, 잘난 부모를 둔 덕분에 자기보다 못한 실력에도 불구하고 더 좋은 대학에 가게 된 친구를 보며 불공정함을 느끼지 않을 수 없었

---

12 매일경제, 입학사정관이 말하는 평가방식·합격사례, 2009년 3월 13일

다. 학창 시절 경험했던 교육제도의 불공정함은 사회 전반의 공정을 요구하는 기제로 작용했다. 정시확대나 사법고시 존치를 주장했던 것의 이면에는 그런 경험들이 켜켜이 쌓여있었다. 그것이 기성세대의 눈에는 능력주의를 추종하는 것처럼 비추어졌다. 그러나 결코 이들이 능력주의를 추종하거나 주입식 암기교육으로의 회귀를 바랐다고 보기는 어렵다. 청년들이 그런 주장을 했던 건, 그나마 그게 '흙수저'들에게도 '비빌 수 있는' 기회나마 준다고 여겼기 때문이다.

● 장원급제의 나라

MZ세대가 학창 시절 경험한 정성평가의 부당함이 불공정에 대한 분노 기제로 작동했다는 데에는 많은 사람이 공감할 것이다. 그런데 여기에서 제기될 수 있는 반문이 하나 있다. 교육 현장에서 일어나는 부정부패는 옛날이 더 심하지 않았냐는 지적이다. 이건 틀린 말이 아니다. 이제 교사가 육성회비를 내지 않은 학생을 따돌린다든지, 학부모에게 촌지를 요구하는 일은 거의 없다. 1994년과 2001년 두 해에 걸쳐 일어났던 상문고 사태처럼 학교가 노골적으로 학생들에게 돈을 걷고 성적을 조작하는 건 상상조차 할 수 없다. 사회 시스템에 대한 신뢰도는 개인마다 다르겠지만, 객관적 측면에 있어서 부정부패가 상당 부분 해소된 건 사실이다. 이러한 변화가 국민의 눈높이를 따라가지 못하는 측면은 있을지라도 우리 사회가 예전보다 깨끗해졌다는 건 부인하기 어렵다. 이런 시대를 사는 청년들이 공정에 목을 매는 건 기성세대로서 이해하기 어려운 일일 것이다. 더 나은 세상에서 나고 자란 덕분에 공정에 대한 기준이 높아졌다거나, 유난을 떤다고 생각할 수도 있다. 그러나 이 지점에서 우리가 사회의 투명성말고도 고려해야 할 게 하나 더 있다. 바로 승패에 따른 보상의 격차다. 여기서 말하는 승패는 당연히 취업 경쟁의 결과를 두고 하는 말이다. 물론 학창 시절 교실에서 진행되는 경쟁도 치열하다. 하지만 그것도 좋은 대학에 가서 좋은 일자리를 얻기 위한 과정이라고 전제한다면, 오늘날 청년들이 벌이고 있는 경쟁은 결국 취업 시장에서 좋은 지위를 얻기 위한 경쟁이라고 정의할 수 있다. 그런데 이 경쟁에서 승리해 소위 '질 좋은 일자리'를 얻느냐, 아니면 패배해 '그저 그런 일자리'를 얻느냐는 단순히 취업의 성공과 실패를 구분하는 데 머물지 않는다. 요즘은 이게 곧 인생의 성공과 실패를 결정짓는 지경에 이르렀다. 그만큼 일자리 간의 격차가 심각하게 확대되었기 때문이다.

이러한 노동시장의 이중구조는 하루아침에 생겨난 게 아니다. 격차는 꾸준히 벌어져 왔다. 이 일자리 양극화는 거의 전방위적으로 진행되었다. 대기업이냐 중소기업이냐, 정규직이냐 비정규직이냐, 대졸자냐 고졸자냐를 가리지 않았다. 한국은행에 따르면 1980년대 초 대기업(종업원 300인 이상)과 중소기업 간 임금 격차는 1.1배 정도였다. 이 시절만 해도 대기업에 다니든 중소기업에 다니든 받는 월급에선 거의 차이가 없었다. 그랬던 게 2014년 1.7

배로 확대되었다. 대기업 종사자가 중소기업 종사자보다 거의 두 배의 월급을 받게 된 것이다. 같은 자료에서 정규직 대비 비정규직의 임금은 2017년 73.2%로 나타났다. 이는 참여정부 시절 기간제 사용 제한과 비정규직 차별 시정을 포함한 비정규직법이 시행되면서 2000년대 중반(2006년 62%)보다 다소 상승한 수치다. 그러나 여전히 비정규직의 임금은 정규직의 3분의 2 수준에 머무르고 있다.[13] 이를 두고 혹자는 "같은 일을 하고 다른 임금을 받는 건 부당하다"라는 이야기를 하지만, 사실 '구의역 김군 사건'[14]에서 봤듯이 비정규직들은 훨씬 위험하고 강도 높은 노동에 노출돼 있다. 이 두 현상을 중첩하면 격차는 더욱 확대된다. 2020년 대기업 정규직이 받는 임금이 100이라고 가정했을 때, 중소기업 비정규직이 받는 돈은 44.5에 불과했다. 이것도 2015년 이후 계속 증가해서 이 정도나마 기록한 것이다. 2014년에는 대기업 정규직 대비 중소기업 비정규직의 임금 수준이 겨우 34.6이었다.[15] 두 집단 사이의 격차가 세 배에 달했던 셈이다.

물론 통계를 집계한 기관도 다르고, 시기도 제각각이기에 전술한 자료의 수치를 일일이 따지는 건 큰 의미가 없다. 그러나 확실

---

13 한국은행, 〈[제2018-40호] 노동시장의 이중구조와 정책대응: 해외사례 및 시사점〉

14 2016년 5월 구의역 승강장에서 홀로 스크린도어 정비 작업을 하던 용역업체 직원 김모 군이 역에 진입하는 열차와 스크린도어 사이에 끼어 사망한 사건. 사건 당시 그는 홀로 작업을 하다가 참변을 당했는데, 매뉴얼(2인1조)대로 했다간 "고장 접수 1시간 이내에 현장에 도착해야 한다"는 서울메트로와 용역업체 사이의 계약을 지킬 수 없었기 때문이다. 이를 두고 기업의 맹목적 비용 절감이 부른 예견된 참사였다는 비판이 일었다.

15 일자리 상황판, 〈대기업 정규직 대비 임금격차〉

한 건 대기업 정규직을 중심으로 한 '질 좋은 일자리'와 나머지 일자리 사이의 격차가 벌어지는 현상이 계속됐다는 점이다. 일자리 간 격차가 확대되고, 그 와중에 양질의 일자리는 줄어드는 상황이라면 당연히 그 일자리를 놓고 치열한 경쟁이 벌어진다. 그 과정에서 명문대 졸업장이 큰 위력을 행사할 거란 건 굳이 증명하지 않아도 알 수 있다. 유불리를 떠나서, 최소한 '인서울 대학'이나 '지거국(부산대 · 전남대 등 지방거점국립대학)'은 가야 대기업 취업 문을 두드릴 기회가 주어졌기 때문이다. 대기업 취업에서 '중경외시'가 마지노선이네 '건동홍'[16]이 마지노선이네 하는 유의 논쟁은 매우 차별적이고 저속한 논쟁이었지만 사실 어느 정도 현실을 반영하고 있다고 해도 무방했다. 우리가 암묵적으로만 동의하고 있던 이 현실은 2014년 1월 삼성그룹이 발표한 이른바 '대학 총장 추천제'를 통해 잠시 수면 위로 등장한 적도 있다. 당시 삼성은 신입사원 채용에서 전국 200여 개 4년제 대학 총·학장에게 총 5000명의 추천권을 주겠다고 발표했다가 논란이 되자 철회했다. 그런데 이때 삼성이 많은 인원을 할당한 대학이 주로 서울 소재 상위권 대학과 '지거국'이었다. 이 제도의 정당성은 논외로 치더라도, 우리는 삼성의 발표를 통해 당시 대기업들의 인력 수요가 소위 명문대를 중심으로 이루어지고 있음을 간접적으로 알 수 있었다. 이걸 두고 많은 언론이 대학 서열화니 줄 세우기니 하는 단어를 써가며 비판하고 외면하려 했다. 하지만 이건 엄연히 존재하는 현실

16 중경외시는 중앙대, 경희대, 한국외대, 서울시립대. 건동홍은 건국대, 동국대, 홍익대

이었다. 청년들도 "대학이 전부는 아니다"라는, 따뜻한 말만 해주는 어른들의 말을 온전히 믿지 않았다. 이들은 경험적으로 이 사회가 냉정하고 치열한 곳임을 알고 있었기 때문이다. 따라서 양질의 일자리를 얻기 위한 1차 관문인 대학 진학에 사활을 걸지 않을 수 없었다.

MZ세대에게 취업은 일종의 토너먼트다. 토너먼트에서는 한 번의 대결로 승부가 판가름 난다. 웬만해선 패자부활전의 기회가 부여되지 않는다. 오늘날 청년들이 공정을 요구하는 이유도 여기에 있다. 1970~80년대 강원도 정선·태백 등의 탄광촌에서는 "한번 쫄딱구뎅이 들어가면 계속 쫄딱구뎅이만 전전한다"는 말이 있었다. 여기서 '쫄딱구뎅이'란 규모나 시설이 변변치 않은 영세탄광업체의 작업현장(갱도)을 일컫는 말이었다. 이 쫄딱구뎅이에서 일하는 광부들의 급여는 매우 낮았고 노동환경도 열악했다. 하지만 광부들은 이 쫄딱구뎅이를 떠날 수 없었다. 한국 사회에서 학력도 시원치 않고 변변한 기술을 갖춘 것도 아닌 그들을 받아주는 회사는 없었기 때문이다. 게다가 나이를 먹고 육체적 능력이 감소한 그들을, 이미 젊은 사람들도 들어오려고 줄을 선 대형탄광이 받아줄 리 없었다. 결국 학력이 낮고 나이가 많은 그들에게는 이 쫄딱구뎅이가 마지막 기회를 주는 '막장(last chapter)'이었다.

이 쫄딱구뎅이는 요즘 청년들이 직면한 상황에 빗대어 표현하면 중소기업이나 비정규직 같은 단어로 치환할 수 있을 것이다. "한번 좆소(중소기업을 비하하는 의미의 단어)는 영원한 좆소"라는 말이 있지 않은가. 이는 곧 열악한 일자리에서 괜찮은 일자리로 옮기는 '계층 이동'의 측면에서 봤을 때, 요즘 청년들이 처한 현실이 과거 산업화시대 광부들의 그것과 다르지 않음을 간접 증명한다. 이건 앞의 한국은행 자료에서도 나타나는데, 임금근로자가 중소기업 취업 1년 이후 대기업으로 이동하는 비율은 2005년 3.6%에서 2016년 2.0%로 크게 줄어들었다. 비정규직에서 정규직으로 이동하는 비율 역시 같은 기간 15.6%에서 4.9%로 대폭 하락했다. 최근 대기업들이 공채를 폐지하면서 기술집약적 스타트업에 종사하던 인력들이 네이버나 다음카카오 등 대기업으로 이직하는 경우가 많아지긴 했지만, 사실 이들이 보편적인 중소기업 종사자라고 보기는 어렵다. 오히려 평범한 취업준비생들에게는 공채 폐지 물결이 대기업으로 진입하는 기회 자체를 없애고 있는 것처럼 느껴진다. 저숙련 노동자로서 한번 중소기업에 들어가면 영원히 중소기업에 머물러야 하고, 한번 비정규직이 되면 계속 비정규직 일자리를 전전해야 한다면, 처음 진입하는 일자리에 목숨을 걸 수밖에 없다.

오늘날 청년들이 직면한 일자리 환경은 마치 장원급제 제도와 비슷하다. 경쟁에서 승리한 소수에게는 크나큰 보상이 주어지지만, 패배한 다수에게는 엄혹한 현실만이 앞에 놓일 뿐이다. 극도로 경직된 노동시장과 이중구조는 패자부활전을 통한 계층 상승의 기회마저 기대하기 어렵게 한다. 이러한 경쟁 환경 속에서 청년들이 불공정함에 극도로 예민해질 수밖에 없는 건 당연한 일이다. 모두가 치열한 경쟁을 하는 현실 속에서 장원급제의 영광은 극히 소수만 누릴 수 있기 때문이다. 과거에는 눈앞에서 부당한 일이 벌어지더라도 그것이 내 삶에 큰 영향을 끼치지 않았다. 설령 좋은 대학에 못 가고, 대기업에 취직하지 못하더라도 그들과 크게 다르지 않은 삶을 살 수 있었다. 그러나 이제는 장원급제 여부에 따라 삶의 질이 극복할 수 없을 만큼 갈리게 되었다. 시험에서 0.1점 차이로 당락이 결정되고, 그 결과에 따라 앞으로 나의 인생이 결정된다면, 당연히 사소한 불공정에도 분노할 수밖에 없지 않겠는가.

● 진영에 갇힌 공정

승패에 따른 보상 격차의 심화, 즉 승자독식이 청년들로 하여 공정에 대한 요구를 강화하는 원인으로 작용했다면, 그 해결방법은 당연히 승자독식을 해소하는 것이어야 한다. 대기업과 중소기업의 임금·처우에 큰 차이가 없고, 마찬가지로 정규직과 비정규직 사이에 차별이 없다면 청년들이 공정에 그토록 목멜 이유는 없다. 그러나 인국공 사태 당시 정부가 제시한 해결책은 그 격차를 줄이기보단 '비정규직 없는 사회'를 만들겠다는 메시지를 보여주는 데 집중돼 있었다. 이것은 사실 유사 장원급제나 마찬가지였다. 청년들로서는 선택받은 소수만 혜택을 보는 비정규직의 정규직화가 결코 공정한 정책이었다고 인정할 수 없었다.

비단 인국공 사태뿐 아니라, 이 근래 공정과 관련하여 벌어졌던 많은 논쟁이 얼마 안 가 진영 간의 대립으로 귀결되곤 했다. 청년들의 불만은 이내 정치적 도구로 활용되기 시작했고, 결국에는 '청년 없는 청년들의 공정 담론'만이 남아 여의도 정치권에서 소비되었다. 조국 사태는 그 전개의 전형을 보여주었다.

2019년 8월, 조국 전 청와대 민정수석비서관이 법무부 장관에 지명되면서 웅동학원 및 사모펀드, 그리고 딸의 부정입학 등의 의혹이 불거졌다. 이 중에서 가장 화제가 된 건 말할 것도 없이 딸 조민 씨의 부정입학 의혹이었다. 사안의 경중으로만 놓고 본다면 당연히 웅동학원이나 사모펀드와 관련된 의혹이 더 주목받아야 했지만, 뉴스를 채운 건 '동양대 표창장'으로 대표되는 부정입학 논란이었다. 입시 문제야말로 국민의 원초적 감정을 자극하는 소재였기 때문이다. 여론이 들끓는 조짐이 보이자 쌍끌이저인망 어선 같은 언론의 취재가 시작되었다. 그리고 그 과정에서 그의 딸이 고교 시절 단국대학교 의과대학 연구소에서 인턴을 한 뒤 논문에 제1 저자로 등재된 사실, 부산대학교 의학전문대학원에서 성적 부진으로 유급을 당했음에도 6학기 연속으로 장학금을 받은 사실 등이 드러나며 논란이 확대되었다. 서울대학교 법대 공익인권법센터에서 실제 인턴을 했는지, 그리고 동양대학교에서 받은 표창장이 진짜인지 등도 도마 위에 올랐다.

가장 먼저 반응한 건 대학생들이었다. 8월 23일부터 조민 씨와 직접 연관된 서울대학교, 고려대학교, 부산대학교를 중심으로 재학생들이 진상규명을 요구하며 촛불집회에 나섰다. 그러나 이때만 해도 공정을 외치는 이 청년들의 목소리는 그렇게 크게 주목받지 못했다. 엄연히 따져보면 이들도 특권층이었기 때문이다. 표창장 위조 같은 건 그렇다 치더라도, 이들 역시 크든 작든 조 씨처럼 부모로부터 각종 도움을 받아 명문대에 진학했을 확률이 매우 높았다. 그러한 이유로 명문대에 진학하지 않은, 또는 비수도권에 사는 청년들은 이 집회를 냉소적이고 무관심한 태도로 바라볼 수밖에 없었다.[17] 이를 두고 정한울 한국리서치 전문위원은 "조국을 날린 건 20대라는 '20대 이탈론'은 과장되었다"고 주장했다. 그의 퇴진을 이끈 건 공정과 관련한 20대의 분노가 아니라, 3040세대의 상대적 박탈감과 이로 인한 변심이었다는 설명이다.[18] 실제로 조국 사태가 본격적으로 커지기 시작한 건 보수 세력이 가세하면서부터였다. 여기에 문재인 대통령이 그의 임명을 강행하면서 사태는 점입가경으로 치달았다. 이때부터는 사태는 사실상 청년들과 전혀 상관없는 국면으로 전개되었다.

조국 사태 당시 수시 특기자전형과 의학전문대학원이 가지고 있던 맹점이 공정 논란으로 비화한 건 분명한 사실이다. 그러나 이는 곧 정치적 갈등으로 전환되며 공정과 관련한 논의가 진행될 기회를 걷어 차버렸다. 조국을 옹호하는 이들은 서초동 대검찰청 앞에 모여 검찰개혁을 외쳤고, 여기에 반대하는 이들은 광화문에 모여 태극기를 흔들며 문재인 정부 퇴진을 외쳤다. 이때부터 청년들이 가지고 있던 공정 이슈들, 예컨대 수시전형에 대한 불신이라든가 사회지도층의 '스펙 품앗이' 같은 문제는 더 이상 거론되지

17 정한울, 〈조국 이슈로 본 한국인의 공정성 인식 격차〉, 2019년 10월 25일

18 한국일보, "조국 퇴진 이끈 최대 변수는 상대적 박탈감과 3040 변심", 2019년 10월 25일

않았다. 서초동과 광화문으로 상징되는 공간에 정작 청년들의 자리는 없었다.

평창동계올림픽 여자아이스하키 남북단일팀 구성과 관련한 공정 논란도 크게 다르지 않았다. 2018년 1월 1일, 북한의 김정은이 신년사를 통해 동계올림픽 참가를 시사하는 발언을 하면서 남북의 개막식 공동입장과 단일팀 구성이 동계올림픽의 주요 화두로 떠올랐다.[19] 고위급 회담이 급물살을 탔고, 결과적으로 여자아이스하키 종목이 단일팀 구성 대상으로 결정되었다. 문재인 대통령 지지자들은 '평화올림픽'이 이루어지게 되었다며 크게 환영했다. 그런데 여자 아이스하키 대표팀 선수들을 비롯하여 청년층을 중심으로 불만이 터져 나왔다. 당사자들의 동의를 구하지 않은 채 일방적으로 진행되었다는 점 때문이었다. 특히 청년들은 엔트리 구성상 우리 선수 일부가 배제될 수밖에 없는 상황에서 올림픽 하나만 바라보고 4년간 피와 땀과 눈물을 흘린 선수들의 노력은 무엇이 되느냐며 분노했다. 이들은 일방적인 의사결정도 문제였지만, 무엇보다 집권세력이 자신들의 정치적 목적을 달성하기 위해 선수들의 출전 기회를 빼앗는 건 불공정하다고 보았다. 이런 상황에서 당시 이낙연 국무총리가 "어차피 여자 아이스하키는 메달권 밖에 있다"라는 막말을 하면서 불난 집에 기름을 끼얹었다. 청년들로서는 정치 논리에 공정의 가치가 희생되었다고 보지 않을 수 없었다.

---

19 JTBC, "평창 대표단 용의" 김정은 깜짝 신년사…달라진 북한, 2018년 1월 1일

만일 당시 상황에서 자유한국당이 공정 프레임을 가지고 집요하게 물고 늘어졌다면 정부 여당은 큰 손해를 입었을 것이다. 그러나 그들은 그렇게 영리하지 못했다. 남북단일팀 관련 불공정 논란이 확대되고 이에 대한 반사이익으로 재미를 좀 보면서 바로 본래의 모습이 드러났다. 대북 강경 메시지를 쏟아낸 것이다. 특히 이런 모습은 폐회식을 앞두고 북한에서 김영철 노동당 부위원장을 파견한다는 소식이 전해지면서 절정에 달했다. 김영철은 2010년 천안함 피격사건의 주범으로 꼽히는 인물이다. 자유한국당 의원들은 그의 방문을 저지하겠다며 북한 고위급 대표단이 내려오는 경로였던 파주 통일대교로 향했다. 그리고 다리 위에서 드러누우며 육탄전을 벌였다. 이 모습을 지켜본 청년들은 그들을 불공정 문제를 해결해줄 대안세력으로 인정할 수 없었다. 비록 천안함 피격의 책임이 북한에 있음은 동조하지만, 그렇다고 해서 당시의 상황이 이념 문제로 치환될 건 아니었기 때문이다. 그렇게 뜨겁게 달아올랐던 공정 논쟁은 평창동계올림픽이 폐막하며 함께 사라져버렸다.

최근 몇 년간 공정과 관련한 논란이 끊이지 않았다는 데에는 많은 이들이 공감할 것이다. 그 논란들은 시대가 바뀌는 상황에서 발생하는 과도기적 마찰이었을 수도 있고, 정치적 논리와 시민들의 인식이 대립하며 빚어진 갈등일 수도 있다. 때로는 공정의 탈을 쓴 정치적 논쟁에 불과했을 수도 있다. 사실 이 갈등들을 단방에 해결하는 마스터키는 존재하지 않는다. 사람마다 생각하는 공정의 정의와 그 기준이 다르기 때문이다. 그러나 확실한 건 하나 있다. 이렇게 걸핏하면 터져 나오는 공정에 대한 요구에도 불구하고 어느 하나 제대로 매듭지어진 게 없다는 사실이다. 공정 담론은 대부분 정치적으로 소모되고 유야무야되었다. 공정과 관련한 청년들의 불만은 해소되지 못한 채 한국 사회를 맴돌 수밖에 없었다. 그런 점에 비추어보면 청년들이 유난히 공정에 집착한다기보단, 공정에 대한 사회적 합의 도출 요구를 정치권이 꾸준히 묵살하고 있다고 보는 게 맞을 것이다.

2 분노한 이대남, 실망한 이대녀

● 재보궐 선거가 인양한 이대남의 분노

2021년 한국 정치를 설명하는 데 있어서 20대 남자, 즉 이대남 현상을 빼놓을 수는 없다. 4월 7일 열린 재보궐 선거 출구조사 결과가 발표된 순간부터 20대 남성들의 투표 동인은 정치권과 언론의 핵심 연구과제였다. 그럴 수밖에 없었던 게 서울시장 재보궐 선거에서 그들 중 무려 72.5%가 오세훈 후보를 선택했기 때문이다. 지역감정이 존재하지 않는 서울에서 특정 집단이 이 정도 몰표를 행사한다는 건 굉장히 드문 일이다. 더군다나 60대 이상 중·노년층이 아닌, 20대 청년들이 보수정당에 이만한 표를 몰아준 건 '청년은 진보'라는 공식에 얽매여있는 기성정치권으로선 상상도 못 할 일이었다. 표차가 너무 현저했던 탓에 더불어민주당에선 "20

대 남성들이 일베를 많이 해서" 보수화되었다는 식의 이야기조차 나오지 않았다. 오히려 일부 의원을 중심으로 이대남들의 성난 민심을 달래기 위한 각종 제안이 쏟아졌다. 군가산점제나 모병제가 대표적이다. 이 정책들의 적합성이나 현실성은 논외로 하더라도, 민주당에서 이런 논의가 나왔다는 사실은 그 자체로 놀라운 일이었다. 그동안 변두리에 머물던 청년 남성의 민심이 당 중심부로 진입했음을 의미했기 때문이다.

그렇다면 이어지는 질문은 과연 20대 남성들이 선거 결과를 좌지우지할 만큼의 영향력을 확보하게 되었느냐는 것이다. 4·7 재보궐 선거만 보더라도 그들의 몰표가 있었기에 오세훈 후보가 서울시장 선거에서 당선될 수 있었고, 그것이 비록 인구 구조상 절대적인 영향력을 끼치지는 못했을지라도, 팽팽한 싸움에서 어느 정도 캐스팅 보트 역할을 하지 않았을까 하는 생각은 가질 수 있다. 하지만 결론부터 말하자면 서울시장 재보궐 선거에서 20대 남성들이 캐스팅 보트를 행사했다고 보기는 어렵다. 이 선거는 귀책사유가 더불어민주당에 있었던 탓에 처음부터 전반적인 판세가 어느 정도 기울어져 있었다. 거기에 수세에 몰린 민주당의 박영선 후보가 네거티브 전략으로 일관하면서 자충수를 두었다. 이때 결과는 이미 정해진 거나 다름없었다. 아마 이대남의 몰표가 없었더라도 오세훈 후보는 서울시장에 가볍게 당선됐을 것이다. 20대 여성(10대 포함)과 40대 남성을 제외한 모든 연령대, 성별에서 오 후보가 박 후보에 앞선 사실은 그걸 방증한다.

이대남 현상은 선거의 사전적 현상이 아닌 사후적 현상이었다.

실제로도 선거가 진행되는 동안 이대남 이슈가 부각된 적은 딱히 없었다. 차라리 주목을 받은 건 여당의 불공정과 내로남불을 향한 청년들의 분노였다. 더불어민주당 이낙연 대표가 "중대한 잘못으로 그 직위를 상실해 재·보선을 실시할 경우 해당 선거구에 후보자를 추천하지 않는다"는 당헌을 무력화하며 후보를 배출한 사실이나, 박영선 후보가 "청년들이 역사 경험치가 낮아서 보수정당 후보를 지지한다"고 한 발언 등은 비단 남성뿐만 아니라 여성들을 분노케 하기도 했다. 청년들의 분노에는 남녀가 따로 없었다. 그렇게 쌓인 분노는 오세훈 후보가 유세에 기용한 청년들의 연설이 화제가 되면서 일파만파 확산했다. "연설한 청년들의 취업을 제한하라"는 일부 진보진영 인사들의 막말은 화를 더 키웠다. 상황이 이렇다 보니 젠더갈등이 두드러지거나 하진 않았다. 정부 여당 입장에선 "청년들의 민심이 심상치 않다" 정도는 짐작할 수 있었지만, 20대 남성들이 그토록 단결된 의사표시를 하리란 건 예측하기 어려웠던 게 사실이다. 결국, 이대남 현상은 출구조사를 통해 그들의 집단적인 의사가 드러난 시점부터 시작되었다고 보는 게 타당하다.

그런데 이 출구조사 결과 발표가 만들어낸 나비효과는 정말 거대했다. 이대남을 향한 스포트라이트가 쏟아지면서 이들의 사기가 하늘 높은 줄 모르게 치솟았다. 이들은 그 기세를 몰아 불과 두 달 뒤 진행된 국민의힘 당 대표 선거에서 이준석을 당 대표로 만드는 기염을 토했다. 주요 정당에서 30대 청년이 당 대표로 선출된 건 헌정사상 처음이었다. 사실 선거 초반만 해도 이준석은 유력후보가 아니었다. 조직은 열세였고, "싸가지 없다"는 기성세대의 인식은 여전했다. 무엇보다 너무 젊었던 탓에 당 대표는 무리라는 의견이 팽배했다. 그래서 후보군에 거론되지도 않았다. 하지만 그는 출마를 선언하고 공정과 젠더 이슈를 선점하면서 20대 남성들의 표심을 끌어모았다. 이미 한 차례의 전쟁에서 대승을 거두고 정예군이 되어있는 이대남들이 전열을 갖추는 데는 오랜 시간이 걸리지 않았다. 거기에 정치개혁, 정당개혁을 염원하는 중년 이상의 당원들이 가세하면서 상승세가 가속화됐다. 그들 역시 나경원 후보로 상징되는, '도로 자유한국당'으로는 문재인 정부를 제대로 견제할 수 없을 거라 판단한 것이다. 여론이 돌아서자 당심도 출렁였다. 그 결과 이준석은 나경원을 상대로 선거를 위한 여론조사에서 58.76% 대 28.27%로 두 배 이상의 격차를 벌렸고, 열세로 평가받았던 당원투표에서도 37.41% 대 40.93%로 불과 3.5%포인트가량 뒤지는 데 그쳤다. 압도적인 당선이었다. 이준석의 여론조사 득표율은 다른 네 명을 합한 것보다도 무려 17%포인트나 높았다.[20] 서울시장 선거가 '결과적으로' 이대남 현상을 보여준 것이었다면, 국민의힘 당 대표 선거는 '처음부터' 이대남들이 바람을 일으켜 이준석을 당 대표에 앉힌 거나 다름없었다.

그동안 특정 연령대 안에서 특정 성별만 이만큼 주목받았던 적은 없었다. 왜냐면 한 세대는 동질적인 시간과 경험을 공유한 집단이기 때문에 대체로 비슷한 정치적 성향을 보이기 때문이다. 그

20 조선일보, 민심이 승부 갈랐다… 이준석 여론 득표율, 4명 총합보다 17%P 높아, 2021년 6월 11일

래서 과거에는 '40대 이하는 진보고, 50대는 캐스팅 보트, 60대 이상은 보수'라는 식의 범주화가 가능했다. 그러나 오늘날 20대들은 성별로 현격한 정치적 차이를 드러낸다. 20대 여성들은 여전히 문재인 정부의 가장 큰 지지세력이지만, 20대 남성들은 누구보다 문재인 정부에 반대하고 있다. 심지어 가장 보수적이라고 평가받는 60대 이상 남성들보다도 그렇다.

물론 20대 남성들의 불만이 갑자기 튀어나온 건 아니다. 그들의 문재인 대통령 지지율은 인국공 사태나 조국 사태 같은 대형 이슈가 있을 때마다 급락했다. 이를 두고 2018년 당시 박지원 민주평화당 의원은 "20대, 영남, 자영업자를 중심으로 지지율 하락세가 뚜렷하다"며 '이영자'라는 신조어를 만들기도 했다. 하지만 그때만 해도 박 의원이 말하는 20대는 남녀를 통칭하는 느낌이 컸고, 무엇보다 청년 남성들의 불만은 찻잔 속의 태풍처럼 여겨졌던 게 사실이다.

그렇다면 왜 2021년 들어서는 이대남 현상이 두각을 나타낸 것일까? 가장 큰 원인은 이대남 현상이 정치권에서 예측하지 못했던 변수라는 데 있다. 정확히는 20대 남성들이 더불어민주당을 비롯한 진보진영에 불만이 있다는 건 어느 정도 인지하고 있었으나, 이 정도일 줄은 몰랐다는 것이다. 그동안 이들의 반발은 터져 나오다가도 이내 사그라들곤 했다. 그러니 무시해도 상관없는 투정 정도로 여겨졌다. 2017년 대선 이후 몇 번의 굵직한 선거에서 나타난 일방적인 결과는 그러한 가정을 증명했다. 반면 20대 여성들은 온라인 커뮤니티를 중심으로 적극적인 목소리를 내고 있었다.

이들은 청와대 국민청원을 통해 이슈를 생산하는가 하면, 언론사나 특정 기업의 게시판을 찾아가 주장을 개진하는 일을 마다하지 않았다. 그 주장의 규모와 강도는 늘 남성들의 그것보다 거셌다. 그래서 정치권으로선 이들의 여론을 예의주시하지 않을 수 없었다. 특정 집단에 대한 정치권의 관심을 주가로 표현할 수 있다면, 여성들의 참여는 이미 그 주가에 선반영 되어있었던 셈이다. 그런 점에서 이대남들의 표심은 일종의 블랙 스완[21]이었다. 4·7 재보궐 선거는 그들의 불만이 임계점을 넘어 처음으로 표로 연결된 선거였다. 여당이 예측하지 못한 변수에 화들짝 놀란 건 당연한 결과였다.

검은 백조가 등장하자 정치권에서는 '도대체 무엇 때문에 이대남들이 이렇게 분노했는가?'를 두고 갑론을박이 벌어졌다. 그중에서도 젠더갈등이나 페미니즘이 어떤 영향을 끼쳤느냐는 가장 큰 쟁점이었다. 일부 언론은 "젠더갈등은 아주 국소적인 부분에 불과하고 더 큰 문제는 공정과 내로남불"이라며 애써 외면했지만, 이러한 주장이 항변은 될지언정 제대로 된 분석이라고 보기는 힘들다. 물론 공정이나 내로남불 문제가 20대 남성들의 표심에 큰 영향을 끼친 건 사실이다. 하지만 이건 여성들에게도 해당하는 문제다. 20대 남성들이 또래 여성들에 비해 공정에 대한 기준이 유난히 높다고는 생각하지 않는다. 내로남불을 혐오하는 것도 성별

21 발생 가능성이 없어 보이지만 일단 일어나면 엄청난 충격과 파장을 불러일으키는 사건을 뜻한다. 검은 백조는 세상에 존재하지 않는 것으로 인식되었으나, 17세기 한 생태학자가 호주에서 검은 백조를 발견하고 엄청난 충격을 받은 데서 유래했다.

을 떠나 비슷하다. 따라서 이 두 집단이 이토록 상반된 태도를 보이게 한 결정적인 변인은 젠더갈등이라고 생각할 수밖에 없다.

그럼 도대체 젠더갈등이 뭐길래 20대 남성들로 하여 이만한 몰표를 행사하게 한 것일까? 보수와 중도층은 물론, 과거 더불어민주당이나 정의당을 지지했던 진보적인 남성들이 보수정당을 지지하게 한 원인은 무엇이었을까?

된장녀에서 한남충까지

2010년대 초반만 하더라도 젠더갈등이 지금처럼 심하지는 않았다. 물론 이전에도 젠더갈등의 성격이 다분한 사건들은 존재했다. 하지만 그 전개 양상은 오늘과 사뭇 달랐다. 예를 들어 지하철 안에서 설사한 자기 애완견의 엉덩이만 닦고 배설물은 치우지 않아 화제가 된 '개똥녀' 사건이나 한 방송에서 "키 180cm 이하의 남성은 루저"라고 발언해 여론의 뭇매를 맞은 '루저녀' 논란은, 이성에 대한 혐오라기보다는 개인의 시민의식이나 몰상식한 언행에 초점이 맞춰진 논쟁이었다. 따라서 여기에 대한 반발도 여성 혐오보단 네티즌들의 과도한 신상털기와 마녀사냥이 중심이 되었다.

2005년을 전후해 인터넷을 뜨겁게 달군 신조어인 '된장녀'가 있긴 하지만, 이 단어로 인해 젠더갈등이 고조되었다고 보기는 어려웠다. 갈등이라고 하면 응당 대립하는 두 주체가 있어야 하는데 된장녀 논란은 일방적으로 진행된 측면이 컸기 때문이다. 이 논란은 대개 스타벅스 커피로 상징되는 여성의 소비를 싸잡아 매도하는 방식으로 표출되었다. 그 매개체는 주로 짤방이나 게시글이었다. 따라서 이는 갈등이라기보다는 인터넷에서 유행한 조롱 문화라고 보는 게 타당할 것이다.

비록 인터넷은 소란스러웠지만, 된장녀는 '온라인 이슈' 이상의 역할을 하지 못했다. 기억에 남는 사건이라고 해봤자 한 여자 배우가 공중파 예능프로그램에 출연해 "(남자가) 근사한 레스토랑에서 밥 먹고 할인카드를 내밀 때 분위기를 깬다"고 언급했을 때 논란이 된 정도다. 요즘처럼 저명한 인사들이 단어의 옳고 그름을 두고 왈가왈부하는 건 보기 힘들었다. 그만큼 현실 세상에서의 영향력이 크지 않았다는 방증이다. 주류 언론들도 이를 비중 있게 다루지 않았다.

만일 된장녀나 루저녀 같은 단어들이 지금 나왔다면 어마어마한 혐오 논란을 불러일으켰을 것이다. 그러나 그 시절에 이 신조어들로 말미암은 갈등이 그다지 발생하지 않았던 건 이런 문화를 생산하고 확산시키는 온라인 커뮤니티 자체가 남성들의 전유물이었기 때문이다. 2000년대까지만 해도 디시인사이드·웃긴대학을 비롯한 주요 온라인 커뮤니티 이용자의 상당수는 젊은 남성들이었다. 여성들이 주류인 여초 커뮤니티는 없거나, 있더라도 다음(DAUM) 카페같이 폐쇄적인 공간에서 자기들끼리 어울리는 수준이었다. 이들은 소재 역시 뷰티·패션·성형과 같은 것들을 주로 다루었는데, 이때만 해도 커뮤니티 내에서 페미니즘을 주장하는 게시글이 올라오면 정치·사회적 갈등을 조장하는 것으로 간주하고 규제하는 움직임이 있을 정도였다.

하지만 온라인 커뮤니티를 중심으로 한 젠더갈등은 2010년대 들어 폭발의 도화선을 마련하게 된다. 바로 그 유명한 일간베스트저장소, 즉 일베가 탄생한 것이다. 일베는 그 탄생 배경부터 대단히 정치·사회적인 성격을 띠었다. 특히 진보, 호남, 여성 등을 혐오의 대상으로 특정하고 그 혐오를 문화적 자원으로 삼았다는 점에서 그랬다. 다른 커뮤니티에서도 노무현 전 대통령을 비롯한 진보진영에 대한 반감이나 여성에 대한 차별이 없었던 건 아니다. 하지만 그것이 주된 정서라고 보기는 어려웠다. 반면 일베는 그런 정서들을 응축한, 일종의 엑기스였다.

일베에서 생산되는 콘텐츠의 수위는 기존 것들과 차원이 달랐다. 이들은 2010년대 초반 급격히 성장하며 온갖 사회적 문제들을 낳았다. 그중에는 위안부 할머니 모욕 사건이나 친누나 속옷 자위인증 사건, 여중생 샤워 불법 촬영 사건, 아동포르노 공유 사건과 같은 것들도 있었는데, 이는 지금도 그렇지만 당시의 온라인 커뮤니티에서도 상상조차 하기 어려운 일이었다. 온라인 커뮤니티마다 여성에 대한 불만이나 반감은 어느 정도 있었다고 하더라도, 일베는 그 정서의 채도와 명도를 최대치로 끌어올린 집단이었던 셈이다.

강력한 혐오는 그만큼 강력한 반작용을 가져왔다. 출판가에서는 이미 《이갈리아의 딸들》로 대표되는 페미니즘 서적이 베스트셀러에 올랐고, 대학가에서도 페미니즘 동아리가 확대되기 시작했다. 이러한 정서는 2015년 메르스 사태를 겪으며 본격적으로 표출되었는데, 이것은 단지 오보를 근거로 한국 여성을 싸잡아 비난한 데에 격분한 것이라기보다는 그간 쌓여온 분노가 이 사건을 계기로 폭발한 것이라고 봐야 한다. 이후 이들은 디시인사이드 메르스 갤러리를 점령한 걸 넘어 메갈리아(이갈리아와 메르스의 합성어)라는 사이트를 만들며 일베의 반대편에 섰다.

메갈리아는 미러링이라고 하는, 의도적인 모방을 주요 콘셉트로 잡았다. 주로 남성을 혐오하는 형태를 띠었는데 짧게 정리하자면 "일베 너희가 한 그대로 똑같이 갚아 주겠다"라는 것이었다. 이를 두고 일각에서는 '과연 혐오에 혐오로 맞서는 게 정당한가'에 대한 논쟁이 진행되기도 했다. 그러나 이때만 해도 이러한 논쟁은 굉장히 제한된 범주에서 진행되었다. 남녀노소를 불문하고 일베에 대한 반감이 워낙 컸던 시절이기 때문이다.

하지만 이듬해 강남역 살인사건이 발생하면서 젠더갈등은 본격적으로 폭발하기 시작한다. 조현병을 앓고 있는 30대 남성이 강남역 인근의 한 노래방 화장실에서 20대 여성을 살해한 원인을 두고 남녀 간 의견이 극명하게 갈린 것이다. 여성들은 "여성을 대상으로 한 여성 혐오 범죄"라고 주장하고 남성들은 "조현병 환자의 묻지마 범죄"라고 항변하며 대립했는데, 이 충돌은 시간이 흐를수록 사그라들기는커녕 점차 격화되는 양상을 보였다. 모든 남성을 잠재적 범죄자로 규정하는 데에 반발하며 그동안 딱히 여성에 대한 반감을 드러내지 않았던 남초 커뮤니티들까지도 가세했기 때문이다.

이 사건이 눈여겨 볼만한 점은 온라인에서 치고받던 싸움이 현실 세계로도 확장될 수 있다는 걸 보여주었다는 것이다. 오늘날 20대가 겪고 있는 치열한 젠더갈등의 서막을 연 것이다. 여성들은 사건 당일부터 강남역 10번 출구에 모여 "여자라서 죽고, 남자라서 살았다"는 내용의 포스트잇을 붙이며 분노를 표출했고, 일베 회원들 또한 이에 질세라 '남자라서 죽은 천안함 장병들을 잊지 말자'는 내용의 화환을 보내며 조롱으로 맞불을 놓았다. 이때는 정치인들도 꽤 많이 개입했는데, 그만큼 갈등이 크게 폭발했다는 증거였다. 특히 문재인 당시 더불어민주당 전 대표는 트위터에 "다음 생엔 부디 같이 남자로 태어나요"라고 남기며 불난 집에 기름을 끼얹었다.[22] 두 집단이 가뜩이나 예민해져 있는 상태에서 유력한 차기 대권 주자가 한쪽에 판정승을 내린 것이나 마찬가지였기 때문이다. 문 대통령은 물론 그 측근들도 기억하지 못할 테지만, 이대남들의 분노는 이 사건을 기점으로 조금씩 누적되었다.

강남역 살인사건 이후 젠더갈등은 점입가경에 이른다. 특히 이때 모든 남성을 잠재적 범죄자로 봐야 하는가와 같은 논쟁이 격하게 일었다. 전장은 주로 정의당이나 녹색당과 같은 진보계열 정당이었다. 당시 이 논쟁의 물결을 거스른 진보정당은 없었다. 그중에서도 정의당은 이른바 '메갈리아 사태'로도 엄청난 내홍을 겪었다. 한 게임사가 트위터에 메갈리아 후원 인증샷을 올린 게임 성우를 교체한 게 발단이었다. 이 사건을 두고 정의당 문화예술위원회가 게임사의 결정을 비판하는 논평을 냈는데, 남성 당원들이

22 조선일보, "여자라서 죽었다" vs "정신 이상자의 개인 범행일뿐" 강남역 묻지마 살인사건, 여성 혐오 논란으로 비화, 2016년 5월 19일

메갈리아를 옹호하는 내용에 반발하며 항의한 것이다. 메갈리아는 해를 거치며 과격성과 막장성을 더해 일베 못지않은 논란을 낳고 있었다. 진보와 보수를 막론한 남성들에게 공공의 적이었음은 말할 필요도 없다. 당시 그 반발이 어느 정도였냐면 한때 정의당 지지율이 거의 반토막 날 지경이었다. 당 지도부는 곤혹스러움을 감추지 못했다. 당원들의 집단항의와 탈당이 잇따르자 논평이 나간 지 5일 만에 중앙당 상무집행위원회를 열고 해당 논평을 철회했다. 하지만 논란은 쉽게 가라앉지 않았다. 급기야 며칠 뒤엔 심상정 대표가 직접 유감을 표명하기에 이르렀다.

더불어민주당이나 새누리당 같은 거대정당들은 조금도 감지하지 못하고 있었지만, 2016년 초여름에 벌어진 일련의 사건들은 진보진영 내의 대대적인 지각변동을 가져왔다. 그때까지 진보진영의 주요 담론이 친노동과 양극화 해소, 평화통일과 같은 것들이었다면 그즈음부터는 페미니즘과 PC주의가 그 자리를 대체하기 시작했다. 진보의 컬러가 바뀌는 시점이었다.

가장 극단적인 여성주의가 가장 왼쪽에 있다고 가정했을 때, 왼쪽에서 밀려오는 쓰나미는 정의당을 덮치고 난 뒤 더불어민주당을 향해 나아갔다. 그 파도가 더불어민주당에 도달하기까지는 2년이 더 필요했다. 사실 2018년은 정부 여당뿐 아니라 우리나라 젠더갈등사(史)에 있어서도 가장 핵심적인 해다. 물론 그 전년에도 산발적인 젠더갈등이 발생하긴 했다. 그러나 2018년에 이르러서는 그 갈등의 정도가 전례 없이 폭발했다. 이때의 젠더갈등은 질적으로 봤을 때나 양적으로 봤을 때 모두 심각한 수준이었다.

심지어는 그 이후에 일어난 사건들과 비교했을 때도 그렇다.

왜 하필 2018년에 유독 젠더갈등이 폭발했냐고 묻는다면, 나는 단연코 유튜브 때문이라고 답할 수 있다. 2018년은 우리나라 사람들의 유튜브 이용과 진출이 본격적으로 급증하기 시작한 해였다. 그런데 그 과정에서 파생된 문화가 있으니 바로 유튜브를 활용한 폭로와 이슈몰이였다.

2018년 5월 한 여성 유튜버가 피팅모델 촬영 알바를 하러 간 곳에서 강압적으로 선정적인 사진 촬영을 요구받았다고 폭로해 인터넷이 발칵 뒤집혔다. 폭로 수단은 유튜브였다. 영상은 삽시간에 엄청난 조회 수를 올렸고 온라인 커뮤니티를 통해 순식간에 퍼져나갔다. 정부는 가해자로 지목된 스튜디오 관계자들을 즉각 출국 금지하고 수사에 들어갔다.[23] 그러나 수사 과정에서 최초 폭로와 상반된 카톡 내용이 공개되면서 진실 공방이 이어졌다. 이 모든 과정이 온 국민에게 거의 실시간으로 생중계되었다. 수사가 진척될 때마다, 혹은 관련 인물 인터뷰가 나올 때마다 해당 내용들은 인터넷 커뮤니티와 유튜브를 통해 퍼져나갔다. 그리고 꼬리에 꼬리를 무는 갈등을 양산했다.

비슷한 시기에 여성들은 불법 촬영 편파 수사를 규탄하며 대대적인 시위를 개최했다. 혜화역 시위로 일컬어지는 사건이다. 5월 1일, 홍익대 회화과의 누드 스케치 실기 과정에서 남성 누드모델에 대한 불법 촬영 사진이 메갈리아의 후신이라고 할 수 있는 워마드

23 연합뉴스, '유명 유튜버 성추행' 2명 출국금지·압수수색..강제수사 돌입, 2018년 5월 20일

를 통해 유포되는 일이 발생했다. 이를 두고 온라인에서는 가해자가 내부인이냐 외부인이냐, 더 나아가 남자냐 여자냐 하는 논쟁이 격하게 벌어졌다. 경찰은 발 빠르게 내사에 착수했다. 관련자가 한정되어 있던 사건의 특성상 가해자는 보름도 지나지 않아 검거되었다. 워마드 회원인 여성이고, 홍익대 학생이 아닌 동료 모델이었다.[24]

하지만 사건은 여기서부터 새로운 국면을 맞는다. 워마드를 중심으로 "피해자가 남자라서 범인이 빨리 체포되었다"는 주장이 제기된 것이다. 이 주장은 많은 여성의 동의를 얻으며 삽시간에 퍼져나갔다. 급기야 이들은 5월 19일에 편파 수사를 규탄하며 혜화역 일대에서 대대적인 집회를 열게 되었다.[25] 세력화된 적 없던 여성들이 1만 명 넘게 운집하다 보니 그 파급력은 대단했다. 문재인 대통령이 나서서 "편파 수사는 아니다"라며 "일반적인 처리를 보면 남성 가해자의 경우에 구속되고 엄벌이 가해지는 비율이 더 높았다"라고 해명하기도 했다. 하지만 이 발언은 되려 반발을 키우고 말았다.[26] 이미 젠더갈등은 이성의 영역을 벗어난 지 오래였기 때문이다. 시위 참가자들은 문재인 대통령의 발언을 규탄하는가 하면, 일각에서는 투신자살하라는 극단적인 비아냥이 나오기도 했다.

혜화역 시위가 잠잠해질 즈음에는 곰탕집 성추행 사건이 젠더

24 헤럴드경제, [단독]홍대 누드 모델 몰카 사건 용의자는 학생 아닌 '동료 모델', 2018년 5월 10일

25 서울신문, 혜화역서 여성 1만2천명 '불법촬영 성 편파수사 규탄' 시위, 2018년 5월 19일

26 아시아경제, '붉은 분노' 혜화역 시위 3개월…왜 열리고 뭘 바꿨나, 2018년 7월 9일

갈등을 재점화했다. 대전의 한 곰탕집에서 남성이 여성을 성추행했다는 시비가 발생하면서다. 사건은 2017년 말에 일어났지만, 논란은 1심 판결이 나오면서 시작되었다. 가해자로 지목된 남성의 아내가 온라인 커뮤니티 보배드림에 억울함을 호소하며 글을 올린 게 직접적인 계기가 되었다. 이 사건은 기존의 젠더갈등에 하나의 쟁점을 더 얹었는데 그게 바로 성인지 감수성 판결이다. 과연 여성의 일관된 진술만으로 성범죄 판결을 내리는 게 정당하냐는 것이다. 곰탕집 성추행 사건이 워낙 폭발적이어서 그렇지, 사실이 성인지 감수성 판결은 여전히 크고 작은 논란을 낳고 있다. 성인지 감수성 판결은 성범죄의 특성상 피해자가 증거를 수집하는 게 쉽지 않기에 피해자의 입장에서 판단해야 한다는 취지이지만, 남성들은 이것이 충분히 악용될 소지가 있다고 여긴다. 구체적 증거 없이 일관된 진술 하나로 처벌하는 게 가능하기 때문이다. 특히 이 주제는 연료가 끊임없이 공급된다는 점에서 지금까지 언급된 사건들과 다르다. 앞의 논란들이 단일 사건에서 파생된 갈등이라면, 이 주제만큼은 주기적으로 발생하는 사건들이 쌓아 올려진 결과물이 갈등을 구성한다. 이따금 등장하는 무고 사건, 예컨대 기분이 나빠서 상대 남성을 성폭행으로 신고를 했다든지, 바람을 피우다 걸려서 내연남을 성범죄자로 몰았다든지 하는 사건들이 그렇다. 이런 사건 사고는 끊이지 않을 것이기에, 아마 남녀 모두가 공감하는 성범죄 판결 기준을 정립하지 않는 한 성인지 감수성과 관련한 갈등은 계속될 가능성이 크다.

2018년 말에 발생한 이수역 폭행사건은 젠더갈등의 정점을 찍었다. 한 맥줏집에서 "페미니스트라는 이유로 맞았다"는 어떤 여성의 증언이 나오면서다. 결론부터 이야기하자면, 여혐 폭행을 당했다는 여성의 증언은 거짓인 것으로 드러났다.[27] 하지만 비록 가짜였을지언정 그 발언의 파괴력은 엄청났다. 청와대 국민청원에서는 수십만 명이 강력처벌과 진상규명을 요구하며 대립했고, 언론들 역시 이 사안을 신속하게 다루며 이슈몰이에 가세했다. 불과 몇 년 전만 하더라도 온라인상의 젠더갈등에 심드렁했던 언론들이 이처럼 적극적으로 돌변한 건 그만큼 갈등의 정도가 메이저 언론이 인지할 수 있을 만큼 몸집을 키웠다는 증거였다. 그러나 상황이 워낙 긴박하게 전개되었던 탓에 사실관계를 제대로 파악하지 않고 방송에 임한 패널들의 발언이 도마 위에 오르며 또 다른 갈등을 낳기도 했다. 무엇보다 이 이수역 사건의 경우 당시 폭발적으로 성장하던 사이버 렉카 문화와 결합하며 증폭에 증폭을 거듭했다. 사이버 렉카들은 사회부 경찰 출입 기자가 새로 취재한 내용이 밝혀질 때마다 이걸 대중에게 신속하게 옮기며 끊임없이 논란에 불을 지폈다.

2018년의 젠더갈등이, 그리고 더 좁게는 이 이수역 사건이 지금 정치사에서 중요한 의미를 갖는 건 단지 그때의 갈등이 격렬했고 빈번했기 때문만은 아니다. 이 시기를 기점으로 청년 남성들의 여론이 대대적으로 바뀌었다. 그리고 그 정서가 오늘날의 이대남 현상을 만들었다. 30대의 이준석을 우리나라 헌정사상 최초 제1야

27 서울경제, 이수역 폭행 여성 "물의 일으켜 죄송하다" 여혐폭행은 '거짓', 2018년 12월 27일

당 대표로 만든 원동력 또한 이때 태동했다고 볼 수 있다. 국민의힘 이준석 대표 본인이 평가하듯, 그는 원래 청년들에게 인기 있는 인물이 아니었다.[28] 전통적인 보수 엘리트로서, 개혁보수를 지지하는 중장년층에게 '전도유망한 청년'으로 인정받았을 뿐이다. 그러나 이수역 사건을 기점으로 청년 남성들의 이준석에 대한 평가가 달라지기 시작한다. 그 범위는 중도층뿐만 아니라 진보층까지도 확장되는데, 원래 진보성향의 온라인 커뮤니티들도 거기에 포함되었다. 이들이 이준석의 깃발 아래 결집한 건 그의 정치적 지향에 동조해서가 아니었다. 그가 유일무이한 대안이었기 때문이다. 2018년, 젠더갈등이 폭발하는 상황 속에서 더불어민주당은 여전히 여성 친화 노선을 고수했고 자유한국당은 이런 정서조차 읽지 못하고 있었다. 남성들을 대변하는 건 이준석을 비롯한 소수의 바른정당계 정치인들뿐이었다.[29] 바른정당계 국회의원 중 젊은 축에 속했던 하태경 의원 역시 젠더갈등 사안에 기민하게 대응하며 남성들의 지지를 흡수했다. 가장 대표적인 사례가 2019년 초 여성가족부에서 발표한 '성평등 방송 프로그램 제작 안내서'와 관련한 논란이다. 해당 가이드라인은 방송에 출연하는 아이돌 그룹의 '외모 획일성' 등을 지적했는데, 이 내용이 화제가 되자 하 의원이 진선미 여가부 장관을 향해 "여자 전두환"이라고 비판하며 여가부 폐지를 강력하게 주장한 것이다. 뿐만 아니라 그는 비슷한

28 이준석, 《공정한 경쟁》, 나무옆의자

29 바른정당은 2018년 초 국민의당과 합당하며 바른미래당으로 개편했다. 하지만 또 다른 축인 국민의당 국회의원들이 청년 남성들을 대변했다고 보기는 어렵기 때문에 바른정당계로 표기했다.

시기에 '워마드와의 전쟁'을 선포하는 등 적극적으로 남성들의 의견을 수렴하는 모습을 보였다. 이대남들이 2021년 벌어진 정치 이벤트에서 이준석 대표를 중심으로 한 보수정당에 압도적인 지지를 보낸 건 이러한 토양에서 맺어진 과육인 셈이었다.

● 귀차니즘을 뛰어넘은 정치적 효능감

젠더갈등이 2010년대 중반에 본격화되고 2018년에 폭발한 것이라면, 그리고 그 시기에 청년 남성을 대변한 정치세력은 이준석과 하태경을 중심으로 한 보수정당의 일원이 유일했다면, 한 가지 의아한 부분이 생긴다. 바로 2020년 제21대 국회의원 선거에서 여당인 더불어민주당이 유례없는 압승을 거둔 사실이다. 4월 15일 진행된 그 선거에서 여당인 더불어민주당과 비례 위성 정당 더불어시민당은 총 300개의 의석 중 도합 180석을 석권하는 기염을 토했다. 반면 제1야당인 미래통합당과 미래한국당은 103석을 얻는 데에 그쳤다. 더불어민주당에 대한 20대 남성들의 불만이 팽배한데도 불구하고 민주당이 압승을 거두었다면 이들을 제외한 나머지 집단, 예를 들어 여성들과 30대 이상 남성들이 몰표를 주었기 때문에 그런 결과가 나왔을 것이라고 오해하기 쉽다. 그러나 사실은 20대 남성들조차 미래통합당과 그 위성 정당을 지지하지 않았다. 당시 방송 3사의 출구조사 결과에 따르면 19~29세의 남성 중 47.7%가 더불어민주당에 투표했다. 미래통합당에 투표한 이들은 그보다 적은 40.5%였다. 나머지 정당들의 득표가 선거 결과에 영향을 끼쳤다고 보기는 어려운 만큼, 이대남들이 미래통합당보다는 더불어민주당이 더 낫다는 판단을 했다고 볼 수 있다. 그렇다면 그들은 왜 평소 '페미정당'이라고 욕하는 더불어민주당을 선택한 것일까?

물론 평소 민주당을 두고 '페미정당'이라고 비판하는 남성들은 대부분 21대 총선에서도 미래통합당을 택했을 것이다. 주목해야 할 점은 더불어민주당에 표를 준 47.7%에 달하는 이대남들이 불과 1년 뒤 진행된 재보궐 선거에서는 절반 이상 이탈했다는 점이다. 당연히 그 표의 상당수는 오세훈 후보로 향했을 공산이 크다.

2020년 총선의 특징이 있다면 접전지가 매우 많았다는 것이다. 253개 지역구 중 3%포인트 이내 표차로 당락이 결정된 곳만 해도 무려 24곳에 이르렀다. 인천 동구·미추홀을에서는 불과 171표 차, 0.1%포인트 차이[30]로 희비가 엇갈렸다. 이런 사실에 비추어 보면 더불어민주당은 국민의 압도적 지지를 얻고 180석을 달성했다기보다는 수도권 접전지들에서 모두 승리한 덕분에 180석을 확보했다고 보는 게 맞다. 표면적으로는 낙승이지만, 그 내막을 살펴보면 신승이었던 셈이다. 이런 선거에서 만일 이대남들이 작정하고 결집했다면, 아마 더불어민주당의 과반을 저지하지는 못했을지라도 지금과는 제법 다른 정치지형을 만들었을 수도 있다. 물론 조짐이 전혀 없었던 건 아니다. 하지만 그들은 결국 대세에서

30 SBS, 전국 24곳 3%포인트 내 차이로 희비 갈려…윤상현은 171표 차 승리, 2020년 4월 16일

크게 벗어나지 않는 투표를 했다. 비록 정도의 차이는 있었지만 말이다.

2020년 총선에서 이대남들이 왜 미래통합당 대신 더불어민주당을 택했는지 따져보기에 앞서 살펴볼 게 있다. 바로 이들이 경험했을 정치적 효능감이다. 한동안 우리나라 정치판에서 이대남들이 효능감을 느낀 경우는 거의 없었다. 특히 근 몇 년간 이들은 정책 결정 과정에서 늘 후순위에 머물렀다. 20대 여성을 특별히 우대해서가 아니다. 원래 정치적 자원을 배분하는 과정에서 청년층은 언제나 과소평가되었다. 거기에 문재인 정부의 여성친화적 경향이 좀 더 가미되었을 뿐이다. 그동안 정치인이 다른 집단의 표를 버리고 20대 남성들의 표를 좇는 건 위험한 도박처럼 여겨졌다. 절대적인 수도 적은데 응집력도 약하기 때문이다. 여기에는 여성에 비해 조금 더 강한 남성들의 '귀차니즘(귀찮+ism)'도 작용했다. 그간 이들의 의제가 수면 위로 오르지 못한 이유도 여기에 있다.

성별 대립이 한창이던 2018년 말, 유시민 작가가 한 특강에서 "남자들은 축구도 봐야 하고 롤(게임)도 해야 하는데 (그 시간에) 여자들은 공부해서 모든 면에서 남자들이 불리하다"고 발언해 난리가 난 적이 있다. 하지만 나는 그 발언이 일면 타당한 측면은 있다고 생각한다. 물론 유시민 작가가 말한 대로 축구와 롤이 실제 학업 성취도와 연결되는지까지는 잘 모르겠지만, 정치적 어젠다를 촉구하는 데 있어선 그렇다.

실제로 국가인권위원회가 2021년 8월 발표한 '성평등한 정치 대표성 확보 방안 연구'에 따르면 20대의 경우 남성보다 여성이 사회 참여에 더 적극적인 것으로 나타났다.[31] 전체적으로 남성이 더 높은 것과 대비되는 현상이다. 여성들의 참여는 주로 시민단체 후원, 온·오프라인 청원 참여, 해시태그 운동 참여, 물품 구입 등의 활동으로 진행되었는데, 텀블벅 같은 소셜 펀딩 사이트만 들어가 봐도 그 차이를 체감할 수 있다. 청와대 국민청원 역시 젠더갈등이 격화되어 전쟁터가 되기 이전엔 주로 여성들의 지지를 얻은 정책들이 득표 요건을 충족해 채택되는 경우를 자주 볼 수 있었다. 개인적인 인상이지만, 온라인에서 벌어지는 이슈들을 살펴보면 여성들은 자기 일이 아니더라도 언젠가 겪을지도 모를 일에는 적극적으로 참여한다는 느낌을 받았다. 성범죄나 아동 대상 범죄와 관련한 문제들이 그랬다. 반면 남성들은 본인이 겪은 일임에도 불구하고 개인 차원에서 이미 해결되었거나 잠깐 지나가고 말 일이라면 좀처럼 참여하지 않는 경향이 있었다. 귀찮기 때문이다. 일례로 젠더갈등이 한창 발화하던 2016년 5월, 일베를 중심으로 예비군 처우 개선을 요구하는 집회가 대대적으로 예고되었지만, 막상 현장에 모인 참가자는 30여 명에 불과한 적이 있었다.[32] 이후에도 각종 온라인 커뮤니티를 중심으로 남성들이 선호하는 이슈에 대한 캠페인이 진행되기는 했다. 하지만 결과는 비슷했다. 귀찮아서 단결된 목소리를 내지 않으니 이들의 의제가 반영되기 어려웠

31 뉴스1, "20대 여성 사회 참여, 또래 남성보다 높아..성별세대격차 나타나", 2021년 8월 11일

32 경향신문, 일베 회원들이 광화문에서 방산비리 척결 외친 까닭은, 2016년 5월 15일

고, 이것은 다시 효능감의 저하로 이어졌다. 이 과정에서 이들은 "어차피 시도해도 안 된다"고 느꼈던 것 같다. 해봤자 무산될 일에 시간과 노력을 투자하려고 하니 더욱 귀찮았을 것이다.

거기에 더해 이들의 작은 여론이나마 담을 수 있는 그릇이 없었다. 효능감을 부여해줄 정당이 부재했다. 비록 이준석과 하태경이 즉각적인 피드백을 주기는 했지만, 그들이 속한 바른미래당 자체가 내부 갈등과 이합집산을 계속하며 해당 이슈들을 지속적으로 끌고 나가지 못했다. 그리고 사실 당 차원에서 젠더갈등에 대응한다기보다는 둘의 개인기에 의존했다고 보는 게 맞을 것이다.

덩치가 큰 자유한국당은 애당초 그런 개념조차 장착하지 못하고 있었다. 그런 점에서 만일 21대 총선 직전 미래통합당이 만들어지는 과정에서 바른정당의 마지막 버전이라고 할 수 있는 새로운보수당이 주도권을 잡았다면 선거의 결과는 매우 달라졌을 것이다. 하지만 패권은 규모가 가장 컸던 자유한국당 계열에 돌아갔다. 당권 역시 자유한국당 대표였던 황교안 대표에게 주어졌다. 이들은 결국 강성 기독교와 태극기 부대로 상징되었던 과거의 굴레를 벗어던지지 못했다. 실제로 선거 과정에서 황 대표와 그의 측근들로 인해 크고 작은 사건이 끊이지 않았다. 공관병 갑질로 물의를 일으켰던 군 장성이 등장하는가 하면, 막말과 공천 잡음이 곳곳에서 터져 나왔다. 무엇보다 황교안 대표 본인이 자유한국당 시절 극우 유튜버, 태극기 부대에 휘둘리는 모습을 떨쳐내지 못했다. 이건 가장 큰 패인이었다. 이대남들이 비록 문재인 정부가 젠더갈등을 대하는 방식에 불만을 품고 있을지언정, 탄핵에 대한 당위성과 정당성마저 부정하는 건 아니기 때문이다. 결국 2020년 총선에서 보수정당이 이대남들의 선택받지 못한 이유는 간단하다. 대안세력으로서 면모를 보여주지 못한 것이다.

공교롭게도 2021년의 재보궐 선거는 앞선 문제들이 보수정당 안에서 해소된 채 진행되었다. 전국 단위 선거가 아닌, 서울과 부산 등 일부 지역에서 진행된 선거였기에 가능했다. 각 캠프는 독자적인 캠페인을 진행할 수 있었다. 게다가 오세훈 후보는 경선 초반 낮은 당선 가능성으로 인해 중진의원 대부분이 캠프에 합류하지 않았다. 그런데 이게 전화위복이 됐다. 덕분에 이준석 전 최고위원의 주도하에 군더더기 없는 선거 캠페인이 가능했다. 그가 이대남들의 표를 흡수하는 과정은 그동안 뿌렸던 씨앗의 결과물을 수확하는 것과 다르지 않았다.

2021년 재보궐 선거 결과는 향후 선거에도 영향을 끼칠 가능성이 크다. 서울시장이 누구고 부산시장이 누구라서가 아니다. 청년 남성들이 귀차니즘을 극복하고 집단적인 표를 행사하여 정치적 효능감을 느낀 첫 선거였기 때문이다. 그들은 출구조사 결과 발표 이후 쏟아진 각종 분석과 공약을 통해 엄청난 효능감을 만끽했다. 그 효능감은 조직된 행동의 밑천이 될 것이다. 물론 2021년 11월 국민의힘 경선에서 홍준표 후보가 윤석열 후보에 패배하면서 잠시 주춤하긴 했지만, 불씨는 여전히 살아있다. 그 불씨가 어느 선거에서 얼마나 거대한 불길로 번질지는 아무도 예측할 수 없다. 이건 비단 남성들에게만 국한되는 이야기는 아니다. 이대남 현상에 정치권과 언론이 반응하는 것을 지켜본 여성들 역시 집단적인 표를 행사할 테니까 말이다. 정치인들로서는 여러모로 골치 아픈 상황이 된 것이다.

● 분노의 근원

2021년 재보궐 선거에서 이대남들의 집단적 행동을 추동한 원동력은 무엇이었을까? 더 나아가, 그들은 왜 문재인 정부에 그토록 큰 반감을 가지고 있는 것일까?

많은 분석이 양질의 일자리를 둘러싼 갈등을 지목한다. 2010년대 이후 번듯한 일자리는 대폭 감소하는데 여성들의 약진이 두드러지면서 이 파이를 놓고 벌어진 첨예한 경쟁이 오늘날 젠더갈등의 토대를 형성했다는 주장이다. 실제로 서울 소재 4년제 대학 출신 중 소득분위 6~8분위에 해당하는, 소득 상위 20~50% 일자리에서 남성들의 몫은 2010년대 들어 대폭 감소했다. 여성의 대학 진학률이 높아지고 취업 시장에서 그들에 대한 차별이 덜해지면서 대기업 사무직종에 진출하는 여성들이 이전보다 훨씬 많아졌기 때문이다.[33] 현재의 20대 남성들은 가뜩이나 양질의 일자리가 줄어드는 마당에 여성들까지 가세하니 윗세대 남성들보다 극심한 경쟁에 놓이게 되었다. 이런 상황이 여성에 대한 반감 기제로 작용했다는 것이다.

---

33 조귀동, 《세습 중산층 사회》, 생각의힘

서울 4년제 대학 출신 취업자의 남성 비율 (%)

졸업연도	2008년	2010년	2012년	2014년	2016년	2008년 대비 증감	
10분위	71.5	75.4	78.4	79.2	80.1	8.6	유지/증가
9분위	69.1	62.1	71.6	62.0	69.5	0.4	
8분위	68.4	83.8	57.3	58.9	49.1	-19.3	급감
7분위	62.9	61.8	57.5	52.1	58.0	-4.9	
6분위	55.7	58.5	51.6	44.9	34.2	-21.5	
5분위	37.8	45.3	44.2	40.1	40.4	2.6	
4분위	45.5	39.8	38.4	34.5	23.8	-21.7	
3분위	39.8	32.6	36.1	41.6	47.4	7.6	급증
2분위	22.5	20.8	35.8	35.8	39.8	17.3	
1분위	26.8	31.7	26.8	33.9	33.5	6.7	
전체	50.0	49.2	49.8	48.3	47.6	-2.4	

자료: 대졸자직업능력이동조사

일자리를 놓고 벌어진 경쟁을 젠더갈등의 토대로 보는 시각은 일면 타당하지만 그게 전부라고 보기는 어렵다. 젠더갈등은 취업 여부나 소득과 상관없이 전방위적으로 일어난 측면이 있기 때문이다. 만일 양질의 일자리를 놓고 벌어진 경쟁이 젠더갈등의 주원인이었다면, 이미 취업한 사람들이 모인 온라인 커뮤니티나 취업과는 아직 거리가 먼 청소년들이 모인 온라인 커뮤니티에서 벌어지는 젠더갈등은 설명하기 어렵다. 20대가 투표권이 있으니 주목받을 뿐이지, 10대 사이에서도 젠더갈등은 격렬하게 일어나고 있기 때문이다. 더군다나 일자리가 젠더갈등의 주된 소재가 된 적은 많지 않다. 예를 들어 온라인상에서 종종 비난의 소재가 되는 여성 할당제나 가산점만 봐도 그렇다. 만일 일자리를 놓고 벌어진 갈등이 젠더갈등의 핵심 요인이었다면 이런 정책이 가장 폭발적인 논쟁거리가 될 것이다. 하지만 이런 내용은 온라인 커뮤니티에 올라오면 욕 한 번 하고 마는 소재에 지나지 않는다. 같은 맥락에서 여성들 역시 이런 정책이 자신들에게 그다지 도움이 된다고 보지 않는다.

젠더갈등은 다분히 감정적인 소지가 강한 다툼이다. 그중에서 가장 지배적인 감정은 단연 공정함일 것이다. 가령 어떤 발언이 직접적인 피해를 주지 않는다고 하더라도, 공정함을 훼손한다고 느껴진다면 그것은 강력한 젠더갈등의 촉매가 될 수 있다. 불공평하다는 감정, 그것이 이대남들의 정서를 강력하게 지배하고 있다.

20대 남성들은 공정한 심판이 되어야 할 정부가 일방적으로 여성의 편에 선다고 여긴다. 곰탕집 성추행 사건으로 대표되는 성인지 감수성 판결 논란처럼 법과 정책의 집행 과정이 여성에게 편향되어 있다고 보고 있다. 이러한 점은 시사IN이 2019년 조사하고 발표한 '20대 남자, 그들은 누구인가'라는 기사에서도 나타난다.[34] 20대 남성들은 '남녀 간 취업 기회의 공정함'과 '승진·승급 기회의 공정함'에 관한 물음에서 여타 집단과 크게 다르지 않은 응답을 보였다. 정도의 차이는 있었지만, 방향 자체는 유사했다. 그러나 이들의 응답이 유독 튀는 부분이 있었다. 바로 법 집행의 공정함, 정부의 양성평등 정책, 페미니즘에 대한 의견을 묻는 부분이다. 사회적 인식은 대체로 여성들과 공유할 수 있지만, 정부의 정책 방향은 대

34 시사IN, 20대 남자, 그들은 누구인가, 2019년 4월 15일

단히 잘못되었다고 생각하는 것이다.

실제로 문재인 대통령의 직무수행 평가에서도 20대 남성들의 지지율은 정부가 편향적으로 개입했을 때 크게 출렁이는 경향을 보였다. 예컨대 2018년 혜화역 시위 당시 정현백 여성가족부 장관이 참석하여 "언제 바로 나 자신도 이런 끔찍한 범죄의 대상이 될지 모른다는 불안감을 호소하는 국민들 앞에 지금 너무나 안타깝고 송구스러운 마음"이라는 메시지를 남겼을 때나, 이수역 사건 당시 여당 국회의원들이 사실관계가 입증되기도 전에 이를 여성혐오 범죄로 규정했을 때가 그랬다.

여기에 대응하는 정부 여당 인사들의 태도는 청년 남성들의 불만을 더욱 가중시켰다. 그들은 폭발하는 민심을 철저히 무시하거나 나무라는 식으로 상대했다. 2017년 9월 11일, 문재인 대통령은 수석보좌관 회의에서 남성들의 여성징병제 청원을 "재밌는 이슈"로 일축했다. 이건 상당히 큰 패착이었다. 대통령 스스로가 남성들의 청원을 무시하는 듯한 모습으로 비쳤기 때문이다. 당시 남성들이 이 청원을 올린 건 진정 여성 징병을 바라서가 아니라, 남녀 간 갈등이 고조되는 상황 속에서 정부가 남성들의 청원에는 어떻게 반응하나 보기 위해서였다. 그런데 이를 농담으로 치부해버림으로써 임기 초부터 그들과의 관계설정이 꼬여버렸다. 젠더갈등의 토네이도가 한국 사회를 휩쓸고 지나간 뒤인 2019년 초 신년 기자회견에서도 문재인 대통령은 "젠더갈등이 특별한 건 아니라고 생각한다"라고 뭉개면서 재차 반발을 샀다. 소통을 강조하면서 전혀 소통이 되지 않는 대통령을 보고 이대남들은 불만을 키우지 않을 수 없었다.

여당 국회의원들은 한술 더 떠 갈등의 원인을 청년들의 수준 탓으로 넘겼다. 청년들의 민주당 지지가 신통치 않은 이유를 두고 "이명박, 박근혜 정부 때 교육을 잘못 받아서(설훈 의원)"라든가 "1960~70년대 박정희 시대를 방불케 하는 반공 교육으로 적대감이 심어져서(홍영표 의원)"라고 대답하며 화를 자초했다. 아마 이대남들은 이 시점부터 "이 당엔 말해도 소용없다"는 감정을 느꼈을지도 모른다.

물론 청년 남성들의 의견을 수렴하기 위한 시도가 아예 없었던 건 아니다. 표창원 의원은 2019년 1월 "국회에서 20대 남성의 이야기를 듣겠습니다"라는, 매우 직관적인 명칭의 간담회를 개최했다.[35] 이미 2018년 12월, 20대 남성들의 문 대통령에 대한 국정수행 지지율이 29.4%(리얼미터)에 그칠 때였다. 그러나 간담회는 서로의 입장 차만 확인하고 마무리되었다. 이후 더불어민주당에서 20대 남성 담론과 관련하여 실질적인 공론장이 마련된 적은 없었다.

정부 여당 관계자들의 무시와 훈계, 또 이에 따른 청년 남성들의 집단적인 반발은 요 몇 년 사이 도돌이표처럼 반복되었다. 갈등 해결을 위한 공론장은 마련된 적이 없고, 기껏해야 모병제같이 이루어질 가능성이 현저히 낮은 '떡밥'들이 몇 개 던져졌을 뿐이다. 이대남들은 그런 공약이 현재 자신들의 불만을 달래고 은

35 조선일보, "여성이 약자라고?"…표창원 주최 20대 간담회 가보니, 2019년 1월 31일

근슬쩍 넘어가려는 미봉책에 불과하다는 것을 알고 있다. 급조된 정책 몇 개로는 젠더갈등이 만든 깊은 불신을 해소할 수 없는 것이다. 정치적인 영역에서는 종종 많은 예산이 투입되는 사업보다 말 한마디가 더 큰 영향을 끼치곤 한다. 젠더갈등은 그런 소재 중 하나다. 청년 남성들은 2018년 젠더갈등이 폭발하던 시기 철저히 외면받았던 기억을 여전히 간직하고 있다. 그때의 실망과 분노가 당시 그들을 유일하게 대변했던 이준석을 당 대표로 만드는 원동력이 되었다. 그런 점에서 문재인 정부와 집권 여당이 보여준 불통이야말로 정책 집행의 방향성 이상으로 이대남들의 저항을 부른 주된 원인이라고 할 수 있다.

● 돌아선 이대녀

어떤 정책은 추진했을 때 이득을 보는 집단이 생기는 만큼 손해를 보는 집단이 발생하기도 한다. 이때는 이해관계가 엇갈리는 두 집단으로부터 합의점을 도출하기가 매우 어렵다. 교집합을 찾을 수 없는 경우도 많다. 그래서 많은 정치인이 접점을 찾고 합의를 넓히는 어려운 길을 택하기보단 표 계산을 해서 이익이 될 거 같은 쪽의 손을 들어주는 쉬운 방법을 택한다. 젠더갈등이 다루기 힘든 소재인 건 그래서다. 정책의 대상이 남성과 여성이라는 두 성별로 명확하게 나뉘기 때문이다.

문재인 대통령과 더불어민주당의 여성 정책 기조는 20대 남성들로부터 강한 반발을 불러일으켰다. 물론 '과연 문 정부가 여성 친화적이었는가?'라는 질문은 있을 수 있지만, 20대 남성들이 그 이유로 지지층에서 이탈한 건 분명한 사실이다. 그런데 이 제로섬 게임에서 이해하기 어려운 점이 하나 있다. 정부 여당의 정책 기조가 20대 남성들로 하여 그토록 강한 반감을 갖게 했다면, 그 반대급부인 20대 여성들의 표라도 확실히 챙겼어야 했는데 또 그렇지는 않았다는 점이다. 물론 지금도 20대 여성들이 문재인 대통령과 더불어민주당의 가장 큰 지지세력인 데엔 변함이 없다. 그러나 취임 초 이들의 지지율이 90%를 상회(2017년 6월·한국갤럽 정기조사) 했던 데에 비추어보면 지지층이 상당히 이탈한 것 또한 부인할 수 없다. 2021년 4·7 재보궐 선거만 봐도 그렇다. 이 선거에서 더불어민주당 박영선 후보(44.0%)는 국민의힘 오세훈 후보(40.9%)와 별반 다르지 않은 득표를 기록했다(10대 포함 20대 여성·출구조사 기준). 심지어 30대 여성들에게는 오 후보(50.6%)가 박 후보(43.7%)를 앞섰다. 이대남만큼 강한 비토 세력이라고 볼 수는 없지만, 2030 청년 여성들 역시 어느 정도 민주당에 등을 돌렸다고 볼 수 있는 대목이다.

2021년 재보궐 선거는 여러모로 의미 있는 결과를 보여주었다. 비록 20대 남성들의 압도적인 몰표에 가려 크게 주목받지는 못했지만 20대 여성들의 투표도 눈여겨보지 않을 수 없었다. 그들 중 15.1%에 달하는 유권자가 더불어민주당과 국민의힘이 아닌 제3정당, 즉 군소정당의 후보를 선택했다는 점 때문이다. 실제로 이 선거에서 군소정당들은 양당의 실정에 따른 상당한 반사이익을 누렸다. 그렇다면 15.1%에 해당하는 20대 여성들은 누구를 찍은 걸까? 상식적으로 생각해 봤을 때 이들 중 다수가 국가혁명당 허경영 후보에게 투표했다고 보기는 어렵다. 그런 유권자도 일부는 존재했겠지만, 대부분은 페미니즘 기치를 내건 그 외 후보들로 향했다고 보는 게 타당할 것이다. 재미있는 건 그 정당 중 일부는 이름 말고는 정당으로서의 면모도 갖추지 못한 곳이었다는 점이다. 예컨대 이 선거에서 총 0.68%를 득표해 4위를 차지했던 여성의당의 경우 "신라호텔 애플망고빙수 사 먹게 1억 원만 투자해달라"는 등 유명 기업인을 호명하며 투자를 요청해 창당 초부터 정치자금법 위반 논란을 낳았다. 나중에는 대표가 타로점 결과를 바탕으로 정당의 의사결정을 했다는 내부고발이 터지면서 화제가 되기도 했다. 이렇게 급조되고 검증되지 않은 정당에 그토록 많은 20대 여성들이 표를 준 건 이 정당을 진심으로 지지했기 때문이 아니다. 그만큼 기성정당에 실망한 표심이 여기로 향한 것으로 봐야 한다. 더불어민주당은 실망스러운데 그렇다고 국민의힘을 찍을 수는 없지 않겠느냐는 심리가 군소정당으로 향하는 동인이 되었다. 그런 점에서 만일 이때 정의당이 후보를 냈더라면 아마 20대 여성들로부터 상당히 많은 표를 얻었을 거라는 추측도 충분히 할 수 있다.

서두에 언급한 대로 20대 남성들은 문재인 정부의 정책 집행이 여성들 쪽으로 대단히 치우쳐졌다고 느끼고 있다. 문재인 대통령에 대한 20대 여성들의 높은 지지는 그들이 문재인 정부가 추진했던 정책의 수혜집단임을 간접적으로 증명하는 것일 수 있다. 그래서 표면적인 결과만 놓고 보면 4·7 재보궐 선거의 출구조사 결과는 선뜻 이해하기 어렵다. 정부 정책의 주요 수혜대상이라고 볼 수 있는 청년 여성들의 표심이 오히려 "남성들을 대변한다"고 여겨지는 국민의힘으로 가거나, 처음 보는 군소정당으로 향했던 것 말이다. 도대체 왜 그들은 더불어민주당에서 이탈한 것일까?

사실 4·7 재보궐 선거는 그 시작부터 더불어민주당이 여성들의 표를 상당히 잃은 채 출발할 수밖에 없었다. 더불어민주당 소속 광역자치단체장들의 성범죄로 시작된 선거였기 때문이다. 그러나 이 사건 자체가 지지율 이탈에 직접적인 영향을 끼쳤다고 보기는 어렵다. 실제로 2020년 4월 오거돈 부산시장의 성추행 사건이 발생한 이후에도 문재인 대통령이나 더불어민주당에 대한 여성들의 지지는 견고했다. 오거돈이라는 인물이 여권에서 차지하는 비중이 그렇게 크지 않았던 측면도 있지만, 다른 무엇보다 이 사건은 그저 오 시장의 개인적인 일탈로 치부되었기 때문이다. 피해자가 문제를 제기하자 오 시장은 이를 즉시 시인한 뒤 사퇴했고, 당 또한 단호한 대처를 천명함으로써 사태를 매듭지었다. 아마 다른 정치인이었더라도 이와 같은 전철을 밟았을 것이다.

그러나 문제는 역시 박원순 전 서울시장이었다. 박원순이 어떤 인물인가. 그는 1980년대 부천 경찰서 성고문 사건과 1993년 서울대 신 교수 사건을 변호하며 '페미니스트 변호사'로 이름을 알린 인물이었다.[36] 특히 서울대 신 교수 사건 당시엔 성희롱으로 국

36 한국일보, 22년 전 '직장 내 성희롱 소송' 승소 이끌었던 그가…, 2020년 7월 14일

내 첫 유죄 판결을 받아내는가 하면, 이것이 명백한 범죄라는 사회적 인식을 형성하는 등 대한민국 여성운동사에 한 획을 긋기도 했다. 그런 인물이 되려 성추행으로 고소를 당해버린 것이다. 만일 사건 직후 정부 여당이나 친여 성향의 여성단체들이 오거돈 전 부산시장이나 여타 정치인들의 성 비위 사건 때처럼 단호하게 대처했더라면 여론의 분노를 보다 빨리 잠재웠을 수도 있다. 하지만 그러기엔 당내에서 박원순이라는 인물이 가진 위상이 너무 높았고, 또 그와 여성단체(또는 여성단체 출신 정치인들) 사이에 얽힌 인연이 너무 깊었다. 그의 존재 자체가 민주당 여성 정치인들과 여성단체들이 그동안 보여준 집단적 대응을 불가능하게 한 것이다.

그들의 당혹스러움은 용어를 통해서도 표출되었다. 그 유명한 '피해호소인'이라는 단어가 등장한 것도 이때였다. 미투 운동의 유죄추정이 과연 옳은 것이냐 하는 논쟁은 성별이나 정치적 입장에 따라 의견이 갈리는 부분이라 논외로 하더라도, 여권 정치인과 여성단체가 유독 박 전 시장 문제에 있어서 미온적인 입장을 견지하려 했다는 건 이론의 여지가 없다. 게다가 이 사건을 은폐 혹은 무마하려는 과정에 여성계 인사들이 줄줄이 엮였다는 사실은 여성들로 하여 배신감을 안겨주기에 충분했다. 검찰 조사 결과에 따르면 피해자 측이 이미경 한국성폭력상담소장에게 '미투' 고소에 따른 지원을 요청했는데, 이 사실은 한국여성단체연합 공동대표 두 명을 거쳐 이 단체 출신 국회의원인 남인순의 귀에 들어갔고, 그는 또다시 이 사실을 서울시 젠더특보인 임순영에게 알렸다. 임 특보는 남 의원과의 통화 이후 박원순 시장에게 이 사실을 알리고 대책을 논의하는 한편, 이튿날 오전엔 이미경 소장에게 전화를 걸어 어떤 조치를 취할 것인지 묻기도 했다.[37] 이 과정을 지켜본 여성들은 크게 분노했다. 더불어민주당의 여성 정치인들이 여성의 권리 신장을 외치며 사회지도층으로 올라섰지만, 결국엔 다 똑같은 정치인이었고 그간의 메시지는 정치적 이익을 위한 수사에 불과했단 의심을 하지 않을 수 없었다.

20대 여성은 자신이 능력 면에서 약자라고 생각하지 않는다. 다만 우리나라의 성차별적 사회구조로 인해 차별받고 있다고 여길 뿐이다.[38] 이들은 그동안 페미니즘을 외친 정부가 실제로 바꾼 게 뭐가 있냐고 묻는다. 한정된 자원이 소수의 기득권 여성들에게 배분되었을 뿐, 평범한 여성의 삶은 별로 나아진 게 없다고 보고 있다. 2020년 총선 전후 불거진 정의기억연대와 윤미향 의원의 비리 의혹은 그런 불신을 더욱 증폭시키는 계기가 되었다. 35조 원짜리 성인지 예산과 관련한 논란도 마찬가지다. 남성들은 문재인 정부 들어 각종 사회적 혜택이 여성들에게 편중되어 있다고 생각하지만, 여성들은 본인들에게 돌아오는 혜택이 전혀 없다고 느끼고 있다. 여전히 거듭되는 스토킹 범죄나 출산·육아에 따른 경력단절은 '도대체 바뀐 게 무엇이냐'는 의문을 갖게 하기에 충분하다. 여성도 남성도 모두 불만인 정책의 방향성이 한 번도 재고되지 않은 건, 보이지 않는 곳에서 이를 통해 상당한 혜택을 보는 집

---

37 서울신문, 여성단체→남인순→젠더특보 거쳐 박원순에게 유출됐다, 2020년 12월 31일

38 시사IN, [20대 여자 현상] "약자는 아니지만 우리는 차별받고 있다", 2021년 8월 30일

단이 분명히 존재하고 있단 의미일 것이다.

2021년 4·7 재보궐 선거 이후 20대 남성들이 주목을 받기는 했지만 사실 동 세대 여성들의 표 또한 충분히 캐스팅 보트를 행사할 수 있는 수준이다. 오히려 2021년 말 현재로서는 20대 여성의 부동층 비율이 훨씬 더 높다.[39] 따라서 정치권은 골머리를 썩이지 않을 수 없는 상황이 되었다. 이 두 집단 사이의 갈등이 워낙 첨예하다 보니 양쪽 다 안고 갈 수 있는 상황이 아니기 때문이다. 젠더 갈등은 감정적으로 너무 격화된 탓에 제대로 논의를 시도하기조차 어려운 상황이 되었다. 그러나 어쩌겠나. 이 모든 게 다 그동안 우리 정치가 만들어 놓은 판 아니겠는가.

39 JTBC, [여론 읽어주는 기자] 진짜 주목할 부동층은 '이대녀', 2021년 12월 8일

3 이대남들이 홍준표에 열광한 이유

느닷없는 홍준표의 부상과 역선택론

2021년 9월 2일 발표된 한 여론조사 결과[40]는 국민의힘 대통령 선거 후보 경선의 판도를 뒤흔들었다.[41] 그동안 선두권 밖에 있던 국민의힘 홍준표 의원이 여야 대선주자 적합도에서 10%를 기록하며 단숨에 공동 3위를 차지한 것이다. 심지어 보수 진영 내 적합도를 묻는 질문에선 윤석열 후보와 불과 3%포인트밖에 차이나지 않았다. 다음 날 홍준표 테마주로 분류된 주식들은 그야말로

40 엠브레인퍼블릭·케이스탯리서치·코리아리서치인터내셔널·한국리서치가 2021년 8월 30일부터 9월 1일까지 전국 18세 이상 1012명을 대상으로 진행해 9월 2일 발표한 전국지표조사(95% 신뢰수준에 표본오차 ±3.1% 포인트, 중앙선거여론조사심의위원회 홈페이지 참조)

41 서울신문, 윤석열 턱밑 추격하는 홍준표… MZ세대 움직였나, 역선택인가, 2021년 9월 2일

'떡상'했고, 당황한 경쟁 후보들은 역선택론을 꺼내며 홍준표 의원의 급부상을 경계했다. 홍준표 의원이 국민의힘 대선 후보가 되면 이길 가능성이 낮기 때문에 더불어민주당을 비롯한 범여권 지지자들이 의도적으로 홍준표 의원을 띄우려 한다는 분석이었다.

그런데 이날 발표된 여론조사에서는 주의 깊게 봐야 할 지점이 하나 더 있었다. 청년층에서 홍준표 의원의 지지도(18~29세 18%, 30대 25%)가 윤석열 후보(각각 14%, 12%)를 크게 앞섰다는 사실이다. 이는 홍준표의 느닷없는 부상에 역선택만으로는 설명되지 않는 무언가가 내재해 있음을 암시했다. 왜냐하면 당시 2030세대는 여성을 포함하더라도 더불어민주당에 그렇게 우호적인 집단이 아니었기 때문이다. 그들이 굳이 민주당을 위해 역선택을 할 이유가 없단 뜻이다.

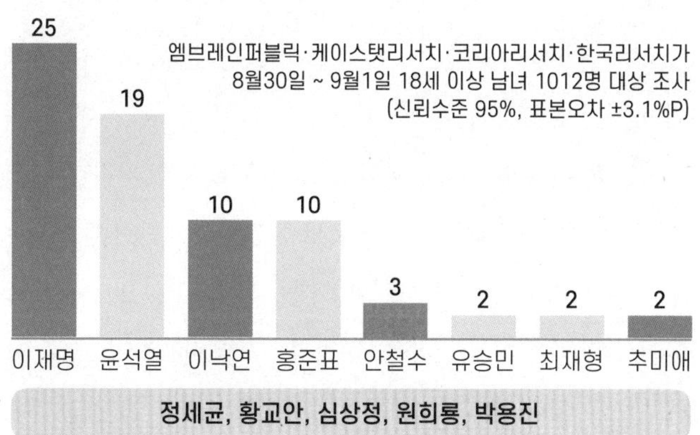

윤석열 전 검찰총장이 대선 출마를 선언하며 사람들의 기대를 모았던 건 사실이다. 박근혜·문재인 두 대통령의 재임기에 정부와 여당의 엄청난 압력에도 굴하지 않았던 스타 검찰총장. 이 사실만으로도 그가 중도층, 내지는 민주당에서 이탈한 유권자들을 끌어들이는 데 부족함이 없었다. 적어도 국민의힘에 입당하기 전까지는 그랬다.

하지만 입당 과정에서 그는 여러 차례 악수를 둔다. 우선 입당 전 그 방식과 시기를 놓고 이준석 대표와 샅바 싸움을 시작했다. 당 지도부가 출장·휴가를 간 사이 기습입당을 해버리는가 하면, 그 문제를 놓고 녹취록 공방을 벌이며 굳이 없어도 될 갈등을 낳았다. 심지어 캠프 정무실장은 당 대표를 탄핵해야 한다는 말도 서슴지 않았다. 이것은 눈치 없는 도발이었다. 이들이 정면승부를 걸었던 이준석은 그 당시 이대남이라고 일컬어지는 집단의 분신과 같았기 때문이다. 본인 딴은 보수정당의 신참으로서 얕잡아 보이지 않기 위해 자존심 싸움을 건 거겠지만, 결과적으로 이준석 현상을 만들어낸 청년들로 하여 의구심을 갖게 했다. 대결 상대와 타이밍을 잘못 고른 셈이다.

윤석열 후보는 포지셔닝에서도 크나큰 실수를 저질렀는데, 바로 태극기 부대에 유화 제스처를 보낸 것이다. “박근혜 대통령을 불구속 수사하려 했다”는 발언이 대표적이다. 이 발언은 그동안 본인의 지지율이 어떻게 나올 수 있었는지를 생각하면 결코 할 수 없는 발언이었다. 중도층은 물론, 대표적 친박인 조원진 우리공화당 대표마저도 “까마귀 고기를 삶아 드셨냐”며 비판할 정도였다.[42] 물론 60대 이상 장년층에 초점을 맞춰보면 이 전략이 먹히긴 했다. 박근혜 대통령을 지지하던 많은 이들이 윤석열을 중심으로 집결했다. 하지만 그만큼 MZ세대의 표심은 점점 멀어졌다. 그들은 문재인 정부에 대한 반감으로 국민의힘을 지지했을 뿐이지 박근혜 대통령과 친박 세력이 잘했다고 보지는 않았던 이유에서다.

윤석열 후보가 친박 세력을 껴안고 이준석 대표와 마찰을 일으키면서 청년들의 표가 이탈하고 있을 때, 홍준표 의원은 이준석을 지원 사격하며 상당한 반사이익을 얻었다. 사실 홍준표 의원의 그간 행보가 이대남들을 특별히 우대했다고 보기는 어렵다. 오히려 젠더갈등을 두고 "남자들이 쩨쩨하다"고 구박하여 빈축을 사기도 했다. 그러나 이 발언이 큰 반발을 사지 않았던 건 당시 청년층에게 자유한국당과 홍준표라는 존재는 애당초 거르고 보는, 논외의 대상이었기 때문이다. 그런데 이준석 대표를 옹호하는 과정에서 청년들의 표가 대대적으로 그를 향해 움직였다. 흥미로운 건 늘 남성의 대변인을 자처했던 하태경 의원을 향한 이대남들의 지지가 신통치 않았다는 건데, 아마 하태경으로는 윤석열을 이길 수 없다는 전략적 판단이었거나, 그게 아니면 그를 젠더갈등 외에는 별다른 콘텐츠가 없는 '원툴(one tool) 캐릭터'쯤으로 여긴 게 아닌가 싶다.

여하튼 앞에 서술한 사건들은 모두 2021년 여름에 발생했다. 이 사건들이 모여 완성한 모자이크가 바로 9월의 여론조사 결과

42 국민일보, "윤석열, 박근혜 불구속 수사하려 했다" 보도 후 거센 비난, 2021년 8월 10일

발표였다. 물론 군소후보였다가 3위로 급상승한 순간에는 일부 역선택 요소가 함유되어 있을 수도 있다. 범민주계 지지층의 선호도에서 홍준표 의원이 압도적으로 우세했던 건 사실이니까. 그러나 이걸 단지 선거에서 유리함을 도모하기 위한 역선택으로 볼 수만은 또 없다. 홍준표 의원은 2017년 대선 이후 유시민 작가를 비롯한 여권 인사들과의 방송 출연으로 나름의 호감도를 쌓아나갔다. 반대로 윤석열 후보는 검찰총장 시절 문재인 정부와 크게 충돌하며 여전히 민주당 지지자들로부터 미운털이 박혀 있었다. 홍 의원이 조국 수호를 외치며 창당한 열린민주당의 지지자들로부터 상당한 지지를 얻을 수 있었던 배경에도 이런 정서가 제법 깔려 있었을 것이다.

하지만 무엇보다 윤석열 전 검찰총장은 입당에서 경선으로 이어지는 과정에서 명확한 비전을 보여주지 못했다. 문재인 정부에 대한 반감을 흡수하는 것 외에는 딱히 보여준 게 없었다. 홍준표 의원이 이대남들이 원하는 바를 정확히 파악하고 맞춤형 메시지를 발 빠르게 냈다면, 윤석열 후보는 주 120시간 노동, 아프리카 비하, 전두환 옹호 발언 등 예상할 수도 없는 수준의 실언을 거듭하며 불안한 인물로서의 면모만 보여주었다. 자신들이 듣고 싶은 말을 해주면서도 경륜 있는 후보와 꽉 막힌 꼰대에 설익은 후보. 청년들은 아이러니하게도 26년 경력의 정치인 홍준표로부터 현재를 보고, 반 년짜리 정치인 윤석열로부터 과거를 보았던 것이다.

● "내가 너희들의 롤 모델이다"

"야들아 내가 너희들의 롤 모델이다. 그런데 왜 나를 싫어 하냐?"

2017년 대선이 한창이던 4월, 홍준표 당시 자유한국당 대선후보는 페이스북에 울분에 찬 글을 남겼다. 본인은 흙수저로 태어나 '독고다이'로 검사, 국회의원, 당 대표, 도지사를 거쳐 대통령 후보까지 된, 그야말로 청년들의 롤 모델이 될 만한 인물인데 왜 자신을 싫어하느냐는 것이었다. 당시 홍준표 후보에 대한 2030세대의 지지율은 3% 정도에 머물렀다. 그의 주요 지지세력은 태극기 부대로 상징되는 보수적인 노년층이었다.

홍준표 의원이 처음부터 청년 남성들에게 인기가 있었던 건 아니다. 2017년이 어떤 해였나. 박근혜·최순실 국정농단 사태로 새누리당은 무너졌고, 보수 세력은 지리멸렬했다. 폐허가 된 보수를 재건해달라는 부름을 받고 구원투수로 등판한 그가 구사한 투구법은 고작해야 태극기 부대를 향해 애원의 직구를 던지는 것뿐이었다. 물론 그 전략은 나름 적중하여 홍준표 후보는 24%라는 예상외의 득표를 이루어냈다. 하지만 그건 극단적인 방식으로 보수를 결집시킨 일회성 처방에 불과했다. 이미 세련되고 합리적인 보수의 이미지는 바른정당이나 국민의당이 가져간 뒤였다. 청년들의 눈에 비친 자유한국당은 여전히 "자유대한민국을 지키자"는 소리나 하는 고루하고 한심한 정당이었다. 홍준표 역시 안하무인 독불장군이었을 뿐이다.

불과 4년밖에 지나지 않은 시점에서 같은 인물이 전혀 상반된 평가를 받는 장면은 생경하다. 2017년의 그 누구도 홍준표가 청년들로부터(정확히는 청년 남성들로부터) 엄청난 인기를 누릴 거라고 예상하지 못했다. 비웃음과 조롱의 대상이었던 그는 어떻게 청년 남성들로부터 압도적 지지를 받게 되었을까?

홍준표의 급부상은 하루아침에 이루어지지 않았다. 굳이 정의하자면 홍준표가 이 시대에 맞춰 성장한 게 아니라, 이 시대가 홍준표 같은 캐릭터를 찾았다. 과거에는 그다지 주목받지 못했던 그의 발언과 행보들이 현재의 시대적 상황과 결부되어 새로운 캐릭터를 창출했다. 예컨대 자유한국당 대표 시절인 2017년 8월 육군 11기계화보병사단을 방문했을 당시 "장병들에게 피자 150판 돌리겠다"는 관계자의 말에 "쩨쩨하다"며 "전당대회하고 남은 돈 3천만 원 드려라"라고 지시했던 장면[43]이나, 그보다 앞선 5월 사법고시 존치를 요구하며 양화대교에서 고공농성 벌이던 고시생을 찾아가 설득한 장면[44]은 유튜브를 통해 재조명되며 그의 이미지를 재정립했다.

여기서 주목할 만한 건 그의 과거 발언과 행보를 다시 소환하는 데에 유튜브가 지대한 역할을 했다는 점이다. 그의 인생은 유튜브 세상에서 하이라이트로 편집된 채 알고리즘을 타고 전파되어 폭발적인 조회 수를 기록했다. 흙수저 유년기와 '모래시계 검

43 중앙일보, 홍준표, "3천만원만 드려라" 강원 최전방 부대서 '당비 기부', 2017년 8월 23일

44 중앙일보, 홍준표 "사법시험 존치하겠다"…고공 단식농성 고시생 내려와, 2017년 5월 5일

사' 시절, '홍준표법'으로 유명한 국적법 개정안(원정출산 등으로 이중국적을 갖게 된 이들에 대한 병역의무 강화를 주요 골자로 함) 등의 사건이 다시 알려졌고, 이걸 처음 접한 10대 후반~20대 남성들은 그에게 열광했다. 그들에게 홍준표는 '막말을 일삼는 독불장군'이 아닌, '결단력 있고 통 큰 상남자'였다. 그토록 바라던 '롤 모델'이 된 것이다.

정치권에서 홍준표만큼 유튜브에 최적화된 캐릭터도 보기 드물다. '홍카콜라'라는 별명처럼 톡 쏘고 재치있는 화법과 간결한 의사표명, 그리고 근엄하지 않은 외형은 유튜브 콘텐츠들이 소비하기 좋은 재목이다. 유튜브는 청년들에게 그를 꼰대인 것 같긴 해도 놀릴 수 있는 사람, 즉 '친근한 꼰대'로서 인식하게 했다. 실제로 2020년경부터 트위치에서는 스트리머들에게 후원을 할 때 "홍준표 2번"으로 유명한, 지난 대선 선거송을 삽입하는 게 유행을 탔고, 몇몇은 방송에서 그 노래를 직접 불렀다. 포르자 호라이즌 4라는 레이싱 게임의 유저들은 직접 '홍준표 유세차'를 제작해 경주를 즐기기도 했다. 이 모든 건 홍준표 의원 본인이나 그 측근들이 의도한 게 아니라 자연발생적인 현상이었다. 그는 본인도 모르는 사이에, 숱한 정치인이 그토록 되기를 염원하는 '유튜브 스타'가 된 것이다.

홍준표에 대한 청년층과 중년·노년층의 평가는 엇갈린다. 기성세대가 홍준표라는 정치인에게 갖는 심상 중 가장 부정적인 건 아마도 막말일 것이다. 하지만 디시인사이드나 아프리카TV 등 온라인 플랫폼의 독한 말들에 익숙한 청년세대에게 막말은 큰 문제가 되지 않는다. 그들에게는 메시지의 방향만 맞으면 언어의 형식 자체는 중요하지 않다. 오히려 엄중하고 근엄하기만 한 태도는 가식으로 비칠 뿐이다. 그런 점에서 홍준표의 발화(發話)는 청년 남성들의 정서와 겹친다. 내로남불과 선민의식에 질린 그들은 "위선과 거짓말보다 차라리 막말이 낫다"고 말한다. 홍준표 의원 측이 만든 온라인 플랫폼인 '청년의꿈' 열풍에서도 드러났듯, 홍준표 현상은 아마 당분간 계속될 것이다. 비록 그는 경선에서 패배했지만, 그런 캐릭터를 찾고자 하는 수요는 여전히 정치권 근방을 맴돌고 있기 때문이다.

● 세대 갈등이 낳을 보수의 분화

홍준표 의원은 언제나 호불호가 극명하게 갈리는 정치인이었다. 거대한 팬덤이 있으면 그만큼의 안티 세력이 존재했다. 2021년 국민의힘 경선만 봐도 청년층의 지지와 노년층의 지지는 천양지차로 엇갈렸다. 반대로 2017년 대선에서는 60대 이상 중·노년층에서 과반에 가까운 유권자들이 그에게 지지를 보냈지만, 2030 세대 중에서는 불과 8% 남짓한 유권자들이 그를 택했다(출구조사 기준).

이 지점에서 생기는 의문이 하나 있다. 박근혜 대통령 탄핵 정국에서 그의 사실상 유일한 지지세력이던 노년층이 불과 4년 만에 돌아섰다는 점이다. 보수 세력이 궤멸했던 시절, 자유한국당의 선

봉에서 쑥대밭이 된 보수를 지켰던 홍준표에게 가장 보수적인 집단이 돌아선 건 기이한 현상이다. 만일 홍준표 의원이 이전의 지지를 그대로 유지하면서 근래 폭발한 청년층 지지도 그대로 흡수했다면, 그는 아마 경선을 넘어 대선에서도 가장 위협적인 후보가 되었을 것이다. 하지만 그런 일은 일어나지 않았다. 그는 청년층의 지지를 새로 얻은 만큼 원래 지지세력이던 노년층의 지지를 잃었다. 마치 세대별 선호도의 총량이라도 있는 듯 말이다. 문제는 이게 홍준표나 윤석열 개인 차원의 문제가 아니라는 점이다. 보수 세력이 향후 겪게 될 위기의 씨앗은 여기에 있다.

위기가 가시화된 건 2021년 11월 5일이다. 국민의힘 대통령선거 후보로 윤석열 전 검찰총장이 선출되자 온라인 커뮤니티를 중심으로 '탈당 인증샷'이 쏟아졌다. 대체로 홍준표·유승민을 지지한 2030 청년층이었다.[45] 탈당까지는 아니더라도, 온라인상의 공론장은 윤석열과 홍준표를 지지하는 각각의 세대로 나뉘어 큰 갈등을 빚었다. 이대남의 저조한 입당을 조롱하는 밈(meme)이 등장하는가 하면, 국민의힘 로고를 패러디한 '틀니의힘('틀니'는 온라인상에서 노인에 대한 조롱과 멸시를 담은 단어)' 이미지를 소셜미디어 프로필 사진에 걸어두는 움직임도 있었다. 물론 경선 결과에 불복해 일부 지지층이 탈당하는 게 새삼스러운 일은 아니다. 보수 진영이 늘 하나로 뭉쳤던 것도 아니다. 보수정당 내에서 이명박과 박근혜로 상징되는 두 세력, 즉 자유 시장경제와 능력주의를 표방

---

45 연합뉴스, "노인의 힘" "도로한국당" 2030 탈당행렬…野 경선 후유증, 2021년 11월 6일

하는 시장보수와, 반공·애국을 최우선 가치로 두는 안보보수는 때로는 경쟁하고 때로는 대립하며 보수의 두 축을 형성해 왔다. 이 대결 또한 강도가 약하지 않았고, 임계점을 넘으면 당이 쪼개지기도 했다. 하지만 친이·친박계의 갈등은 오늘날 보수정당 내부의 갈등과 결정적으로 다른 게 하나 있었다. 바로 세대가 크게 갈리지는 않았다는 점이다.

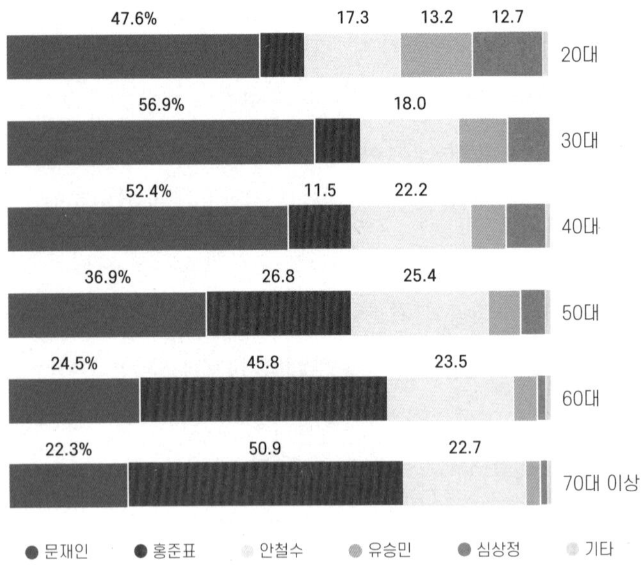

이전까지 보수정당의 주축은 늘 50대 이상의 중·노년층이었다. 이들은 대체로 비슷한 경험을 공유한 동질적인 집단이었다. 생물

학적으로 유사한 범주 안에서 정치적으로 조금 다른 견해를 가졌을 뿐이었다. 이들에게 기업에 대한 규제 완화냐 북한에 대한 제재 강화냐 하는 건 우선순위에 대한 차이일 뿐 방향성 자체를 부정할 일은 아니었다. 그러나 현재 보수정당의 지지층은 세대 간에 너무 큰 간격이 생겨버렸다. 특히 4050 중장년층이 민주당의 전폭적인 지지세력으로 자리매김하면서 중간지대가 사라졌다. 나이로나 사회적 지위로나, 같은 경험을 공유하지 못하는 두 집단이 융화되기란 쉽지 않다. "머리에 피도 안 마른" 청년들과 "머리털도 다 빠진" 노년들 사이의 갈등과 혐오는 단기적으로 매듭지어지지 않을 것이다.

청년들이 정작 자기도 보수적인 정당을 지지하면서 태극기 부대를 포함한, 이른바 안보보수 세력에 반감을 갖는 이유는 복잡하지 않다. 그들이 너무 무능했기 때문이다. 청년들은 기존 보수 집단이 박근혜 대통령 탄핵으로 지리멸렬한 와중에도 정신 차리지 못하고 반공이니 애국이니 하는 낡은 담론을 들먹이다가 집권 여당에 큰 선거를 연거푸 내줬다고 본다. 같은 이유로 자유한국당 시절의 모습들, 예컨대 황교안·나경원 체제에서 극우 유튜버와 태극기 부대에 휘둘렸던 모습에도 냉소를 보낸다. 이런 정당으로는 이길 수 없다는 심리가 윤석열 후보 확정 이후 잇따른 탈당의 원동력이 됐다. 그렇다고 청년들에게 안보보수의 구성요건인 대북적대감이 없는 건 아니다. 문재인 정부의 대북유화책을 경멸하는 건 이들도 다르지 않다. 하지만 한국전쟁에서 너무 먼 시점에 태어난 이들은 애초에 북한을 경쟁의 대상으로 삼지 않는다. 그저 이따금 국제적으로 말썽을 일으키는 못난 이웃국가 정도로 여길 뿐이다.

국민의힘 대선후보로 선출된 윤석열은 경선이 한창이던 2021년 10월, 신규 당원 가입이 급증하자 "위장당원이 포함돼 있다"고 발언해 큰 파문을 낳았다.[46] 그러나 사실 이들은 역선택을 노리는 위장당원이기보다는 이준석 대표로 상징되는 공정·능력주의 담론을 받들고 따르는 청년들이었다고 보는 게 타당하다. 윤 전 총장이 이런 이들마저 위장당원으로 여긴다면야 할 말이 없지만, 최근에 일어난 이질적인 세대 간의 충돌은 보수정당이 두고두고 해결해야 할 과제로 남을 것이다. 얼마나 다양한 세대와 의견을 담는 훌륭한 그릇이 되느냐는 그들에게 달렸다.

46 한겨레, 윤석열 "위장당원 엄청 가입"…컷오프 당원투표 앞두고 파문, 2021년 10월 4일

4 보수는 어떻게 유튜브를 장악했나

● 고립무원 태극기 부대의 탈출구

나는 미국 시사 주간지 타임(TIME)이 2006년 올해의 인물로 'You(당신)'를 선정했을 때만 해도 이것이 단지 한순간의 유행일 뿐이라고 생각했다. 타임은 당시 커버스토리에서 올해의 인물로 'You'를 선정한 이유를 두고 "위키피디아, 유튜브, 마이스페이스를 필두로 한 개인 미디어의 확산이 올해 가장 큰 변화"라고 밝혔는데,[47] 아마 이들도 유튜브의 영향력이 이렇게까지 커지리라고는 예상하지 못했을 것이다. 특히 우리나라에서 유튜브는 한동안 창의적인 개인들의 UCC(user-created content, 사용자 제작 콘텐츠를

---

47 중앙일보, 올해의 인물 You 타임지 선정, 2006년 12월 18일

뜻하는 당시 신조어) 실험장이거나, 방송사의 저장 공간으로서만 그 기능을 했다. 물론 아프리카TV를 필두로 인터넷 개인방송의 시대를 연 선지자들이 없었던 건 아니다. 하지만 많은 수가 게임이나 노출 방송이었던 탓에 사회적 인식은 썩 좋지 않았다. MBC가 '마이 리틀 텔레비전'을 방영하며 인터넷 개인방송에 대한 거부감을 많이 없애기도 했지만, 그때까지만 해도 개인이 제작하는 방송은 서브컬쳐의 한 갈래쯤으로 여겨졌다. 모름지기 방송이란 방송국에서 막대한 자본과 인력을 투입하여 생산하는 고부가가치 상품이라는 게 세간의 인식이었다.

하지만 2017년을 전후한 시점에, 유튜브와 인터넷 개인방송은 우리나라에서 강력한 영향력을 행사하기 시작한다. 유튜브 앱 이용시간은 몇 배수로 폭증했고, "유튜브로 떼돈 벌었다"는 사람들이 공중파에 출연하는 일이 잦아졌다. 출판가에서는 유튜브 진출을 부추기는 책들이 불티나게 팔려나갔다. 기존 언론과 기업들이 유튜브 시장에 대대적으로 뛰어들기 시작한 시점도 바로 이때다.

유튜브가 폭발적으로 성장하던 당시 흥미로운 점은, 10대 청소년과 더불어 60대 이상 노년층이 유튜브의 주 이용자였단 점이다. 보통 새로운 플랫폼이나 기술이 등장하면 1020 세대의 이용률이 가장 높고, 세대가 위로 올라갈수록 이용률이 줄어들며 피라미드 구조를 이룬다. 그런데 유튜브만큼은 세대가 올라갈수록 이용률이 줄어들었다가 다시 높아지는 모래시계 형태를 띠었다. 그리고 이 현상은 오늘날에도 유효하다(나스미디어).

유튜브로 검색하는 비율 (단위: %)

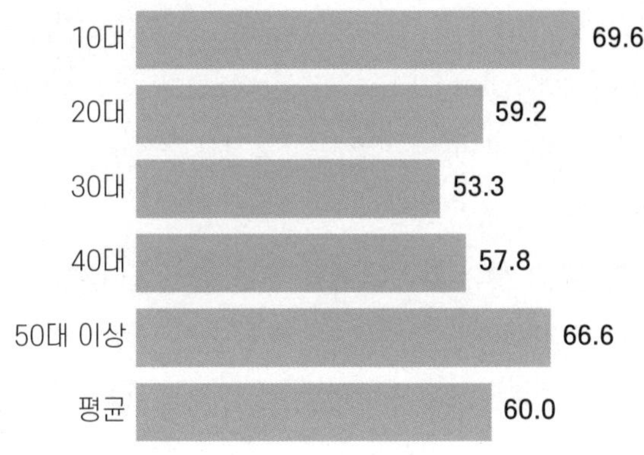

※ 2,000명 조사, 중복응답 자료: 나스미디어

그렇다면 유튜브는 어쩌다 중장년층보다 노년층이 더 많이 이용하는 매체가 되었을까? 노년층을 끌어들인 유튜브의 매력은 무엇이었을까? 사실 이 기이한 현상은 박근혜 대통령의 탄핵을 빼놓고는 설명할 수 없다. 그리고 그 중심에는 박근혜 정부와 조선일보 사이의 명운을 건 전쟁이 있었다.

시작은 미르재단이었다. 2016년 7월 26일, 설립 두 달 만에 대기업들로부터 무려 486억 원을 모금한 미르재단 뒤에 안종범 청와대 정책조정수석이 있다는 뉴스가 보도되었다. 이 사실을 처음 밝혀낸 언론은 경향신문도 한겨레도 아닌 TV조선이었다.[48] TV조선은 이미 수개월간 이 내용을 취재하고 있었다. 그런데 이 미르

---

48 TV조선, [TV조선 단독] 청와대 안종범 수석, '문화재단 미르' 500억 모금 지원, 2016년 7월 26일

재단의 모금 의혹은 단순히 여기서 그치지 않았다. TV조선은 다음 날에도 미르재단과 관련한 추가 보도들을 쏟아냈다. CF감독 차은택이 여기에 깊숙이 개입되어 있으며, 그가 박근혜 대통령에게 '심야 독대 보고'를 하는 존재라는 사실이 추가로 드러났다. 미르재단과 쌍둥이인 K스포츠재단의 존재 또한 수면 위로 올라왔다. 훗날 대한민국 현대사에 한 획을 긋는, 박근혜·최순실 국정농단 사태의 신호탄이었다.

청와대라고 가만히 당하기만 했던 건 아니다. 8월 29일, 대표적 친박 인사인 새누리당 김진태 의원이 조선일보 송희영 주필의 비위 사실을 폭로했다. 송 주필이 2011년 대우조선해양으로부터 2억 원 상당의 접대를 받았다는 내용이었다. 이 사건으로 인해 송 주필은 자리에서 물러났고 조선일보의 취재 활동은 크게 위축되었다.

하지만 이미 모든 언론이 미르재단·K스포츠재단을 중심으로 한 박근혜 정부의 국정농단 의혹에 거의 다가와 있을 때였다. 그리고 이러한 심증은 10월 24일 물증이 공개되며 확신으로 바뀐다. JTBC가 최순실이 국정 관련 문건을 받아보기 위해 사용했던 것으로 알려진 태블릿PC를 공개하면서다. 이날을 기점으로 정국은 거대한 소용돌이 속으로 빠져들었다.

박근혜·최순실 국정농단 사태에서 가장 큰 역할을 했던 언론을 꼽으라면 단연 TV조선과 JTBC일 것이다. 오죽하면 한겨레신문의 선임기자가 조선일보 측에 취재 협조를 요청하는 칼럼을 지면에 게재했을 정도였다.[49] 이 사건은 언론지형에도 대대적인 변화를 가져왔다. 무엇보다 중요한 건 태극기 부대라고 일컬어지는 보수 집단이, 자신들이 평소 가장 신뢰해 마지않던 조선일보와 중앙일보마저 믿지 못하게 되었다는 것이었다. 이들을 포함한 모든 언론이 앞다퉈 박근혜, 최순실 두 사람의 의혹을 쫓았다. 주요 매체 중 어느 한 곳도 박근혜 대통령을 옹호하지 않았다. 지지율은 덩달아 곤두박질쳤다. 박근혜 대통령은 물론, 그녀를 호위하는 새누리당 내 친박 의원들과 지지세력은 고립무원의 상황에 빠졌다. 그 어떤 언론도 믿을 수 없게 된 그들에게는 탈출구가 필요했다. 자신들의 의견을 대변해줄 매체, 박근혜 대통령은 죄가 없고, JTBC가 보도한 태블릿PC는 가짜였다는 이야기를 해줄 매체. 그 매체가 바로 유튜브였다.[50]

기성 신문과 방송을 믿을 수 없게 된 태극기 부대는 자신의 모든 미디어 소비를 유튜브에 쏟았다. 그러면서 그 수요가 폭증했다. 보수적 유튜브 채널들은 개설 즉시 수만, 수십만 구독자를 달성했다. 채널은 몇 개 없는데 수요는 많다 보니 보수 유튜브 채널은 일종의 황금어장이 되었다. 보수 진영의 온갖 명사들이 우후죽순 유튜브에 뛰어들었고, 채널이 늘어나니 그만큼 볼거리도 다양해졌다. 그로 인해 또다시 수요가 증가하는 선순환이 일어났다. 그렇게 탄핵 정국을 거치면서 보수 유튜브는 하나의 거대한 시장

49 한겨레, [편집국에서] 조선일보 방상훈 사장님께, 2016년 9월 28일

50 시사IN, 우리는 애국자, 진실은 유튜브에 있다, 2017년 2월 27일

을 이루게 되었다.

이전까지 대안 미디어는 늘 진보의 몫이었다. 신문·방송 등 주류 미디어는 아무래도 대기업의 광고로부터 자유로울 수 없었고, 특히 그중에서도 방송은 정권이 바뀔 때마다 사장이 교체되는 탓에 편향된 정치적 요구를 일관되게 충족시킬 수 없었다. 진보진영은 지지층이 상대적으로 젊다 보니 새로운 플랫폼으로의 진출과 확산에 수월했던 측면도 있었다. 2010년대 초반 스마트폰 보급 확대와 데이터 요금제 개편에 따른 팟캐스트의 성장은 이런 경향성의 근간이 되었다. 이명박·박근혜로 이어지는 보수 정권의 연장 속에서 기존 지상파 방송이 자신들을 대변하지 못한다고 여긴 진보층은 팟캐스트로 뉴스를 소비하기 시작했다. '나는 꼼수다'를 필두로 '이이제이', '노유진의 정치카페' 같은 방송들이 진보진영의 주된 뉴스 전달 창구로 역할을 하면서 그 시장이 성장했다.

물론 이들 팟캐스트 스타들도 손 놓고 바라보기만 했던 건 아니다. 이들 역시 2018년을 전후해 대거 유튜브에 진출했고, 기존의 명성을 바탕으로 채널 개설 즉시 수십만의 구독자를 불러 모았다. 적어도 개별 채널의 영향력에 있어선 보수 유튜브 채널을 능가했다. 하지만 이것은 역설적으로 진보진영의 채널들이 전반적으로 성장하는 데는 별로 도움이 되지 못했다. 이들은 너무 걸출한 스타들이었던 까닭에, 진보진영의 뉴스 소비자들이 굳이 다른 신규 채널을 찾아볼 이유가 없었기 때문이다. 의도치 않은 독과점이 되어버린 것이다. 더군다나 이들은 팟캐스트에서 쌓은 명성을 바탕으로 문재인 대통령 집권 이후 대대적으로 지상파에 진출하며 사회적 지위를 획득했다. 그런 연유로 모험적인 시도를 하기 어려웠다. 격식과 품위를 갖춰야 하는 그들이 할 수 있는 건 국정홍보와 평론뿐이었다. 이와 반대로 보수 진영은 산발적인 개인들이 채널을 개설하고, 온갖 종류의 콘텐츠들을 생산하며 다양성을 확보해나갔다. 보수 진영에서 소비할 만한 콘텐츠가 훨씬 많이 생산되는 건 당연한 귀결이었다.

이 모든 걸 차치하고, 유튜브가 성장할 당시 집권당이 더불어민주당이었다는 게 가장 크게 작용했음은 이론의 여지가 없다. 대안 매체의 특성상 여당에 비판적인 콘텐츠가 많이 생산되는 건 당연하다. 만일 유튜브 이용이 증가하던 당시 집권세력이 보수정당이었다면 유튜브는 대단히 진보적인 성향을 띠었을 것이다. 보수 유튜버들은 무슨무슨TV라는 이름을 달고 태극기집회 중계나 하며 자기들만의 세상에 머물렀을 수도 있다. 따라서 유튜브의 정치적 지형은 향후 정권의 행방에 따라 얼마든지 달라질 가능성이 있다.

무엇보다 유튜브 지형이 우호적이라고 해서 정치적으로 유리하기만 한 것도 아니다. 황교안 전 자유한국당 대표는 그걸 몸소 보여준 인물이다. 2010년대 후반 보수 유튜브 채널이 흥행하면서 자유한국당은 크게 고무되었다. 여전히 탄핵의 강을 운운하는 기자들과 달리 문재인 정부 비판에 앞장서는 보수 유튜버들은 가뭄의 단비 같은 존재가 아닐 수 없었다. 더군다나 유튜브라는 새로운 채널은, 자당의 낡고 고루한 이미지를 세련되기 바꿔줄 비기처럼 여겨졌다. 황교안 대표를 비롯한 당 지도부는 이 보수 유튜버들을 끌어안기 위해 심혈을 기울였다. 2019년엔 청년층을 포섭하겠다는 목표하에 국회로 보수 유튜버들을 초청하고 간담회를 열기도 했다. 그러나 그 실험은 결국 실패로 끝났다. 보수 유튜버들의 막말, 가짜뉴스 논란이 끊이지 않았고, 무엇보다 공당이 일개 유튜버들의 목소리에 끌려다닌다는 인식을 심어주었다. 이 대목에서 당시 자유한국당 지도부가 간과했던 게 있다. 보수 유튜버들이 수십만 구독자를 바탕으로 나름의 정치적 영향력을 행사하는 건 틀림없지만, 그렇다고 대중이 이들의 수준이나 권위마저 인정하는 건 아니었다는 사실이다.

● 엄숙주의가 부른 사회적 곤장

인터넷 개인방송의 성공은 그야말로 의외의 현상이었다. 개인방송은 그 형식부터가 '방송' 하면 떠오르는 사람들의 심상과 전혀 걸맞지 않았다. 유명하지 않은 일반인이 스튜디오도 없이, 심지어 화질도 조악한 카메라를 가지고 방송을 한다는 건 그때까지 정서에서는 상상하기 힘든 일이었다. 속된 말로 '방송 같지도 않은 게' 방송을 밀어낸 것이다. 초기의 '인방(인터넷 개인방송)'은 게임이나 먹방, 소통방송, 성인방송 등 그 분야가 한정되어 있어 확장성이 높지 않았다. 게다가 이들 콘텐츠가 가진 자극성, 선정성은 늘 논란의 대상이 되었다. 이런 방송이 텔레비전을 밀어낼 거라고 상상한 사람은 없었다. 아마 당시 인방 시청자들도 비슷하게 생각했을 것이다. 솔직히 말하자면 2010년대 중반까지만 해도 나는 늘 아프리카TV를 중심으로 한 인터넷 개인방송의 인기에 의문을 가졌다. 먹방이든 소통방송이든, 일반인들이 음식을 먹고 이야기하는 걸 왜 보는지 도무지 이해할 수 없었다. 그나마 이해할 수 있었던 건 게임 방송 정도였다. 물론 이 역시 기성세대에게는 이해할 수 없는 문화이겠지만, 청소년기를 '온게임넷 스타리그'와 함께 보낸 나에게는 그다지 생소한 문화가 아니었다. 다른 점이 있다면 10년 전엔 프로게이머들이 스튜디오에서 게임을 하고 캐스터와 해설자가 그 내용을 설명해주었던 반면, 이제는 일반인이 트위치나 아프리카TV 등의 플랫폼에서 게임을 하고 시청자들과 직접 소통한다는 정도였다.

그런데 생각해보면 인터넷 개인방송의 인기 비결은 여기에 있었던 것 같다. 인방 시청자들에게는 화려한 스튜디오나 유명 게스트가 중요하지 않다. 그들에게 중요한 건 화면 속 방송인과 교감을 나눈다는 동질감, 그리고 좋아하는 콘텐츠를 쉽게 소비할 수 있는 편리함이다. 더군다나 온라인 세상에서는 그러한 욕구를 모두 충족시킬 환경이 조성되었다. 이전에는 정부의 정책이나 비용 등의 문제로 방송국의 개수가 제한될 수밖에 없었다. 케이블TV는 물론 IPTV 시대가 열렸다고 해도 채널은 기껏해야 수백 개 선이었다. 그러나 이제는 모든 사람이 방송국이 될 수 있는 시대가 되었다. 채널의 개수는 사실상 무한대로 늘어났다. 아주 세세한 취향 차이마저 반영하는 게 가능해졌다. 이런 환경에서 텔레비전 같이 대중 전체를 상대해야 하는 매스 미디어가 힘을 발휘할 수 없는 건 당연한 결과다. 사람마다 미디어 소비에 사용할 시간이 무한정 있는 건 아니기에, 보고 싶은 것부터 본다면 보편 다수를 위해 제작된 지상파 프로그램은 우선순위에서 후순위로 밀려날 수밖에 없었다.

하지만 이런 상황을 감안하더라도 지상파의 몰락은 지나치게 빨리 다가온 면이 있다. '허준'이나 '내 이름은 김삼순'처럼 국민 절반 이상이 시청하는 드라마는 완전히 사라졌고 '무한도전'처럼 매회 화제를 낳는 예능도 좀처럼 보기 드물어졌다. 어려운 말로 설명할 필요도 없다. 그냥 재미가 없어졌기 때문이다. 이건 제작진이 능력이 없어서가 아니라 지상파가 갖는 태생적 한계에 기인한다. 지상파는 그 공공재적 특성상 실험적인 작품을 선보이기 어렵다. 비대한 조직은 능동적인 대처를 어렵게 하고, 독과점적 지위는 그들에게 온갖 제약을 가하는 기제로 작용한다. 더욱이 정권에 따라 경영진의 교체가 수시로 이루어지는 까닭에 윗선의 심리적 압박에서 자유롭지 못하다. 상상력의 범주가 처음부터 제한되는 건 당연한 결과다.

거기에 2010년 중반을 전후로 정치적 올바름을 추구하는 사회적 분위기가 확산하면서 자기검열의 기준이 한층 더 높아졌다. 물론 예전에도 방송 내용을 가지고 왈가왈부하는 시청자들이 없었던 건 아니다. 하지만 그때는 비판이 개인적 차원에 머물렀다면, 2010년대에 접어들면서는 온라인 커뮤니티를 중심으로 방송 내용에 대해 집단적으로 항의하는 경향이 짙어졌다. 비판 강도는 과거와 비교할 수 없을 만큼 거세졌고, 제작진은 이런 시선을 늘 염두에 두지 않을 수 없었다. '무한도전'이 2014년 방영한 '홍철아 장가가자' 특집을 두고 벌어진 논쟁은 가장 상징적인 사건이었다. '무한도전'은 당시 유일한 싱글이었던 노홍철을 장가보내기 위해 나머지 멤버들이 그의 이상형에 부합하는 여성을 찾아 소개팅 해주는 프로젝트를 기획했다. 이때 노홍철은 "26세 이하의 나이에 170㎝ 초반대의 큰 키, 예쁜 외모를 지닌 여성"이라는 조건을 내걸었는데 이게 화근이 되었다. 불편함을 느낀 시청자들이 강력하게 항의하기 시작했고, 많은 언론이 방송이 내비친 외모지상주의를 비판하며 가세했다.[51] 결국 수세에 몰린 '무한도전' 제작진은 예정된 2부 방송을 취소하고 멤버들이 서로 곤장을 때리는 모습을 보여주며 사과했다. '무한도전'이 이때를 기점으로 시청자들의 불편에 더욱 민감해진 건 당연한 수순이었다.

우리나라 대표 예능프로그램이었던 '무한도전'이 겪은 논쟁의 파급력은 대단했다. '무도' 멤버들이 서로 곤장을 때리는 모습은 여타 방송 관계자들에게 일종의 본보기가 되었다. 그들에게는 이 사건이 '무한도전'이었으니까 사과로 끝났지, 다른 프로그램이었다면 징계나 폐지로 갔을 거란 두려움을 심어주기에 충분했다. 그만큼 '무한도전'이 직면했던 반발은 엄청났다. 이때 시청자들은 효능감이라면 효능감이라고 할 수 있는, 조금은 과장된 정의감을 느꼈다. 그 결과 방송에서 상대에게 조금만 짓궂은 장난을 치거나, 농담하는 것도 큰 논란으로 비화하는 경우가 잦아졌다. 제작진은

51 국민일보, [친절한 쿡기자] 예쁜 소개팅女 찾던 '무한도전' 사과 외모지상주의 방송 대체 언제까지…, 2014년 6월 2일

프로그램을 만들 때마다 자발적인 검열에 착수하지 않을 수 없었다. 도를 넘은 가학성이나 선정성은 당연히 경계해야 하지만, 아예 과도한 엄숙주의로 흐르게 된 것이다. “고양이가 싫다”고 했다가 ‘고양이 혐오’ 논란으로 곤욕을 치러야만 했던 한 연예인의 사례는 우리 사회에서 행해지고 있는 ‘사회적 곤장’이 얼마나 엄격한지를 단적으로 보여주었다. 대본보다 출연자들의 개인기에 의존하던 당시 리얼 버라이어티 예능 문화는 큰 타격을 입을 수밖에 없었다. 날 것을 그대로 보여주는 포맷은 얼마든지 말실수가 나올 여지가 있었다. 방송 관계자들은 논란을 일으키지 않을 만한, 안전한 길을 모색했다. 그들이 찾은 해답은 관찰 예능이었다. 일상적인 모습을 덤덤히 보여주기만 하면 되는 관찰 예능은 출연자들에게 특별한 개인기를 요구하지 않았다. 마침 ‘슈퍼맨이 돌아왔다’나 ‘나 혼자 산다’ 같은 프로그램이 대히트 치면서 관찰 예능은 ‘안전한 성공 공식’처럼 인식되었다. 예능 프로그램은 연예인들이 아이를 키우고, 음식을 해 먹고, 자기네들끼리 캠핑가는 일상으로 채워졌다. 시청자들이 흥미를 잃고 지상파를 떠나게 된 건 당연한 귀결이었다.

관찰 예능의 ‘순한 맛’에 질린 시청자들은 ‘매운맛’을 찾아 유튜브나 트위치 같은 온라인 플랫폼으로 향했다. 간장으로 샤워하고 비속어도 가감 없이 내뱉는 온라인 개인방송은 그런 시청자들의 니즈를 충족시키기에 충분했다. 그 공간에서는 최소한의 검열만 작용했다. 시청자들도 인터넷 방송인(BJ)들에게 과도한 엄숙주의적 잣대를 들이대지 않았다. 인방 BJ들을 원래 그런, 단지 나의 감각적 욕구만 충족시켜 주면 되는 존재로 여겼기 때문이다. 재미만 있다면 막말이나 약간의 일탈은 얼마든지 수용될 수 있었다. 이처럼 온라인 플랫폼은 과도한 엄숙주의가 옭아맨 지상파에서 이탈한 시청자들을 흡수하며 빠르게 성장했다.

인터넷 개인방송의 주류 감성은 분명 도덕주의 내지는 정치적 올바름을 강조하는 집단의 가치와 배치된다. 그 까닭에 진보진영의 유튜브는 확장에 상당한 제약을 받을 수밖에 없다. 유튜브 시청자들이 추구하는 재미에는 약간의 가학성과 선정성, 또는 '무슨 무슨 혐오'로 표현되는 짓궂은 요소들이 포함되기도 하는 이유에서다. 아마 이들에게 지상파와 똑같은 도덕적·정치적 올바름의 잣대를 들이댄다면 살아남을 수 있는 채널은 많지 않을 것이다. 물론 그렇다고 인터넷 방송인들과 그 시청자들이 부도덕하다는 건 아니다. 인터넷 개인방송 세상에서도 나름의 도덕적 룰은 존재한다. 가령 갑질이나 시청자 기만 등 비도덕적 행위를 저지른 인터넷 방송인은 다시 활동할 수 없을 만큼 거센 비판에 직면한다. 이걸 두고 도덕적 기준이 무너졌다고 보기는 어렵다. 다만 과한 엄숙주의적 기준을 요구하지 않을 뿐이다.

사실 진보든 보수든 정치적 올바름이나 엄숙주의를 강조한다고 해서 특별히 더 도덕적인 건 아니다. 실제로 청년들은 어느 집단도 도덕적으로 우위에 있다고 보지 않는다. 말로는 정치적 올바름을 강조하더라도 실제로 지저분한 건 피차일반이라고 보기 때문이다. 도덕적이지도 않은데 재미도 없다면, 그런 콘텐츠를 소비할 이유는 전혀 없다. 그런 점에 비추어보면 오늘날 유튜브는 보수화된 것 이상으로 엄숙주의에 반대하는 경향 또한 강하게 작용하고 있다고 볼 수 있다.

● 사이버 렉카

사이버 렉카는 유튜브가 급성장하며 새롭게 등장한 현상 중 하나다. 교통사고가 발생하면 현장으로 쏜살같이 달려가 차를 견인해가는 렉카(견인차)처럼, 사건·사고가 생길 때마다 득달같이 달려들어 그 이슈에 편승하는 유튜버를 의미한다. 점잖은 단어 중 비슷한 걸 꼽으라면 황색 언론 정도가 있는데, 사이버 렉카는 이 황색 언론의 저렴한 버전이라고 할 수 있다.

사이버 렉카 유튜버들은 주로 특정 이슈의 기사나 자료를 짜깁기한 뒤 재빠르게 영상을 올리는 식으로 활동한다. 목적은 당연히 돈이다. 이슈를 빠르게 선점할수록 높은 조회 수를 올릴 수 있고 이는 곧 금전적 보상으로 이어진다.

이들이 올리는 영상은 과거 스포츠 신문의 보도와 그 양상이 매우 비슷하다. 이슈를 과장하여 확대 재생산하는가 하면 사생활 침해도 서슴지 않는다. 차이가 있다면 스포츠 신문보다 광범위한 범주의 이슈를 다룬다는 점이다. 이들에게는 인터넷 세상에서의 모든 논란이 뉴스 소재다. 심지어는 유튜버들 사이의 말싸움마저도 그 대상이 된다.

사이버 렉카라는 말은 2020년 초여름쯤 처음 등장한 것으로 추정된다.[52] 하지만 이런 현상 자체는 그보다 앞선 2018년경부터 유행하기 시작했다. 물론 2018년 이전에도 어떤 사안에 대해 논평하는 채널들은 여럿 존재했다. 하지만 그건 대체로 정치인이나 시사평론가 같은 '정치 고관여자'들의 몫이었다. 이들의 유튜브는 당연히 정치 평론으로 채워졌고 그런 까닭에 2030세대의 주목을 받지 못했다. 그때까지만 해도 청년층에게 유튜브는 게임이나 연예, 뷰티, 스포츠 등 연성 콘텐츠를 소비하기 위한 플랫폼에 불과했다.

그러던 중 한 페이스북 유머 페이지의 운영자가 비슷한 내용을 다루는 유튜브 채널을 개설하면서 새로운 전기가 마련되었다. 이 채널은 전에 없던 소재를 다룸으로써 이후 사이버 렉카의 원형처럼 굳어졌는데, 그 소재가 바로 온라인 커뮤니티 내에서 일어나는 갈등이었다. 2부에서도 다루겠지만 청년층의 갈등이나 논란은 온라인 커뮤니티라는 매개체를 통해 분출되곤 했다. 크고 작은 갈등이 게시물이나 댓글을 통해 분출되었다. 그리고 많은 사람이 공감하거나 분노한 내용은 '베스트 게시물'이 되어 더 많은 이들에게 전파되었다. 베스트 게시물은 곧 해당 온라인 커뮤니티 이용자들이 보편적으로 공감하는 내용이라고 봐도 무방했다. 그렇게 드러난 갈등은 결코 오프라인에서의 갈등보다 약하지 않았다. 하지만 대체로 단편적이고 파편적이었다. 해당 온라인 커뮤니티에서만 소비되고 말거나, 기껏해야 그 내용이 복사되

---

52 뉴스1, [유튜피아]돈되면 가짜뉴스면 어때?…'사이버렉카' 부추기는 알고리즘, 2021년 5월 23일

어 다른 커뮤니티로 전파되는 정도였다. 한 번 보고 마는, 일회성 가십이었던 셈이다.

그런데 앞서 언급한 페이스북 페이지가 그 내용을 정리·취합하면서 속된 말로 대박을 쳤다. 이 페이지는 온라인 커뮤니티에서 화제가 된 게시물을 '복붙(복사+붙여넣기의 준말)'한 뒤 자기 콘텐츠화했는데, 이는 명백한 무단 도용이었지만 저작권 개념이 없는 온라인 커뮤니티 게시물 특성상 아무런 제약을 받지 않았다. 게시된 콘텐츠들은 이미 한 커뮤니티에서 흥행이 입증된 내용이었던 만큼 금방 높은 조회 수를 기록했다. 페이지는 인터넷 이슈를 다루는 일종의 유사언론으로 기능하며 금세 수십만 명의 구독자를 불러 모았다. 그렇게 모인 구독자는 같은 성격의 유튜브 채널이 개설되고, 이를 단기간에 급성장시키는 밑거름이 되었다. 어차피 같은 사람이 운영하는 채널이었기 때문이다.

해당 유튜브 채널은 개설 즉시 수십만 명의 구독자를 끌어들이며 온라인 세상에서 엄청난 화제를 낳았다. 운영자가 가면을 쓰고 나와 각종 논란을 설명하는 포맷이었는데, 이 채널이 흥행하자 유사한 형태의 유튜브 채널이 곳곳에서 등장했다. 그 수가 워낙 많아서 얼굴을 숨기고 온라인 세상의 각종 이슈를 설명하는 것이 마치 사이버 렉카의 표준형처럼 굳어졌다. 이때부터 본격적으로 사이버 렉카의 시대가 열렸다.

이들은 온라인 커뮤니티의 화젯거리를 그대로 설명하거나 기껏해야 약간의 의견을 덧붙이는 정도로 영상을 제작해 유튜브에 게시했다. 보통 젠더갈등, 인성 논란, 사생활 논란 등 세간의 분노를 일으킬 만한 사건들이 그들의 도마 위에 올랐다. 그런데 다루는 내용이 다 거기서 거기인 경우가 많았기에 콘텐츠의 질보다는 속도가 중요시되었다. 이들은 마치 속보 경쟁을 하는 기자들처럼 제대로 된 사실관계 파악이나 배경 분석은 뒷전으로 미룬 채 사건이 발생하면 하이에나 떼처럼 달려들어 먹잇감을 물어뜯었다. 어쩌다가 이슈를 선점하기라도 하면 수십만 이상의 조회 수를 기록할 수 있었고 이는 곧 고수익으로 연결되었기 때문이다.

사이버 렉카는 한국 사회의 갈등과 맞물리며 폭발적으로 늘어나기 시작했다. 특히 2018년의 젠더갈등이 여기에 큰 역할을 했다. 본래 상당한 인화성을 내재한 젠더갈등은 사이버 렉카라는 불씨를 만나 거대한 불길처럼 타올랐다. 사건마다 당사자들의 입장, 경찰의 발표, 정치인의 발언 등이 실시간으로 보도되었고, 이는 그 즉시 사이버 렉카들에 의해 영상화되어 유튜브 세상을 떠돌았다. 논란이 발생하면 사이버 렉카가 그걸 확산하며 갈등이 커져 나가는 일이 몇 번이고 거듭되었다. 그들은 조회 수를 올릴 수만 있다면 어떠한 갈등 양산도 마다하지 않았다. 한때 유명한 사이버 렉카였던 '정배우'가 한 유튜버를 저격하기 위해 그의 몸캠 유출 영상을 생방송 도중 유포했던 사건은 그런 측면을 가장 극단적으로 드러낸 사건이었다.

조회 수가 잘 나오기는 하지만 사실 사이버 렉카를 바라보는 청년들의 인식은 썩 좋지 않다. 우리 사회에서 렉카라는 단어가 가지고 있는 부정적인 이미지처럼, 이 신조어 역시 해당 유튜버에 대한 멸시를 내포하고 있다. 그런데 왜 그들은 사이버 렉카들의 유튜브 영상을 찾아보는 것일까? 나는 분노가 그 원인이 아닐까 생각한다. 거듭 언급했던 것처럼 사이버 렉카들이 주로 다루는 내용은 젠더갈등, 갑질, 인성 논란 등 사람들의 분노를 불러일으키기에 좋은 소재들인 경우가 많다. 이것들은 보통 너무 사소하다는 이유로 신문 지면이나 방송 뉴스에서 좀처럼 다뤄지지 않는다. 분노는 존재하는데 미디어에서 다루질 않으니 해소되지 못하고 인터넷 공간을 떠돈다. 청년들은 자신의 분노를 반영해 줄 매체를 찾았고, 그 분노가 향한 곳이 결국 사이버 렉카였던 것이다. 사이버 렉카는 분명 그런 불만을 정확히 감지해냈다. 그리고 그걸 돈벌이에 적극적으로 활용했다. 이성을 향한 혐오도 다르지 않다. 청년들은 정치권이 남녀 간 벌어지고 있는 극심한 갈등을 조정하는 데에 아무런 기능을 못 한다고 생각한다. 오히려 그들이 갈등을 더욱 부추기고 있다고 본다. 이러한 환멸과 노여움은 사이버 렉카들이 신나서 영상을 만들게 하는 원동력이 되었다. 왜곡된 공론장이 되어버린 것이다. 아마 우리 사회가 지금처럼 공론장을 마련하는 일에 계속 눈감는다면, 사이버 렉카들은 앞으로도 그 분노를 연료로 삼아 온라인 세상에서의 거친 질주를 멈추지 않을 것이다.

2부

무엇이 MZ세대를 구성하는가?

1 온라인에서 잉태된 세대

● 스마트폰과 초연결사회

MZ세대 중에서도 동생 그룹인 Z세대는 대체로 1990년대 중반에서 2000년대 중후반에 태어났다고 정의된다. 이들은 2009년을 기점으로 했을 때, 대체로 초·중학교에 다니고 있거나 유년기를 보냈다. 여기서 굳이 2009년을 기점으로 삼은 건 십진법으로 떨어지는 보편적인 연도계산법에 순응하기 싫어서가 아니다. 이 해에 벌어진 사건이 이후 이들의 사고와 행동에 너무도 큰 영향을 끼치게 되었기 때문이다. 2009년에 벌어진 거대한 사건, 그것도 1990년대 중반 이후에 태어난 이들의 사고와 행동에 절대적인 영향력을 끼치게 된 사건, 그것은 바로 아이폰(iPhone)의 한국 출시였다.

아이폰을 시초로 한 스마트폰의 대대적인 보급이 우리 일상에 큰 변화를 가져왔다는 건 틀림없는 사실이다. 우리는 적어도 전자기기에 관련된 모든 기능과 권한을 스마트폰에 위임했다. 금융거래는 물론 신원확인에서 질병 통제까지. 스마트폰은 당초 스티브 잡스가 공언한 컴퓨터, 전화기, MP3의 역할을 뛰어넘은 지 오래다. 사람들은 이 스마트폰이 컴퓨터의 다양한 기능 중 일정 부분만 수행해도 역사적인 발명품으로 남을 것이라 예상했다. 하지만 애플리케이션 시장이 확대되고 그 시장을 노리는 스타트업 기업들이 등장하면서 스마트폰은 컴퓨터도 수행하지 못하는 기능들을 일임하게 됐다. 우리 일상은 자연스레 거기에 맞춰질 수밖에 없었다. 이제 스마트폰은 단순한 재화가 아닌 '정상적인 삶'을 영위하기 위한 필수수단으로 자리 잡았다.

스마트폰이 사람들의 일상에 변화를 가져올 수 있었던 원인 중 가장 핵심적인 요소를 꼽으라면, 나는 망설이지 않고 유비쿼터스(ubiquitous)라고 답할 것이다. '사용자가 컴퓨터나 통신망 따위를 의식하지 않고, 때와 장소에 상관없이 자유롭게 네트워크에 접속할 수 있는 통신 환경'[53]을 뜻하는 용어인 유비쿼터스는 이미 1980대부터 제창되었고,[54] 우리나라에서도 2000년대 중반 대대적인 열풍을 일으켰다. 하지만 이건 현실이 아닌 일종의 장밋빛 미래였다. 기업과 언론은 "이러이러한 세상이 왔다"며 호들갑을 떨었지만, 적어도 나 같은 일반인들에게 2000년대의 유비쿼터스는

53 우리말샘 국어사전

54 전자신문, [유비쿼터스, 혁명이 시작됐다](15) 사카무라 겐 교수 e메일 인터뷰, 2003년 4월 14일

진정한 의미의 유비쿼터스라고 할 수 없었다. 여전히 근처 버스 정거장을 찾기 위해선 다산콜센터에 전화해 물어봐야 했고, 친구들과 그룹 채팅을 나누려면 집에 가서 컴퓨터를 켜고 네이트온에 접속해야만 했다. 학문적인 영역에서 유비쿼터스 시대는 이미 도래했겠지만, 일반인들이 그 위력을 체감하는 데까지는 한참의 시간이 더 걸릴 것 같았다.

그런데 스마트폰은 등장하자마자 우리를 그런 세상으로 데려다 놓았다. 게다가 스마트폰은 빈부의 격차 없이, 모두를 평등하게 같은 시대로 옮겨 놓았다. 애플이 아이폰으로 공전의 히트를 기록한 이후 삼성·LG는 물론 화웨이·샤오미 같은 기업들이 스마트폰 시장에 뛰어들면서 사람들은 소득의 많고 적음에 상관없이 스마트폰을 가질 수 있었고, 때마침 통신사의 요금제도가 음성통화·문자메시지 중심에서 데이터 중심으로 대대적으로 개편되면서 온라인 세상으로의 진입장벽이 한층 더 낮아졌다. 진정한 유비쿼터스 시대가 도래한 것이다.

그러나 이 시대를 대하는 방법은 세대별로 다를 수밖에 없었다. 모두가 똑같은 기기로, 똑같은 애플리케이션을 사용한다고 할지라도 그렇다. 여기에서 윗세대와는 구분되는 Z세대의 특징이 발생한다. 바로 네트워크로의 초연결이 진행되었다는 점이다.[55] 앞서 Z세대는 2009년 스마트폰이 처음 한국에 상륙하던 당시 유년기를 보내고 있거나, 나이가 많아 봤자 중학생이었다고 말했다. 이

---

55 임명묵, 《K를 생각한다》, 사이드웨이

는 곧 이들이 자아정체성을 형성하던 시점부터 이미 온라인과 오프라인의 경계가 없었다는 걸 의미한다. 심지어 2000년대 중후반생들의 경우 이미 그런 시대가 도래해 있었다. 이전까지의 세대, 그러니까 피처폰을 사용했던 세대에게 온라인은 '컴퓨터라는 관문을 통해 진입하는 전혀 다른 세계'를 뜻했다. 이들이 청소년일 때를 생각해보자. 친구들과 온라인으로 소통하기 위해선 몇 가지 조건이 충족되어야만 했다. 일단 수업이 끝나야 했고, 이후 집이든 PC방이든 가야 했다. 그리고 컴퓨터 앞에 앉아 꽤 오랜 시간 부팅을 기다린 뒤 버디버디나 네이트온을 켜야 했다. 하지만 Z세대는 굳이 이런 지겨운 과정을 거칠 이유가 없었다. 당장 스마트폰을 켜고 어떤 앱이든 실행하면 몇 초 만에 친구들과 실시간 소통이 가능했다. 그 소통에는 비단 문자뿐만이 아니라, 본인의 눈앞에서 펼쳐지는 모든 장면을 영상으로 전달하는 것까지 포함되었다. 이들에게 온라인은 전혀 다른 세계가 아니라 증강현실과 같았다. 즉, 현실 속에 온라인이 있고, 온라인이 곧 현실인 것이다.

온라인과 오프라인의 구분이 없는 시대에서 나고 자란 이들은, 자연스럽게 현실에서도 온라인 세상의 법칙과 가치를 체화했다. 그들이 단순하고, 간략한 걸 선호하는 건 그런 이유에서다. 원래부터 그게 세상의 룰이었기 때문이다. 대표적인 사례가 독해력을 두고 빚어지는 논란이다. 긴 글을 좀처럼 읽지 않으려는 청년들을 두고 기성세대는 "하라는 공부는 안 하고 컴퓨터만 해서 그렇다"며 힐난하지만, 애초에 짧은 글이 기본값인 세상에서 자라난 이들은 '세 줄 요약'을 하지 않는 어른들이 답답하고 배려심 없는 꼰대같이 느껴질 것이다.

더욱 자극적인 '매운맛' 콘텐츠를 선호하게 되었다는 점도 주목할 만하다. 과거에는 비록 온라인 공간이라고 할지라도 자신이 원하는 콘텐츠를 찾기 위해서는 그것과 상관없는 콘텐츠를 살펴보는 수고를 감수해야 했다. 그러나 이제는 알고리즘의 발달로 사용자 맞춤 환경이 조성되면서 그런 노력 자체가 불필요해졌다. 사람들에게는 저마다 좋아하는 것들로 가득한 세상 속에서, 자신이 선호할 만한 콘텐츠를, 더욱 자극적으로 추구할 수 있는 권리가 부여되었다. 과거에 '엽기적'이라고 지탄받던 것들이 이제 일상이 된 것이다. 정치·사회를 소비하는 방식도 여기에서 크게 벗어나지 않는다. 특히 온라인 커뮤니티마다 진행된 일종의 부족화(部族化)는 이런 현상을 더욱 심화했다. 오프라인에서의 교류가 줄고 온라인 커뮤니티가 그 역할을 대체하면서 끼리끼리 모여 편향된 생각을 공유하고 확장하는 확증편향이 진행될 환경이 조성되었기 때문이다. 끼리끼리 뭉친 부족의 공간에서 차별과 편견, 갈등의 정서가 심화되는 건 필연이었다.

한편 스마트폰은 온라인 세상에서도 크나큰 변화를 몰고 왔다. 사람들이 마치 자기 분신처럼 생각하는 소셜미디어의 구성 양식을 바꾼 것이다. 굳이 비유하자면 싸이월드로 대표되는 시대가 페이스북·트위터로 대표되는 시대로 바뀌었다고 말할 수 있다. 물론 2000년대에도 소셜미디어는 우리나라에서 흥했고, 사람들은 미니홈피 공간을 제 방처럼 여겼으며, 미니미가 자신의 또 다른 자아라고 여겼다. 아니, 오히려 사이버 공간에 대한 애착은 지금의 페이스북·인스타그램보다 싸이월드가 압도적으로 높았을 수도 있다. 페이스북·인스타그램에 배경 스킨과 BGM이 생긴다고 한들 싸이월드처럼 많은 돈과 정성을 들여가며 꾸밀 사람은 많지 않을 것이다. 싸이월드는 말 그대로 나의 공간이고, 추억저장소였기 때문이다. 사람들은 마치 방에 가구를 놓고, 노트에 일기를 쓰듯 콘텐츠를 채워나갔다. 모든 생산물은 사진첩과 게시판에 아카이빙 되었고, 언제든 찾아가 지난 시간을 회상할 수 있는 추억의 보고가 되었다. 그러나 스마트폰 이후 소셜미디어에는 이런 공간의 개념이 사실상 존재하지 않는다. 인스타그램은 조금 예외일 수 있겠지만, 적어도 페이스북이나 트위터는 그렇다. 이들은 추억을 저장하는 공간이라기보다는 끊임없이 새로운 소식을 알리고 접하는 창구다. 뉴스피드(news feed) 그 자체인 것이다.

사실 스마트폰이 보급되고 페이스북이나 트위터 같은 뉴스피드형 매체가 성장한 건 우연이 아니다. 이들이 컴퓨터로만 인터넷에 접속할 수 있던 시절에는 주목받지 못했던 것도 같은 이유에서다. 비교적 신생이라 우리나라에서 잘 알려지지 않았던 측면도 있겠지만, 무엇보다 컴퓨터로는 항시적인 확인이 불가능했다. 일과를 마치고 집에 들어가 컴퓨터를 켰을 땐 이미 수많은 정보가 산더미처럼 쌓여있을 뿐만 아니라, 내가 원하는 정보가 한참 뒤에 밀려나 있을 수도 있다. 며칠마다 계정을 확인한다면 말할 필요도 없다. 그런데 스마트폰의 등장으로 인한 '진정한 유비쿼터스'의 도래는 그런 장애물을 완전히 제거해버렸다. 지하철이나 화장실에서도 소셜미디어에 접속할 수 있는 환경이 마련되었다. 시시각각 뉴스피드를 확인할 수 있게 되자 오히려 여러 단계를 거쳐 정보를 접해야 하는 싸이월드의 매력이 떨어졌다. 나의 뉴스피드에서 모든 '일촌'의 소식을 확인할 수 있다면, 굳이 남의 미니홈피까지 '파도타기'로 찾아 들어가는 번거로움을 감수할 필요가 없지 않겠는가? 같은 시기에 싸이월드를 소유했던 SK가 아이폰을 독점 공급하던 KT를 상대로 자존심 대결을 펼치면서, 스마트폰으로 싸이월드의 각종 서비스를 이용하기 어려워진 아이폰 이용자들이 대거 페이스북이나 트위터로 이동했다. 사실상 싸이월드는 여기서 끝났다.

페이스북·트위터로 대표되는 뉴스피드 형태의 소셜미디어들이 온라인 세상에 가져온 파장은 굉장했다. 소식의 전파 속도와 범위가 이전과는 상상할 수 없을 만큼 빠르고 광대해졌다. 어떠한 이슈가 발생하면 그 폭발력은 가공할 만했다. 재밌는 건 모든 뉴스피드를 덮을 만큼 불타오르던 이슈가 이내 다른 이슈로 묻히기도 한다는 사실이다. '최단퇴(최단기 퇴물)'들이 많아진 것이다. 온라인상의 논란과 유행이 수개월에 걸쳐 지속적으로 소비되던 과거와는 분명 다른 점이다. 냉탕과 온탕을 오가는 속도가 더욱 빨라졌다. 이렇게 모든 이슈가 빠르게 폭발하고 빠르게 소비된 뒤 빠르게 퇴장하는 현상이 초연결 시대에 나고 자란 이들의 사고와 행동에 영향을 끼치는 건 당연한 일이다. 여기에 더해 이 속도와 폭발력을 더욱 배가하는 문화가 있으니, 그게 바로 온라인 커뮤니티다.

●군중 집회의 장이 된 온라인 커뮤니티

온라인 세상에서 여론을 확산하고 증폭하는 주체로 온라인 커뮤니티를 빼놓을 수 없다. 정치권에선 젊은 정치인들을 제외하면 여전히 크게 주목하고 있지 않지만, 이 온라인 커뮤니티는 오늘날 MZ세대가 겪고 있는 갈등을 이해할 수 있게 해주는 실마리 중 하나다. 물론 온라인 커뮤니티가 MZ세대의 전유물이라고 할 수는 없다. 공통된 취미와 관심사를 공유하는 네티즌이 인터넷 공간에 삼삼오오 모여드는 건 PC통신 시절에도 존재했다. 그리고 그때도 갈등은 존재했다. 그 시절 네티즌 모두가 영화 '접속'의 주인공들처럼 선남선녀였던 건 아니다. 초고속 인터넷이 제대로 보급되기도 전인 2000년, 가수 서태지가 발표한 '인터넷 전쟁'이라는 곡만 보더라도 당시 인터넷 공간에서의 갈등과 폭력이 적지 않았음을 유추할 수 있다.

그럼에도 이전의 온라인 커뮤니티가 지금처럼 큰 사회적 갈등을 빚지 않았던 이유는, 그것들이 현실 세계를 보조하는 역할에 머물렀기 때문이다. 등장 초기만 해도 온라인 커뮤니티는 특정한 관심사를 매개로 모이는 일종의 동호회였다. 사람들은 각자의 관심사별로 커뮤니티에 모였고, 때로는 정모(정식 모임)를 열며 현실의 인간관계를 확장하기도 했다. "게임 길드(동호회) 정모에서 만나 결혼했더라"라는 이야기는 그 시절 어렵지 않게 접할 수 있는 낭만적인 뉴스였다. 물론 정모 사진이 다른 온라인 커뮤니티로 전파되며 오타쿠 모임이라는 놀림을 받은 경우도 여럿 있지만, 이것

또한 요즘은 느낄 수 없는 2000년대의 즐거움 중 하나였다. 정모에서 만난 이들이 전화번호를 교환하고 서로의 경조사를 챙기는 모습은 2000년대 초중반만 해도 종종 볼 수 있는 풍경이었다. 따지고 보면 2000년대 초반 인터넷을 중심으로 '노풍'을 일으킨 노무현 전 대통령의 팬클럽 노사모도 그런 존재였다. 노무현이라는 소재로 인터넷 공간에 모인 그들은 오프라인 만남을 가지며 유대관계를 쌓아나갔고, 급기야는 노 전 대통령의 가장 핵심적인 전국조직으로 성장했다. 이 모든 건 당시 온라인 커뮤니티 문화가 현실 속 인간관계와 크게 괴리되지 않았기에 가능했다.

현실과 가상의 접점이 넓었다는 건 당시의 닉네임 문화에서도 나타난다. 사람들은 온라인 커뮤니티에서 관계 맺은 상대방의 호적을 파악하기보다는 닉네임을 부르며 서로를 존중했다. 이는 비단 커뮤니티 내에서 그치지 않고 정모 때 만난 이를 '무슨 님' 하며 닉네임으로 부르는 문화로 이어졌다. 현실의 자아와 가상의 자아가 크게 다르지 않았다. 지금 생각하면 다소 유치한 듯 보이지만, 그때는 온라인 커뮤니티 전반적으로 그런 훈훈한 정서가 남아 있었다. 혐오와 조롱이 없던 건 아니지만 그건 대체로 '막장'으로 평가받는 일부 커뮤니티의 일탈로 여겨졌을 뿐이다.

초기의 온라인 커뮤니티는 아직 대형화가 이루어지지 않았던 탓에 그 안에서 다뤄지는 소재도 굉장히 한정적인 경우가 많았다. 스포츠·게임·전자기기·수능 같은 소재들이 대표적이었다. 여기에는 세상만사를 모두 다룬다고 해도 과언이 아닌 디시인사이드도 마찬가지였다. 이름에서도 드러나듯 디시인사이드는 원래 당시 유행하기 시작한 디지털카메라 관련 정보를 다루거나, 사람들이 직접 찍은 디카 사진을 올리는 공간이었다. 그러나 그 디카 사진을 올리는 '갤러리'가 큰 인기를 얻게 되면서 다른 분야로 확장되고, 해당 주제에 관심을 가진 사람들이 모이는 일종의 살롱이 되었다. 그러다 보니 다양한 분야의 갤러리를 만들어달라는 요구가 빗발쳤다. 연예인은 그중에서도 빠질 수 없는 요소였다. 하지만 갤러리 개설 요구는 거절되기 일쑤였다. 당시만 해도 그런 성격의 갤러리가 없었다. 만일 특정 주제가 아닌 인물로 갤러리를 개설한다면 온갖 팬덤의 요청이 쏟아질 게 불 보듯 뻔했다. 아마 디시인사이드 운영진이 걱정했던 건 이 부분이 아니었나 생각된다.

그러다가 2004년 문근영과 김래원 주연의 '어린 신부'가 어마어마한 인기를 얻게 되었다. 뜬금없다고 생각될 수 있지만 그만큼 당시 네티즌 사이에서 문근영의 인기는 엄청났다. 국민 여동생으로 등극한 문근영의 갤러리를 만들어달라는 네티즌의 요구가 빗발쳤다. 쏟아지는 요구를 감당할 수 없게 된 디시인사이드 측은 결국 최초의 인물 갤러리인 문근영 갤러리를 개설하게 되었다. 전례가 만들어진 만큼 이후 연예인이나 스포츠 선수, 프로게이머 등의 갤러리가 우후죽순 생겨났다. 디시인사이드는 분야와 대상을 망라한 모든 관심사의 집합소가 되었다.

물론 저마다 다양한 주제를 다루고 있음에도 당시 온라인 커뮤니티들이 공통적으로 공유하는 정서는 있었다. 바로 유머 코드다. 웃긴대학, 오늘의유머 등 초창기 온라인 커뮤니티들의 명칭에서도 짐작할 수 있듯, 당시엔 재밌는 콘텐츠를 즐기기 위해 온라인 커뮤니티를 찾는 사람이 많았다. 그들은 '아햏햏', '즐', '뷁' 같이 전적으로 웃음만을 목적으로 한 유행어들을 생산했고, 이런 병맛 코드는 2000년대 중반까지 온라인 커뮤니티에서 흔히 볼 수 있는 지배적인 정서였다.

정치·사회적 문제를 다루는 곳이 없었던 건 아니다. 디시인사이드에도 정치, 사회 갤러리(정사갤)가 있었고 이들은 나름 정치적 영향력을 행사하기도 했다. 2004년 노무현 대통령의 탄핵 사건으로 탄생한 '투표부대'가 그랬다. 당시 야당인 한나라당이 타당한 이유도 없이 노무현 대통령에 대한 탄핵소추안을 가결하자 젊은 층이 주류를 이루던 온라인 여론은 들끓었고, 이내 디시인사이드 정사갤에서는 "투표로 한나라당을 몰아내자"라는 취지의 투표부대가 탄생했다. 이들은 자발적으로 짤방을 제작하고 노래를 만들며 국민들의 투표를 독려했다. 이 과정에서 엄청나게 많은 투표 독려 콘텐츠가 생산되었다. 투표부대의 활약은 온라인 공간을 점령한 걸 넘어 여당인 열린우리당의 과반 승리로 귀결되었다. 당초 기대보다 큰 성취를 이룬 것이다.

2004년만 해도 온라인 커뮤니티들의 정치 성향은 대단히 진보적이었다. 인터넷 커뮤니티 자체가 젊은 층, 그중에서도 얼리어답터들의 공간으로 여겨졌기 때문이다. 이때는 대체로 나이에 따른 정치적 성향이 비례했다. 젊을수록 진보적이고 나이가 들수록 보수적인 경향이 강했다. 그런 이유로 장년 이상의 지지자들이 많았던 한나라당은 인터넷 공간에 눈길조차 두지 않았다. 이들이 온라인 여론의 중요성을 깨닫고 본격적으로 개입하기 시작한 건

2010년 지방선거 패배 이후다. 그게 훗날 국정원 댓글공작 사건으로 번진 것이다.

하지만 2000년대 중반에도 인터넷 여론의 중요성을 인지한 보수정당의 정치인이 있었으니, 그게 바로 전여옥 전 한나라당 의원이다. 2004년 어느 날, 전 의원은 정사갤 유저들이 초청한 간담회에 참석했다. 아마 정사갤 구성원들도 자신들이 '악의 축'으로 생각하던 한나라당 정치인과 직접 대면한 건 이때가 처음이었을 것이다. 당시 전여옥 의원은 노무현 대통령과 열린우리당을 향한 거친 발언으로 각종 설화(舌禍)를 낳고 있었는데, 이 때문에 정사갤의 표적이 되어있었다. 정사갤 유저들은 간담회가 성사되자 "전여오크를 캐바르겠다"며 자신감을 내비치기도 했다. 하지만 결과는 정반대였다. 정치는 그리고 토론은 쉬워 보이는 듯해도 굉장히 전문적인 영역이기 때문이다. 언론과 정치 현장에서 고도로 단련된 정당 대변인을 상대로 인터넷 게시판에 글이나 남기던 사람이 이기기는 쉽지 않다. 그러나 당시 정사갤은 그 격차를 간과했고, 전여옥 의원에게 훈훈한 단체 사진만 남겨주고 말았다. 훗날 사람들이 '여옥대첩'이라고 명명하게 된 이 날의 간담회는 '키보드 워리어'라는 신조어가 탄생하는 결정적 계기가 되었다. 그리고 향후 인터넷 공간에서의 정치 지형을 대대적으로 바꿔놓았다. 이때를 기점으로 정사갤이 완전히 보수적인 성향으로 돌아섰기 때문이다. 그리고 그건 몇 년 뒤 일베가 탄생하는 밑거름이 됐다. 오늘날 온라인 커뮤니티에 만연한 정치적 차별과 혐오 용어들이 탄생한 공간 또한 이곳이었다. 시답지 않은 에피소드 같지만, 이 '여옥대첩'이 한국 정치사에서 나름의 의미를 갖는다고 볼 수 있는 것이다.

2010년대에 접어들며 온라인 커뮤니티 문화는 더욱 확장한다. 많은 온라인 커뮤니티들이 탄생했고, 기존의 커뮤니티는 더욱 대형화했다. 반대로 그만큼 현실과의 접점은 좁아졌다. 특히 일부 온라인 커뮤니티에서 친목으로 인해 사건사고들이 발생하고, 그 때문에 커뮤니티 자체가 망하게 되는 일들이 거듭되면서 정모 문화는 디지털 풍화가 진행된 디카 사진에서나 볼 수 있는 추억이 되었다. 친목 자체를 규정으로 금지하는 온라인 커뮤니티들도 생겨났다. 그리고 스마트폰 보급으로 워낙 많은 채널이 생겨나면서, 굳이 친목도모를 위해 온라인 커뮤니티를 이용할 필요가 없어진 측면도 있다. 인간적 유대관계가 거세된 디지털 세계는 더욱 독해졌다. 일베의 탄생은 그 현상을 더욱 부추겼다. 아니 어쩌면 일베가 선도한 문화일 수도 있겠다. 일베는 그 출발부터 막장성을 내재하고 있었다. 근원은 디시인사이드다. 물론 디시인사이드에선 예나 지금이나 자극적이고 선정적인 게시글은 바로 삭제된다. 그런데 막장 갤러리·코미디프로그램 갤러리 등 일부 갤러리 이용자들이 삭제될 법한 게시물들을 다른 사이트로 옮겨 보관하기 시작했다. 그 장소가 바로 일간베스트저장소, 일베였다. 1부에서 언급한 대로 이들은 각종 논란을 일으키며 크나큰 사회적 물의를 빚었다. 일베의 반작용으로 메갈리아가 탄생하면서 오늘날 젠더갈등의 초석이 마련되기도 했다. 이들은 진보, 호남, 여성에 대한 혐오 외에도 노무현 전 대통령에 대한 조롱과 비아냥을 콘텐츠의 주요 재원으로 삼았는데, 전반적인 문화가 이렇다 보니 커뮤니티가 정치적 성격을 띠게 되는 건 필연이었다. 거기에 이명박 정부의 국가정보원이 '알파팀'이라고 하는 대민여론조작부대를 만들고, 이들이 일베 등 각종 인터넷 여론에 개입하기 시작하면서 온라인 커뮤니티는 정치갈등의 장으로 변질되기 시작했다.

한편 스마트폰의 확산으로 변화한 뉴스 소비 양식도 온라인 커뮤니티의 정치적 성향 강화에 일조했다. 신문·라디오·TV 등 전통적 매체를 중심으로 뉴스를 소비하던 사람들이 스마트폰이나 태블릿PC를 통해 뉴스를 보기 시작하면서다. 이전에는 뉴스 소비와 온라인 커뮤니티 이용이 다소 별개의 것으로 여겨졌다. 그런데 스마트폰 등장 이후 언제 어디서든 뉴스를 보고 온라인 커뮤니티에 접속할 수 있게 되면서 이 둘 사이의 장벽이 사라졌다. 뉴스 내용을 캡처한 뒤 커뮤니티에 공유하는 사람도 많아졌고, 커뮤니티에서 정부 정책을 비판하거나 정치적 사안을 놓고 갑론을박을 벌이는 것도 새삼스럽지 않은 일이 되었다. 아예 온라인 커뮤니티를 통해 뉴스를 접하는 사람도 많아졌다. 온라인 커뮤니티가 그 자체로 공론장 역할을 하는 것이다.

온라인 커뮤니티의 개개인들은 이제 서로를 모른다. 그러나 이 불특정 다수의 집단행동은 과거보다 더욱 격렬해졌다. 뉴스의 확산과 여론 동원이 순식간에 이루어질 수 있는 환경이 조성되었기 때문이다. 각 커뮤니티의 구성원들은 동종의 정서를 공유한다. 그러다 보니 이들이 특정 현안을 놓고 집단적으로 분노하는 건 특별한 일이 아니다. 남초 커뮤니티, 여초 커뮤니티를 중심으로 표출되는 대립도 이런 연장선에 있다. 젠더갈등은 성별 연대를 형성하곤 하는데, 자극적인 소재일수록 그 연대는 크고 강하게 구축된다. 어떤 논란이 발생하면 그 내용은 '복붙'되어 다른 커뮤니티로 삽시간에 전파된다. 온라인 공간은 일순간 거대한 분노로 뒤덮인다.

이런 특성이 부정적인 기능만 하는 건 아니다. 때로는 사회적 문제를 해결하는 데 도움이 되기도 한다. 박근혜·최순실 국정농단 청문회는 그 대표적인 사례였다. 2016년 말 열린 청문회에서 디시인사이드 주식갤러리(주갤)를 중심으로 한 네티즌들은 김기춘 등 증인들의 정보를 샅샅이 찾아 실시간으로 갤러리에 공유했다. 이들이 올린 자료 중에는 증인들의 위증을 입증할 만한 내용도 꽤 있었는데, 이걸 참고해 재미를 본 청문위원들이 바로 박영선·하태경 의원 등이었다. 청문회를 거치며 온라인 커뮤니티는 마치 집단지성의 메카로 평가받았다. 그래서 문재인(MLB파크 등)·안희정(주갤) 등 유력 대권주자들이 방문 인증샷을 남기는 진기한 장면을 만들기도 했다. 당시로선 제법 참신하고 기민한 선거운동이었다. 하지만 일부 커뮤니티에서는 이런 것들이 입소문을 타면서 외부인의 급격한 유입 증가로 이어졌고, 본래의 정체성을 잃고 망해버리는 결과를 초래했다. 꼭 그렇지 않더라도, 온라인 커뮤니티의 규모가 워낙 크다 보니 그곳의 여론을 형성하려는 정치권의 시도는 종종 있었다. 그러나 인위적으로 개입한다고 여론을 형성할 수 있는 건 아니다. 해당 온라인 커뮤니티의 문화나 배경을 이해하지 못한 채 진행되는 개입은 오히려 거부감을 불러일으키고

'밭갈이'라는 비아냥을 들을 뿐이다. 여론은 만들어지는 것이지 만드는 게 아니다.

대학내일20대연구소가 조사한 MZ세대 커뮤니티 이용 현황[56]에 따르면, 20대 청년들은 일상의 상당 시간을 온라인 커뮤니티에서 보낸다. 그들 중 한 달 내 온라인 커뮤니티를 이용한 비율은 74.8%에 달했고, 매일 2시간 이상 온라인 커뮤니티를 이용하는 '헤비 유저'도 27.1%[57]에 달했다. 이들은 이렇게 오랜 시간 상주하는 온라인 커뮤니티로부터 직·간접적으로 정치적 영향을 받는다. 그리고 이곳을 통해 목소리를 낸다. 이들이 전통적인 집회, 그러니까 가두시위 같은 데에 참여하지 않는 건 정치에 관심이 없어서가 아니다. 목소리를 내기 위해 굳이 길거리로 나갈 필요가 없기 때문이다. 온라인 커뮤니티가 청년들에게는 군중 집회의 장인 셈이다.

● 개인적이면서 개인적이지 않은

일상에서 파편화된 듯 보이는 청년들이 온라인 공간에서는 집단적인 여론을, 그것도 순식간에 동원하는 건 흥미로운 장면이다. 실제로 이들은 온라인 커뮤니티를 중심으로 여론을 형성하

56 대학내일20대연구소, 〈연령별로 살펴보는 온라인 커뮤니티 이용 행태〉, 2021년 5월 10일

57 이는 평일 기준으로, 주말에 2시간 이상 이용하는 20대는 전체의 29.6%에 달했다.

고, 청와대 국민청원을 통해 의제를 공론화하는 모습을 여러 차례 보여주었다. 이런 집단행동은 분명 "MZ세대는 개인주의적 성향이 강하다"라고 바라보는 기성세대의 인식과 배치된다. 그렇다면 청년들이 개인주의적이라는 기성세대의 인식은 틀린 것일까? 그것도 아니라면, 이들은 오프라인과 다른 온라인 자아를 형성한 것일까?

르네상스 이후 태동한 개인주의는 간단히 정리하면 '국가·사회보다 개인의 존재를 더욱 우선시하는 사상과 태도'[58]라고 말할 수 있다. 이 사상은 개인의 권리가 국가나 여타 집단에 의해 통제받는 걸 거부하며, 따라서 전체주의·집단주의와 대립한다. 이는 비단 정치 영역에서만 해당하는 게 아니다. 개인주의는 경제·종교·문화 등 다양한 영역에서 적용된다. 개인의 권리가 중요시되는 건 문명이 발전하고 자본주의가 성장한 데 따르는 필연적인 결과다.

해방 후 냉전 체제와 개발독재를 경험한 한국에서 개인주의는 부정적인 것으로 인식되었다. 공산주의와 대결 해야 하는 와중에, 경제개발에 박차를 가하는 와중에 개인의 권리를 운운하는 건 이기적이고 염치없는 행동으로 여겨졌다. 사실 그 반대도 성립했는데, 독재 타도를 위해 모두가 하나가 되어야 할 때 '혼자 출세해 보겠다고 공부하는' 행위를 죄악시 여겼던 과거 학생운동권도 개인의 권리를 존중했다고 보기는 어렵다. 국가주의 시대에 개인이 설 자리는 없었다. 여기에 더해 뿌리 깊은 유교 사상도 개인의 튀

58 두산백과, 〈개인주의〉

는 행동을 억제하는 심리적 기제로 작용했다.

1987년 6월 항쟁이 개인주의 확산에 적지 않은 영향을 끼쳤다는 데 반대하는 사람은 많지 않을 것이다. 독재정권이 무너지자 수십 년 동안 한국의 민주화 세력, 그리고 청년세대를 관통해 온 지상과제가 사라졌다. 물론 그해 대선에서 5공 세력의 일원인 민정당 노태우 후보가 당선되면서 독재가 종식되지 않았다고 보는 시각도 있겠지만, 적어도 대통령 직선제로 상징되는 절차적 민주주의는 이룩했다. 독재 타도라는 공동의 과업을 달성한 시민들은 이후 저마다의 욕구를 표출하기 시작했다. 1987년 7~8월 두 달간 3천여 건의 노동쟁의가 발생했고, 1990년대 들어서는 환경운동과 여성운동도 크게 늘었다. 이해관계의 다원화가 진행된 것이다. 이런 시대에서 나고 자란 MZ세대가 단일 공동 의제를 추구하지 않는 건 당연한 일이다. 애초부터 한 세대 모두가 뛰어들어야 할 절체절명의 과제가 존재하지 않았다. 이들은 각자가 처한 환경에서, 각자의 방식으로 삶을 바라봤을 뿐이다.

사실 'MZ세대는 개인주의적'이라는 명제에서 개인주의는 곧 이기주의와 같은 개념으로 여겨지곤 한다. 여기에는 핵가족 시대에 외동으로 태어난 이들이 많고, 그래서 부모로부터 아낌없는 지원을 받고 자란 덕분에 굳이 아쉬운 일은 하지 않는다는 분석이 뒤따른다. 그러나 개인의 권리, 혹은 프라이버시 보호를 추구하는 것과 이기주의적인 건 구분되어야 한다. 그리고 설령 청년세대가 유난히 개인적이라는 가정에 동의하더라도, 이들이 다른 세대에 비해 더 이기적이라고 보기는 어렵다. 사는 동네에 임대아파트나 특수학교가 들어서는 것을 막기 위해 반대 운동을 펼친 아파트 입주민들이 집단적인 행동을 했다고 개인보다 공동체를 우선시했다고 볼 수는 없지 않은가. 게다가 이런 님비·핌피 운동은 대체로 청년보다는 그 윗세대들에 의해 진행되는 경향이 있다. 개인주의 성향이 적다고 이타적이진 않다는 뜻이다.

그동안 조직을 위해 희생해야 한다는 주장은 부당한 처우를 강요하는 일종의 이면계약서와 같았다. 회사의 성장을 위해 근무시간 외 노동을 요구한다든지, 소중한 여름휴가를 반납해야 한다든지 하는 것처럼 말이다. 사발식같이 누누이 내려온 악습을 답습하는 일도 여기에 포함된다. 그러나 이런 부당한 처우와 악습을 거부한다고 해서 그게 꼭 개인주의적이고 이기적이라고 비판받을 일인지는 모르겠다. 과거에는 이런 부당한 처우에 상응하는 보상이 뒷받침되었다. 기업들은 연공서열과 정년보장이라는 형태로 개인의 미래를 담보해주었다. 그러나 오늘날의 기업은 개인의 미래를 책임지지 않는다. 칼퇴근하지 않고 자리를 지키는데도 그 집단이 내 미래를 보장해주는 게 아니라면, 그런 조직을 위해 개인의 권리를 희생할 이유는 하등 없다.

인간이 소화할 수 있는 사회성의 총량이 있다면, MZ세대에게는 그 사회성 중 현실의 몫 일부가 온라인 세계로 분담된 게 아닌가 생각한다. 청년층의 개인주의적 성향이 강해졌다고는 하지만, 이들이 온라인에서 보여주는 모습은 'MZ세대는 개인주의적'이라는 전제 자체에 의문을 갖게 한다. 예컨대 게임만 보더라도 과거에는 스타크래프트같이 홀로 플레이하는 게임이 인기가 많았다면, 근래에는 리그오브레전드·배틀그라운드·오버워치같이 팀 단위(4~6인)로 운영되는 게임이 보편적인 인기를 누리고 있다. 이들은 처음 보는 사람과 스스럼없이 한 팀이 되어 게임을 즐기고, 게임이 끝나면 가벼운 인사를 남긴 채 팀을 떠난다. '총공' 문화 역시 'MZ세대는 개인주의적'이라는 명제의 반례다. 총공격의 준말인 총공은 온라인 집단행동을 뜻하는 신조어다. 주로 특정 단어를 집중적으로 검색하여 포털사이트 검색어 순위를 높인다든지, 이메일로 항의 글(또는 옹호 글)을 반복적으로 보낸다든지 하는 식으로 나타난다. 이 총공은 여론조작이나 특정인에 대한 마녀사냥으로 종종 도마 위에 오르곤 하지만, 단체 행동을 통해 사회적으로 의미 있는 결과를 도출하기도 한다. 김치의 기원을 중국으로 표기한 구글에 집단적으로 항의해 바로 잡은 사례가 그렇다.[59] 그 밖에도 청년들은 업사이클링 제품 소비나 물의를 빚은 기업에 대한 불매운동을 통해 저마다의 사회적 가치를 실현하려고 한다. 이런 것들을 종합해 보면, 청년층은 개인주의적이라는 주장은 사회적 협력의 형태가 달라지는 데서 나온 오해가 아닌가 싶다.

59 이데일리, "MZ세대는 개인주의자다?"…누가 그래요?, 2021년 2월 17일

[ET단상] MZ세대 지지 얻으려면 나무위키를 읽어라
- 전자신문 칼럼 2021년 10월 24일

문재인 정부 집권 3년 차던 2019년 1월, 조해주 중앙선거관리위원회 상임위원 후보자 인사청문회 자리에서 느닷없이 나무위키가 거론됐다. 당시 청문회에서는 조 후보자가 지난 19대 대선 때 문재인 후보 캠프 '공명선거 특보'를 지냈다는 의혹이 제기돼 공방이 오고 갔는데, 그 이력이 적힌 나무위키 문서가 갑자기 삭제된 걸 두고 야당에서 '흔적 지우기'라며 강하게 반발한 것이다. 은폐 의혹은 조 후보자가 "허위사실을 그대로 두면 안 되기에 사위 도움을 받아 지웠다"고 해명하며 일단락됐다. 하지만 이 사건은 서브컬처로 여겨지던 나무위키가 현실정치에 영향을 끼칠 수 있다는 걸 입증한 기념비적 사건이 됐다.

나무위키 파급력을 간파하고 발 빠르게 대응한 걸 보면 조해주 위원은 나름 신식 사고를 갖춘 인물이었던 것 같다. 비록 나무위키에 기재된 내용이 공신력을 얻지는 못할지라도 그 영향력은 기존 언론 매체를 너끈히 능가하기 때문이다. 실제로 나무위키 접속자 수는 우리나라 8위(2021년 8월 기준, 시밀러웹), 세계적으로도 300위 안에 든다. 국내에서는 이미 위키피디아 한국어판을 뛰어넘은 지 오래다. 포털사이트에서 키워드를 검색했을 때 해당 나무위키 문서가 가장 상단에 뜨는 것만 봐도 그 영향력을 짐작할 수 있다.

한국 최대 위키 사전인 나무위키 기원은 아이러니하게도 일본

애니메이션 '건담'이다. 2007년 건담 팬 커뮤니티 사이트인 '엔젤하이로'가 엔하위키를 운영하며 그 역사가 시작됐다. 엔하위키가 여타 사전과 대비되는 특징은 애니메이션·인터넷 드립·가십 등을 주로 다뤘다는 것인데, 우리 일상에는 분명히 존재하지만 기존 백과사전이 다뤄주지 않는 지식을 취급한다는 점에서 젊은 층 인기를 끌었다. 엔하위키는 이후 리그베다위키로 명칭을 바꾸며 정치·경제·역사·학술 등 기존 백과사전이 다루던 영역까지 포함하게 됐고, 2015년 다시 한번 탈바꿈해 오늘날의 나무위키로 자리매김했다.

나무위키 특징은 '각 잡고' 써야 하는 기존 위키백과와 달리 친구들과 함께 신변잡기를 정리하듯 사전을 완성해 나간다는 점이다. 그래서 재미있다. 브레이브걸스 '롤린'이 어떻게 역주행하게 됐는지, 오징어 게임 속 주인공들은 어떤 캐릭터인지와 같은 정보도 나무위키에서는 중요한 지식이 된다. 나무위키 세상에서 쓸모없는 지식은 없다.

나무위키는 정치도 같은 방식으로 소비한다. 예를 들면 정치인과 관련한 별명, 에피소드가 하나하나 정리돼 아카이빙 되는 식이다. 권위적이고 엄중·근엄·진지한 기성 언론은 다루지 않는 자질구레한 지식까지 다루고 있다는 점에서, 나무위키는 MZ세대 감성과 통한다.

불현듯 나무위키의 효용을 떠올리게 된 건 주호영 국민의힘 의원 때문이다. 윤석열 캠프 선거대책위원장이기도 한 그는 지난 18일 라디오에 출연해 "윤석열 전 검찰총장의 2030세대 지지율이 낮은 이유"를 묻는 진행자 질문에 "2030세대는 정치인의 이전 일들은 잘 기억하지 못하고, 가까운 뉴스만으로 판단하는 경향이 있다"고 대답해 논란을 일으켰다. 아니나 다를까 얼마 지나지 않아 나무위키에는 주 의원의 발언이 '환생경제' 출연, 군 기밀 유출, 말 바꾸기 등 과거 논란과 함께 나란히 등재됐다. 2030세대는 이전 일을 잘 기억하기 위해 나무위키에 이렇게 박제해 둔다는 걸 몰랐던 모양이다.

이렇게 자신의 흑역사마저 전시되는 공간이지만 정치인에게 나무위키를 권하고 싶다. 나무위키에는 문서 작성에 참여하는 수많은 2030세대의 비판과 관심, 그리고 드립(해학)이 날 것 그대로 기록돼 있는 까닭에서다. MZ세대에 호감을 사려면 우선 그들의 인식부터 살펴봐야 하지 않겠는가? 정확한 진단 없이는 제대로 된 처방이 나올 수 없다.

2030세대에도 주호영 의원의 나무위키를 읽어볼 것을 권한다. 이전 일을 잘 살펴봐야 주호영이라는 정치인과, 더 나아가 그를 선대위원장에 임명한 윤석열 후보에 대해 더욱 잘 알 수 있을 테니까 말이다.

2 한탕주의의 도래

● 안드로메다 세대

한국전쟁은 우리나라의 많은 부분을 무(無)의 상태로 되돌려버렸다. 3년간의 고된 전쟁으로 얻은 건 아무것도 없었다. 수많은 국민이 목숨을 잃었고 국토는 황폐해졌다. 산업시설 또한 모조리 파괴돼 남아나질 않았다. 이때 발전설비도 대부분 부수어졌는데, 그 때문에 에너지를 쓸 수 없게 된 사람들이 나무를 베어다가 쓰기 시작하면서 온 산이 민둥산이 되기도 했다. 피폐해진 조국은 외국의 도움 없이는 제 국민을 먹일 수도, 입힐 수도 없었다.

이 전쟁은 특이하게도 한국 사회에 남아있던 계급이나 계층마저 일순간에 소거해버렸다. 양반은 구한말의 혼란과 기나긴 일제강점기로 그 권위를 잃은 지 오래였다. 지주는 해방 후 단행된 토

지개혁으로 자신의 기반을 상실했고, 전후 인플레이션은 그들의 여남은 자산마저 휴지 조각으로 만들어버렸다. 엘리트와 자산가들은 좌우가 엎치락뒤치락하는 전세 속에서 많은 수가 희생되었다. 적어도 남한 땅에서는 약간의 기득권을 남기는 것조차 허용되지 않았다. 그렇게 폐허가 된 땅 위에서, 사람들은 안정적인 삶 또는 성공을 향한 경주를 시작했다. 그들에게 주어진 경주의 조건은 동등했다. 모두가 평등하게 가난했기 때문이다.

계층은 산업화가 진전되며 분화되었다. 특히 한국경제가 궤도에 오른 1980년대부터는 그 격차가 본격적으로 벌어지기 시작했다. 그 격차는 주로 학력을 중심으로 직업, 자산, 인적 네트워크 등의 요소들이 중첩되어 발생했다. 오늘날 586으로 일컬어지는, 1960년대에 태어나 1980년대에 대학에 들어간 이들이 그 다중격차를 처음으로 만들어낸 집단임을 부인하기는 어렵다.[60] 그들은 때로는 타의로, 때로는 자의적으로 그 격차를 벌렸다. 3저호황에 힘입은 대기업들이 화이트칼라 노동자 수요를 늘리면서 안정적으로 고소득 일자리를 차지하게 되었고, 직장을 구한 뒤엔 노태우 정부 당시의 대대적인 주택공급 정책으로 분당·일산 등지에 보금자리를 얻었다. 그리고 이는 훗날 자산증식의 기반이 되었다. 물론 얼마 안 가 IMF 외환위기가 닥치지만, 이들은 아직 직급이 높지는 않았던 탓에 구조조정의 칼바람을 비껴갔다. 그리고 위기가 수습된 후에는 물러난 선배들을 대신해 젊은 나이에 높은 직급에

60 조귀동, 《세습 중산층 사회》, 생각의힘

진출하며 사회적 영향력을 행사하기 시작했다.[61]

물론 학력에 따르는 격차는 이전에도 존재했다. 직전 세대인 1950년대생 중에서도 20% 남짓은 대학에 진학했고, 이들은 대학에 진학하지 않은 또래들에 비해 노동시장에서 좋은 지위를 획득했다. 그러나 문제는 1960년대생들이 사회에 진출하던 시점부터는 이것이 본격적으로 구조화하기 시작했다는 점이다. 이를테면 1950년대생까지는 중졸·고졸들도 노동시장에서 상대적으로 질 좋은 일자리를 구할 수 있었다면, 1960년대생에 접어들어서는 그 몫이 대부분 대졸자에게 돌아가게 되었다.[62] 노동시장에서의 격차는 자산의 격차로 확대되었고, 이것은 다시 사회·문화적 격차로도 이어졌다. 이 모든 격차는 그들의 자녀들에게 고스란히 대물림되었다.

IMF 외환위기 이후 변화한 국제정세는 그러한 격차를 더욱 심화했다. 그중에서도 가장 중요한 이벤트는 단연 세계화였다.[63] 특히 2001년 중국이 세계무역기구(WTO)에 가입하고 '세계의 공장'을 자처하면서 우리나라 노동시장도 큰 변화를 맞이하게 되었다. 대기업들은 인건비를 낮추고자 중국으로 공장을 이전했고, 그 반대편에서는 중국의 값싼 노동력이 우리나라로 밀려 들어와 건설 현장·제조 공장·식당 등지로 향했다. 대기업들이 글로벌 가치사슬에 편입되자 그들의 하청으로 먹고 살던 중소기업의 파이가 줄

---

61 김정훈·심나리·김항기, 《386 세대유감》, 웅진지식하우스

62 조귀동, 《세습 중산층 사회》, 생각의힘

63 임명묵, 《K를 생각한다》, 사이드웨이

었다. 저숙련 일자리들은 통째로 사라지거나, 남아있더라도 임금 상승이 억제될 수밖에 없었다.

반면 우리나라 대기업들은 눈부신 성장을 거듭했다. 삼성·LG·현대자동차 등 유수의 기업은 일본의 하위호환으로 여겨지던 과거에서 탈피해 그 자체로 세계를 호령했다. 그들은 세계화의 물결을 거스르지 않았다. 그 물결을 올라탄 채 더 넓은 바다로 나아갔고, 종국에는 그 위대한 항로의 주인공이 되었다. 이렇게 사회 상층부와 하층부가 맞닥뜨리는 세계화는 서로 다른 모습으로 다가왔다. 이는 결과적으로 우리 경제를 두 개의 층위로 양분했다. 한쪽에서 다국적 기업과의 경쟁에서 승리해 세계 굴지의 기업으로 발돋움한 집단이 있었다면, 또 다른 한쪽에서는 밀려드는 외국인 노동자들로 인해 제 일자리조차 건사하지 못한 집단이 있었다. 이 이중구조는 비단 노동시장에 국한되지 않고 경제·사회·문화 전반으로 이어졌다. 이와 같은 시대적 흐름이 MZ세대에게 엄청난 스트레스로 작용했음은 물론이다. 이들은 성장 과정에서 자신의 의지와는 상관없이 부모 세대부터 시작된 격차를 세습하는 법을 배워야만 했다. 그 결과 마치 물이 담긴 비커에 식용유를 붓듯 서로 다른 성질의 거대한 집단이 형성되었다. 각각의 층위는 서로 다른 삶을 지향했다. 그 삶의 간극은 같은 세대 안에서도 메울 수 없을 만큼 넓었다. 지구에서 안드로메다까지의 거리만큼 말이다.

한편 2000년대 중반을 넘어가면서 그 '각각의 층위' 안에서도 세분화가 일어나기 시작했다. 경제력에 기초했던 그 세분화 작업은 아주 작은 단위까지 진행되었다. 일종의 서열화였다. 물론 빈부격차는 이전에도 있었고, 1990년대 '오렌지족'으로 상징되는 이들처럼 그것을 보란 듯이 과시하고자 하는 욕구는 늘 존재했다. 그러나 2000년대 중반을 넘어서부터는 이것들이 좀 더 노골적으로, 그리고 집요하게 진행되었다. 디시인사이드 수능 갤러리나 오르비 같은 수험생들의 온라인 커뮤니티에선 '서연고 서성한 중경외시'[64]로 유명한 대학 서열 기준이 유행하기 시작했다. 그들은 단지 명문대나 '인서울' 같은 범주로 대학을 구분하는 데에 만족하지 않았다. 수능 점수가 조금이라도 낮은 학교는 다른 카테고리로 분류하길 바랐으며, 동급의 학교라도 자신이 선호하는 학교가 앞에 놓이길 바랐다. '중경외시'냐 '외중경시'냐 하는 무의미한 논쟁이 계속되었다. 이러한 서열화는 같은 학교 안에서도 상위권 학과(입학점수가 높은 학과)와 하위권 학과(입학점수가 낮은 학과)를 구분지었고, 나중에는 그것도 모자라 정시와 수시를 구분하기도 했다. 심지어 2010년을 지나선 서울대 등 최상위 학교들 사이에서 학과 점퍼에 출신 고등학교를 기재하는 현상이 나타나기도 했다.[65] 만인에 의한 줄 세우기가 일어나는 입시 현장에서는 특목고·외고를 나와 명문대학의 최상위학과에, 정시로 입학한 사람이 최상위 포식자가 되었다.

이러한 서열화는 옷을 통해 나타나기도 했다. 2000년대 초중반

---

64 서울대, 연세대, 고려대, 서강대, 성균관대, 한양대, 중앙대, 경희대, 한국외대, 서울시립대 등 서울 소재 상위권 학교들을 범주화·서열화했던 당시의 유행어. 2000년대 중반 디시인사이드를 비롯한 온라인 커뮤니티에서 시작된 것으로 보이는 이 서열도는 여전히 통용되고 있다.

65 매일경제, 출신 고교명 새긴 대학교 '과잠', 학벌주의 조장?, 2017년 8월 7일

까지만 해도 볼 수 없었던 '패딩 계급도'가 등장한 것이다. 노스페이스 등 이른바 '국민 교복'이 유행하기 시작하면서 같은 브랜드 안에서도 얼마나 비싼 라인업의 제품을 입느냐가 신분의 척도가 되었다. 수백만 원을 호가하는 캐나다구스나 몽클레르의 패딩을 입은 학생은 귀족 이상의 지위를 얻었고, '보세' 패딩을 입은 학생은 천민 취급을 면치 못했다.

그런데 이런 범주화·서열화가 '치기 어린 애들의 자만심'이라고 생각한다면 오산이다. 어른들도 더 하면 더 했지 덜하지는 않았다. 성인들의 범주화·서열화는 주로 주거공간을 중심으로 일어났다. 심지어 성인들은 차별과 배제도 서슴지 않았다. 놀이터에 임대아파트 거주자 자녀들이 못 들어오게 울타리를 치는 뉴스가 등장하기 시작한 것도 이즈음부터다. 서울 합정의 고급 주상복합 아파트인 메세나폴리스는 일반분양세대와 임대세대가 섞이지 않도록 입구와 엘리베이터를 따로 둔 건 물론, 임대세대의 비상계단까지 막아놓아 논란이 되기도 했다.[66] 이와 같은 차별과 배제는 언론 보도 당시에는 시민들에게 엄청난 충격을 주었다. 그러나 이제는 흔히 볼 수 있는 일이 되었다.

저성장으로 계층 간 이동이 둔화하면서 부모 세대부터 대물림된 경제력의 차이는 일종의 신분처럼 굳어졌다. 그 속에서 귀족과 천민이 나뉘었다. 귀족들은 자신의 신분을 증명하기 위해 학력·경제력에 따른 구별 짓기를 진행했다. 그들은 이게 피아식별의 한

66 세계일보, "애들 따돌림 걱정" vs "임대니 감안해라"…임대주택 차별 당연할까? [어떻게 생각하십니까], 2019년 8월 18일

방법이라고 여겼다. 이처럼 아주 세밀한 단위까지 범주화·서열화가 진행되는 시대적 상황 속에서 MZ세대는 대단히 큰 심리적 압박을 느끼지 않을 수 없었다. 개인의 힘으로는 극복할 수 없었기에 더더욱 그랬다.

부모 세대부터 이어져 내려온 양극화와 불평등이 청년들에게 끼친 가장 큰 악영향은, 이 사회가 개인의 성실함과 노력만으로는 결코 위로 올라갈 수 없는 사회라는 걸 각인시켰다는 점이다. 특히 요 몇 년 사이 폭등한 부동산 가격은 그러한 절망과 박탈감을 더욱 견고하게 만들었다. 단지 부모로부터 물려받은 집이 있다는 이유로, 자기가 버는 돈의 수십, 수백 배를 벌어들이는 또래를 바라보는 이들의 심경은 자조를 넘어 때로는 분노로 표출되었다. "모두가 죽창을 들고 일어나 나라를 뒤집자"는 죽창론은 개인이 부단히 노력해도 극복할 수 없는 격차에 대한 절망감의 발현이었다. 이러한 분노는 다른 한편으로는 신기루를 좇는 기제로 작용하기도 했다. 바로 오디션 프로그램과 복권, 비트코인으로 상징되는 대박 신화다.

슈퍼스타K에서 비트코인까지

"부자되세요"로 유명했던 한 카드사의 광고는 새로운 세기를 시작하는 한국인들의 가슴 속에 희망을 불어넣었다. 춥고 긴 IMF 외환위기를 이제 막 벗어난 시절, 사람들은 그 혹독했던 그

때로 다시는 돌아가지 않기 위해 부자가 되어야겠다고 결심했다. 부자론을 설파하는 책들이 베스트셀러에 올랐고, 다국적 기업 CEO들의 자서전 역시 불티나게 팔려나갔다. 얼어붙었던 지갑이 열리다 못해 고삐가 풀리면서 잠시 카드대란이 오기는 했지만, 그것이 부자가 되고자 하는 한국인들의 열정을 가로막지는 못했다. 때마침 세계 경제도 호황을 이루었다. 우리나라 기업들은 그 흐름에 동참하며 나날이 성장해 나갔다. 창립한 지 10년도 안 된 기업이 그 바람을 타고 단숨에 재계 10위권에 이름을 올리기도 했을 정도였다.

경기가 좋으니 사람들은 대박 신화를 꿈꾸지 않았다. 출시 초 엄청난 화제를 모으며 복권의 대명사가 되었던 로또는 불과 4년 만에 판매량이 절반 가까이 떨어졌다. 사람들이 고위험 투자를 할 이유는 없었다. 아마 그 시절 가상화폐가 있었고 또 거기에 투자하는 사람이 있었다면 그는 분명 세상사에 아랑곳하지 않는 괴짜였을 것이다. 적어도 미국발 글로벌 금융위기가 발생하기 전까지는 그랬다.

2007년 서브프라임 모기지 사태에서 시작해 이듬해 리먼 브라더스의 파산으로 정점을 찍은 글로벌 금융위기는 분명 대재앙이었다. 미국의 굵직한 투자은행들이 파산하거나 파산 위기에 몰리자, 그들과 파생상품으로 얽히고설킨 세계 경제는 엄청난 충격을 받았다. 우리나라도 예외는 아니었다. 외국자본이 일시에 빠져나가면서 주가가 폭락하고 환율은 급등했다. 경제성장률도 곤두박질쳤다. 한때 잠시나마 불행한 과거가 드리우는 듯했다. 그러나

IMF의 교훈을 잊지 않았던 한국은, 매우 적극적인 재정 및 통화 정책과 글로벌 정책 공조로 이 위기를 빠르게 헤쳐나갔다. 수출도 당초 예상보다 빠르게 회복되었다. 글로벌 금융위기는 분명 큰 위기였지만 우리에게 작은 생채기를 남겼을 뿐이었다.

부동산 경기가 한창 달아오르던 2000년대 중반, 미국 사람들은 일종의 꿈을 꾸었던 것 같다. 힘든 일을 하지 않아도 부유하게 살 수 있는 꿈 말이다. 투자은행들은 그런 꿈을 부추기며 거품을 키워나갔다. 그들은 이미 알고 있었다. 설령 그 거품이 꺼질지라도 정부가 자신들을 돕지 않을 수 없다는 것을. 그리고 그들의 예측은 빗나가지 않았다. 말 그대로 천문학적인 액수의 공적자금이 부실 금융기업을 살리는 데 투입되었다. 국민의 세금으로 목숨을 건진 그들은, 그 돈으로 다시 성과급 잔치를 벌였다. 사회 곳곳에서 월가의 부도덕함을 비판하는 현상이 발생한 건 당연한 수순이었다. 뉴욕에는 월스트리트를 점령하겠다는 시민들이 모여들었고, 할리우드에서는 '인사이드잡', '더 울프 오브 월스트리트', '빅쇼트' 같이 월가의 탐욕을 비판하는 내용의 영화들이 여럿 개봉되었다. 그럼에도 씁쓸한 교훈은 남았다. 그건 바로 노동이 가치 있는 시대가 이미 저물었다는 사실이었다. 나와는 전혀 다른 세상에 사는 사람들이 있었고, 그 세상에서는 엄청난 돈 잔치가 벌어지고 있었다는 사실도 함께. 비록 피해는 덜했지만 우리가 얻은 교훈도 크게 다르지는 않았다. 이미 오를 대로 오른 아파트값과 월가의 머니 게임을 지켜본 한국인들의 마음 한편에는 대박을 향한 욕망이 스멀스멀 피어나고 있었다. 로또 판매량은 다시 늘었고 고위험 투자상품 역시 날개 돋친 듯 팔려나갔다. 방송가에서는 '슈퍼스타K'를 필두로 한 오디션 프로그램들이 흥행하면서 사람들의 새로운 대박 욕구를 자극했다. 거기에는 평범한 나 자신도 어느 한순간 슈퍼스타가 될 수 있고, 그들처럼 멋들어진 삶을 누릴 수 있을 것이라는 염원이 담겨 있었다.

보통의 경우 사람들은 연예인을 꿈꾸지 않는다. 타고난 외모나 재능 여하를 막론하고, 그것이 되기 위한 과정 자체가 너무 고되기 때문이다. 특히 2000년대 중반부터 2010년대 초반까지 국내 연예계를 휩쓸었던 아이돌 산업은 대단히 노동집약적이었던 탓에 도전자들에게 엄청난 기회비용을 요구했다. 아이돌이 되고자 하는 청소년들은 기획사에서 적게는 1~2년, 길게는 7~8년의 연습생 생활을 견뎌야 했다. 아이돌 산업이 성장하고 그들의 실력이 상향평준화되면서 길거리 캐스팅으로는 팬들의 요구를 충족시킬 수 없었기 때문이다. 따라서 연예인이라는 직업은 정말 연예인이 되고자 하는 이가 아니고서는 좀처럼 넘보기 힘든 영역으로 인식되었다. 일반인들이 나오는 방송이라고 해봤자 '사랑의 리퀘스트'나 '짝'같이 게스트 출연에 머무는 것뿐이었다.

그러던 차에 '슈퍼스타K'가 어마어마한 인기를 얻고 그 아류작들이 등장하면서 오디션 프로그램 전성시대가 열렸다. 오디션 프로그램은 사람들에게 별다른 기회비용을 요구하지 않았다. 심사에 합격하면 방송에 나가는 거고, 탈락하더라도 그걸로 끝이었다. 도전자들이 손해 보는 건 아무것도 없었다. 이런 종류의 프로그램은 일반인에게 자신도 방송의 주인공이 될 수 있다는 희망을 심어주었다. 실력이 부족하고, 우승을 못하더라도 상관없었다. 잠깐의 출연으로 화제가 되어 연예계에 데뷔한 이들도 더러 있었기 때문이다. 오디션 프로그램은 평범한 사람들의 대박 스토리를 새로 썼다. 사람들의 심금을 울린, 서인국과 허각의 인생사는 그런 희망이 현실이 될 수 있다는 증거였다. 그들이 타고난 아티스트라는 사실은 참가자들에게 중요하지 않았다. 왜냐면 서인국도, 허각도 방송에 나가기 전까지는 자신과 같은 일반인이었기 때문이다. 오디션 프로그램에 투영된 대박 신화는 사그라들 줄 몰랐다. 하루아침에 슈퍼스타가 되고, 나의 인생이 180도 바뀔 수도 있다는 믿음은 그 프로그램들에 꺼지지 않는 동력을 제공했다.

2010년대의 전반부에 오디션 프로그램이 있었다면, 후반부에 들어서는 가상화폐가 사람들의 대박 신화를 이어갔다. 어쩌면 가상화폐야말로 사람들 마음속에 내재한 대박 신화가 가장 강렬한 형태로 표출된 것이었는지도 모른다. 물론 인생역전을 노리는 사람들이 또다시 복권방을 찾기도 했지만, 로또 따위의 복권은 적어도 2030 청년들에게는 그 매력을 잃은 지 오래였다. 과거엔 로또에 당첨되면 강남 아파트를 사고도 펑펑 쓸 돈이 남았다. 그러나 이제는 강남은커녕 서울에 있는 아파트라도 사면 다행일 만큼 그 값어치가 떨어졌다. "로또 맞았다"는 말이 인생역전의 또 다른 표현이 될 수 없을 만큼 삶의 격차는 벌어지고 있었다. 그리고 영리한 청년들은 로또의 기댓값이 500원이라는 걸 누구보다 잘 알고 있었다. 확률적으로 매우 미련한 짓에 인생을 걸 수는 없는 노릇이었다.

그런 청년들이 가상화폐에 마음을 빼앗긴 건 당연한 결과였다. 그들에게 블록체인 기반이 어떻고 하는 낯선 용어들은 이 화폐의 가치가 꾸준히 우상향할 거라는 믿음을 심어주었다. 가상화폐에 투자한 이들은 저마다의 행복회로를 돌렸다. 그중에서는 분명, 비트코인 같은 우량 가상화폐가 먼 훗날 미국의 달러를 밀어내고 세계 기축통화로 자리매김할 거라는 신념을 지닌 이도 있었을 것이다. 하지만 나는 새로운 기술에 투자하는 개념으로 가상화폐를 산 사람은 전체의 1%도 되지 않았을 거라고 본다. 사실 절대다수에게 그런 미래는 중요하지 않았다. 그들을 가상화폐거래소로 이끈 건 누가 뭐래도 '카더라' 유의 이야기들이었다. 나 아는 누가 가상화폐로 얼마를 벌었다더라, 누구 지인이 대출을 풀로 당겨서 투자했는데 그걸로 수십 배를 벌었다더라 하는 이야기 말이다. 물론 그래서 그 대박을 실현한 사람도 있었다. 하지만 그가 손에 쥔 대박은 사실 새로 창출된 부라기보다는 누군가의 해지된 적금이거나, 두고두고 갚아야 할 대출금이었을 확률이 높다. 가상화폐에 투자했다가 큰돈을 잃은 이들은 "정부가 규제를 하는 바람에 코인 시장이 망했다"고 생각할지도 모른다. 하지만 나는 그것이 죽을 고비를 매 맞는 정도에서 넘긴 게 아닐까 싶다.

스타크래프트 같은 대전 게임에서는 "던진다"라는 표현이 사용될 때가 있다. 주로 패색이 짙은 상황에서 있는 인력과 자원을 모두 끌어모아 마지막 공격을 가할 때 쓰이는 말이다. 축구로 비유하자면 코너킥 때 골키퍼까지 올라와 공격에 가담하는 상황과 비슷할 것이다. 게임이 팽팽할 땐 누구도 이런 전략을 쓰지 않는다. 성공할 확률도 있지만, 실패했을 경우 돌이킬 수 없는 후유증을 남기기 때문이다. 인생이 한 판의 게임이라면, 가상화폐와 부동산에 '영끌(영혼까지 끌어모음)' 투자를 강행하는 청년들은 지금 게임을 던지고 있는 상황인지도 모른다. 청년들의 한탕주의는 결코 이들이 레버리지 효과의 위험성을 모르거나 유달리 요행을 바라서가 아니다. 평범히 일해선 내 집을 마련할 수 없는 시대에, 그것 말고는 벌어진 격차를 따라잡을 방법이 없다고 생각하기 때문이다.

● 상남자들의 부상

한탕주의는 정치적 영역에서도 발현되곤 한다. 고단한 삶과 이를 해결하지 못하는 무능한 기성정치에 대한 염증이 극약처방에의 욕구로 표출되는 것이다. 삶의 주변부로 내몰린 이들은 자신들이 겪고 있는 작금의 문제를 단방에 해결해줄 지도자를 찾았다. 그들이 돌팔이여도 상관없었다. 어차피 이래 죽으나 저래 죽으나 마찬가지라고 생각하기 때문이다. 대국의 상남자들은 이런 민심을 놓치지 않았다. 미국의 트럼프, 일본의 아베, 중국의 시진핑, 러시아의 푸틴은 극단적인 처방으로 자국민들의 염증을 치료하고자 했다. 이웃 국가와 접경지에 장벽을 세웠고, 군사국가로의 변모를 꾀했으며, 타국과의 무역분쟁을 마다하지 않았다. 군사력을 바탕으로 접경지를 강제병합하기도 했다. 그들의 불도저 같은 의지 앞에 교류와 협력을 외치는 세계는 무기력했다. 비록 국제정세를 좌우할 대국의 지도자는 아니었지만, 필리핀의 두테르테도 같은 유형의 인물이었다. 그는 대통령에 당선되자마자 범죄와의 전쟁을 선포했는데 그중에는 마약사범 즉결처분을 허용하는 강력한 조치들이 포함되었다. "시체를 가져와도 현상금을 주겠다"는 두테르테의 강력한 법 집행에 필리핀 국민들은 열광했다.

강력한 지도자, 스트롱맨(strong man)에 열광하는 집단은 보통 저소득 남성들로 묘사된다. 그러나 이들에 대한 선호는 남녀노소를 가리지 않는다. 정도의 차이가 있을 뿐이다. 동양과 서양을 구분하는 것도 의미가 없다. 아마 국적과 계층 정도가 유의미하게 작용하는 요인일 것이다. 실제로 스트롱맨들의 정치는 늘 자국중심주의를 가리켰다. 그 타깃은 주로 중산층 이하 국민이었다. 이들은 세계화가 촉발한 인력과 자본, 재화의 이동이 자국민에게 어떤 의미로 다가왔는지 잘 알고 있었다. 사라지는 일자리와 밀려드는 값싼 노동력의 틈바구니에서 해당 국가의 구성원들이 낼 수 있는 건 분노의 목소리뿐이었다. 그 분노는 국가의 빈부와 무관했다. 그리스와 영국은 같은 유럽연합(EU) 안에서 서로 다른 위치를 차지하고 있었지만, 그 공동체를 벗어나려는 원심력은 비슷했다. 나라가 잘살든 못살든 그 부가 개인에게도 이전되는 게 아니라면, 세계화니 개방이니 하는 시대적 조류는 사람들에게 그 어떤 것도 소구하지 못했다. 사람들은 그렇게 2000년대 내내 숨 가쁘게 진행된 세계화와 개방에 피로감을 느끼기 시작했고, 글로벌 금융위기는 누적된 분노를 폭발시켰다. 2010년대에 접어들며 지구 곳곳에서 스트롱맨들이 부상한 건 어쩌면 당연한 일이었다.

상남자들의 시대에 가장 상징적인 인물을 꼽으라면 단연 도널드 트럼프 전 미국 대통령일 것이다. 미국을 다시 위대하게 만들겠다는 기치 아래 백인들을 끌어모은 트럼프는 경선 초의 멸시와 우려를 보란 듯이 꺾어버리고 미국의 제45대 대통령에 취임했다. 그가 유능하고 유명한 대부호임은 틀림없는 사실이다. 그러나 그의 승리를 점치는 사람은 많지 않았다. 정치적 커리어로 보나 조직으로 보나, 모든 면에서 힐러리 클린턴의 우세가 점쳐졌다. 하지만 트럼프에게는 미국인들, 더 정확하게는 과거 주류였던 백인들 사이에서 감도는 분위기를 정확히 짚어내고 활용할 줄 아는 능력이 있었다. 그는 유권자들을 향해 무역장벽을 높이고 해외로 나간 공장을 다시 불러들이겠다고 호언장담했다. 동시에 무역적자국을 향한 관세 인하 압박을 계속했다. 그런 트럼프에게 미시간, 오하이오, 펜실베이니아 등 오대호 인근의 녹슨 공업지대의 유권자들은 압도적인 지지로 화답했다.

트럼프가 깜짝 승리를 거두자 러스트 벨트로 상징되는 공업지역의 저학력·저소득 백인들의 몰표는 엄청난 주목을 받았다. 미국의 민주당 지지자들은 물론, 우리나라의 진보진영에서도 그들의 몰표를 비난하고 비꼬는 반응들이 터져 나왔다. 주로 "무능한데 가진 건 백인이라는 자부심밖에 없는 놈들이 제조업의 쇠퇴로 상실감을 느껴서 극단적인 선택을 했다"는 내용들이었다. 그러나 제대로 된 대안세력이라면 이들의 투표행태를 비난하기에 앞서 왜 힐러리가 그들의 표를 흡수하지 못했는가를 논했어야 했다. 세계 시민으로서 그들의 격을 논하기 전에 그들이 왜 세계화의 물결에 동참하지 못했는지를 고민했어야 했다. 실업과 생계 불안으로 고통받고 있는 사람들이 자신은 평생 근처에도 가지 못할 유리천장을 운운하는 후보에게 매력을 느끼지 못하는 건 당연한 일이었다. 주목할 만한 점은 힐러리가 미국 민주당 경선 때도 여성 유권자들의 압도적인 지지를 얻지는 못했다는 것이다. 특히 30대 이하 청년 여성들은 유리천장 타파를 강조하는 힐러리보다 학자금과 최저임금 문제 해결에 앞장서겠다는 버니 샌더스에게 더 많은 지지를 보냈다. 본선도 다르지는 않았다. 2016년 대선 당시 고졸 이하 백인 유권자 계층에서는 트럼프가 남녀를 불문하고 압도적인 지지를 얻었다.

민주적 절차에 의해 당선된 스트롱맨들의 공통된 특징은 일자리, 경제, 치안 등의 소재를 주로 다룬다는 점이다. 그들은 매슬로우의 욕구 이론에 따르면 가장 밑바닥에 위치할 생리적 욕구, 안전 욕구 충족을 위한 정책과 메시지를 전면에 내세운다. 자국민 우선주의는 그 방향일 뿐, 본질은 대체로 당신들의 먹고사는 문제를 해결하겠다는 것이다. 기본적인 삶의 조건조차 충족되지 못한 이들에게 이런 메시지는 큰 호소력을 갖는다. 그게 실질적으로 삶을 개선하느냐는 부차적인 문제다. 유권자들은 어차피 누구도 고단한 자기 삶을 바꾸지는 못할 거란 걸 알고 있다. 그럴 바엔 말이라도 시원하게 하는 사람을 뽑겠다는 심리다. 결국, 스트롱맨은 사람들의 냉소를 먹고 사는 것이다.

[2030 세상보기] 어차피 운발주도성장의 시대 아닌가
- 한국일보 칼럼 2021년 7월 17일

스물두 살에 카페에서 아르바이트를 한 적이 있다. 시급은 4,000원. 그 시절 카페 알바를 해본 사람은 다 알겠지만, 그 4,000원은 때로 자괴감을 느끼게 하는 액수였다. 아메리카노를 제외한 대부분의 음료값보다 낮은 금액이었기 때문이다. 한 시간 죽어라 일해도 웬만한 커피 한 잔 사 먹을 수 없는 현실이 서글펐다. 괜히 배알이 꼴려 비문인 줄 알면서도 시급보다 비싼 음료에는 존대어를 사용했다. "카페모카 나오셨습니다" 같이.

이듬해 최저시급이 4,110원으로 인상되었다. 나는 적잖이 실망했다. 사실상 동결이었다. 내심 300원은 오르지 않을까 했던 기대는 산산이 부서졌다. 그때만 해도 최저임금위원회가 일찌감치 다음 연도 최저시급을 결정한다는 사실을 몰랐다.

10년도 더 전에 한 아르바이트가 생각난 건 순전히 12일 밤 전해진 뉴스 때문이다. 2022년도 최저시급이 9,160원으로 결정됐다. 올해보다 5.1% 인상된 금액이다. 노동계는 정부가 최저시급 1만 원 공약을 지키지 않았다고 즉각 반발했다. 9,160원을 월급으로 환산하면 191만4,440원(209시간). 이 돈은 분명 노동자가 생계를 꾸리기엔 빠듯한 금액이다. 집세 내고 대출금 갚고 카드값 내다보면 남는 게 없다.

그렇다고 '빠듯한 월급'을 주는 사람들이 잘사는 것도 아니다. 매월 아르바이트생보다 적은 돈을 가져간다는 사장님들의 이야기는 이제 새삼스럽지 않다. 편의점주는 인건비를 아끼기 위해 자신의 노동력을 갈아 넣고, "조금만 더 참아달라"는 말에 지친 식당은 아예 문을 닫는다. 코로나19로 생사의 갈림길에 놓인 소상공인과 자영업자에게 시급 9,160원은 적지 않은 부담인 게 사실이다. 받는 사람도 주는 사람도 버겁다고 아우성치는 최저임금. 소리 소문 없이 사라진 소득주도성장의 현주소다.

그럼 대체 돈은 누가 벌었나? 최근 몇 년간 경제 분야 화두를 꼽으라면 단연 부동산과 가상화폐다. 살고 있던 집의 가격이 폭등하고, 우연히 들고 있던 가상화폐로 화제가 된 사람은 평범한 월급으로는 꿈도 꿀 수 없는 어마어마한 돈을 벌었다. 이건 노력의 산물이 아니다. 설령 약간의 공부가 자산 증식에 도움이 되었다고 한들, 그만한 돈을 번 것에 대한 정당한 근거가 되지는 않는다. 그들은 그저 운이 좋았던 거다.

정치권 활동을 접어두고 학원을 차린 선배가 하나 있다. 그는 요즘 서핑을 즐기기 위해 매주 제주로 향한다. 얼마 전 제주에서 함께 흑돼지 삼겹살을 굽는데 그가 대뜸 이렇게 말했다.

"앞으로 대박이 나지 않는 한, 어차피 집은 못 사."

그러면서 우리는 적당히 벌어서 즐겁게 살자고 했다. 아등바등 살 필요가 뭐 있냐며. 대박을 쳐야만 기본적인 삶이 보장된다는 건 잔인하다. 하지만 이 나라에서는 그게 현실이 되었다. 노동의 대가는 바닥으로 떨어졌다. 비정규직 비율도 근 10년 새 최대로 증가했다. 정치권이 애써 뭉개고 외면하던 사이 출생에 의한, 행운에 의한 삶의 격차는 더욱 벌어졌다.

이제 행운에 기대는 게 돈을 버는 가장 좋은 방법이 되었다. 어쩌면 듣도 보도 못 한 가상화폐에 전 재산을 묻어두고 일론 머스크가 사회관계망서비스(SNS)에서 언급 한번 해주길 기대하는 게 현명할지도 모르겠다. 운발주도성장의 시대가 아닌가.

3 이념 : 먹고사니즘

● 노답인생

MZ세대는 분명 평화로운 시대에 태어난 축복받은 세대다. 한국전쟁처럼 엄청난 재앙을 겪은 적도 없고, 서슬 퍼런 독재정권 아래서 숨죽여 살아본 적도 없다. 초근목피로 연명해야 하는 극도의 빈곤을 경험하지도 않았다. MZ세대가 태어났을 때부터 이미 '아시아의 네 마리 용'이었던 대한민국은, 비록 IMF 외환위기라는 큰 위기를 겪기는 했지만, 이들이 사회에 진출하기도 전에 이미 선진국으로 발돋움해 있었다. 기아와 내전으로 시름하는 나라들에 비하면, 아니 제법 살 만한 유럽의 여느 국가와 비교해도 대한민국은 분명 괜찮은 나라다.

그런데 청년들은 이런 나라를 두고 '헬조선'이라 폄하하며 '탈

조선'을 꿈꾼다. 기성세대의 눈에는 이들이 이해할 수 없는 존재로 비친다. 부족함 없이 자라 조금만 힘들어도 나약한 모습을 보인다고 생각할지도 모른다. 그래서 오히려 되묻는다. 밥보다 비싼 커피를 마시고 걸핏하면 해외여행을 나가면서 뭐가 힘드냐고. 힘들다고 투덜댈 시간에 노력하면 되지 않느냐고. 물론 청년들도 안다. 오늘의 대한민국이 나쁜 나라는 아니라는 것을. 그러나 이들의 시선은 오늘이 아닌 내일을 향하고 있다. 이들은 늘 의구심을 갖는다. 내일의 대한민국은 과연 지금처럼 괜찮은 나라일 수 있을까?

사람의 행복은 현재 서 있는 위치 대비 미래에 설 것으로 기대되는 위치에 따라 결정된다. 일상에 여유가 있어도 다가올 미래가 어둡다면 그 삶은 행복하기 어렵다. 반대로 당장은 좀 부족해도 나아질 거란 믿음이 있는 삶은 희망적이다. 고생 끝엔 분명 낙이 있을 것이기 때문이다. 그런데 오늘날 청년들의 목전에 놓인 미래에는 희망이 없다. 기술의 발달이 예고한 대량 실업과 저출산·고령화에 따른 연금 고갈은 그 불안이 망상이 아님을 증명한다. 그렇다고 누구 하나 해결하겠다고 나서는 사람도 없다. 청년들은 각자도생의 길을 걷는다. 세계 10위권 경제 대국인 대한민국의 청년들이 불행한 이유는 여기에 있다.

비록 전쟁 같은 재앙을 경험하지는 않았지만, MZ세대가 살아온 시대는 세계적 위기가 창궐하는 시대였다. 금융과 물류로 촘촘히 얽힌 지구촌 공동체는 거기에서 파생되는 위기마저 함께 짊어지게 되었다. 그만큼 위기의 빈도가 잦아졌고 미래에 대한 불확실성은 증가했다. 돈이 돈을 버는 속도는 더욱 빨라졌다. 금수저를 물고 태어나거나 대박이 나지 않는 한 평범한 삶을 영위하는 것조차 어려워졌다. 평생직장의 개념도 사라져 미래를 담보한다는 게 사실상 불가능해졌다. 이런 시대에 청년들이 할 수 있는 건 어떻게 될지도 모를 미래에 자원을 묻어두기보다 이를 최대한 끌어다가 현재의 만족도를 높이는 것뿐이다. 그런 측면에서 본다면 그들이 외치는 YOLO(You Only Live Once · 인생은 오직 한 번뿐)나 소확행(소소하지만 확실한 행복), 플렉스(Flex · 과시형 소비)는 지극히 합리적 선택이다.

플렉스 같은 소비형태는 언뜻 보면 합리성, 실용성을 추구하는 MZ세대와 어울리지 않는다. 그럼에도 같은 세대 안에서 플렉스로 상징되는 사치와 과소비가 가성비, 가심비 같은 개념과 공존할 수 있는 건, 이 둘이 결국 같은 범주 안에 있기 때문이다. 플렉스도 사실 그 재화의 필요에 비해 돈을 많이 썼다는 거지, 절대적인 액수를 놓고 보았을 때 감당하지 못할 정도는 아닌 경우가 많다. 명품 가방이나 고급 위스키는 비싸봤자 (비록 무리는 되겠지만) 적금을 깨거나 대출을 받는다면 충분히 구매 가능한 금액이다. 그러나 집은 영혼을 끌어모아도 살 수 없다. 심지어 요 몇 년 사이 일어난 집값 폭등으로 더욱 요원해졌다. 윗세대처럼 한 푼 두 푼 아껴서 보금자리를 마련할 수 없을 바에야 원하는 걸 잔뜩 사고 만족이라도 얻는 게 낫다고 청년들은 생각한다.

미래를 준비하지 않고 베짱이처럼 사는 인생이 불안하다는 걸 모르는 사람은 없다. 하지만 그 미래 자체가 어떻게 될지 알 수 없다면, 더 나아가 불행해질 것이 확실하다면, 당장 오늘의 행복이라도 온전히 누리는 게 현명한 판단이 아닐까? 청년들에게 베짱이 라이프는 최선의 삶이 아니라, 노답인생(답이 없는 인생)에서 행복을 추구할 수 있는 유일한 방법인 셈이다. 만일 정치권을 비롯한 기성세대가 이런 현상을 진심으로 걱정했다면, 이들이 해야 했던 일은 대책 없는 소비를 지적하는 게 아니라 예측가능한 미래를 만드는 일이었다. 그러나 애석하게도 아직 그런 미래를 약속한 사람은 없었다.

세대 간 의제의 불화

세대의 정체성은 시대적 배경 속에서 탄생한다. 사람의 사고는 자신이 보고 듣고 경험한 사건들의 영향을 받을 수밖에 없기 때문이다. 따라서 어떤 시대에 나고 자랐느냐 하는 건 그 세대를 판단하는 중요한 단서가 된다. 이런 점에 비추어 보면, 사실 요 근래 우리 사회가 경험한 세대갈등이 유별난 건 아니다. 아마 세대갈등이 없는 나라는 동서고금을 막론하고 없을 것이다. 그럼에도 불구하고 최근의 세대 간 정치적 대립은 우리나라의 특수한 상황이 결부되었다는 점에서 주목할 만하다. 바로 산업화와 민주화가 세계적으로도 유례없이 빠른 속도로 진행된 탓에 세대 간에 전혀 다른 경험을 공유하게 되었다는 점이다. 기성세대와 청년세대의 정치적 마찰은 여기에서 비롯되었다.

세대별 온도 차가 뚜렷한 사안 중 하나가 바로 남북관계다. 이 의제는 기성세대와 청년세대라는 두 집단으로만 구분되지 않는다. 한국전쟁과 반공이라는 시대적 상황을 경험했느냐에 따라 노년층과 중년층이 갈리고, 군부독재와 5·18 민주화운동에서 파생된 반미 정서를 공유했느냐에 따라 중년층과 청년층이 또 나뉜다. 이들이 경험한 대한민국은 굉장히 이질적인 나라다. 누군가에게는 북한과의 전쟁으로 폐허가 된 가난했던 나라고, 누군가에게는 먹고살만은 하지만 민주주의와 인권이 유린당했던 나라다. 그리고 또 다른 누군가에게는 잘살고 정치적으로도 안정된 나라이지만 극심한 양극화와 저성장으로 앞날을 알 수 없는 나라다. 문제는 이 모든 정치적 과정이 불과 40여 년 사이에 이루어졌다는 것이다. 상이한 경험을 한 집단들이 서로 다른 생각을 하는 건 당연한 결과다.

전쟁을 경험한 노년층이 적대국에 강한 반감을 갖는 건 충분히 이해할 수 있는 일이다. 북한의 남침으로 시작된 한국전쟁은 영남 일부를 제외한 온 국토를 쑥대밭으로 만들었고, 남한에서만 100만 명에 가까운 사람들이 목숨을 잃거나 실종되는 비극을 낳았다. 졸지에 부모를 잃은 아이들은 외국으로 보내졌다. 나라는 가난했고 사람들의 삶은 비참했다. 그 시절 북한은 철천지원수였다. 동시에 언제든 다시 대남도발을 일으킬 수 있는 위협적인 존재였다. 이승만부터 박정희, 전두환에 이르는 독재자들은 그러한 시대적 상황을 통치에 십분 활용했다. 북한의 위협으로부터 국민의 안전을 보장하고, 그들과의 체제 경쟁에서 승리해야 한다는 명목하에 개인의 자유는 제한되었다. 반공 국시는 개인의 내면에도 깊이 스며들었다.

1980년에 일어난 5·18 광주 민주화운동은 국가의 반공 기조에 균열을 가했다. 이 사건 이후 86세대를 중심으로 한 학생운동권은 한국을 둘러싼 국제관계에 의문을 갖기 시작했다. 과연 미국이 우리의 우방이냐 하는, 한미동맹의 정체성까지 파고드는 근원적 물음이었다. 5·18은 그 자체로도 굉장히 충격적인 사건이었다. 그러나 더 큰 충격은 거기에 미국이 개입했다는 사실이었다. 미국이 신군부를 통해 한국에 대한 장악력을 유지하려 했고, 이를 위해 공수부대의 이동을 승인한 사실은 피 끓는 청춘들을 분노케 하기에 충분했다. 그 위대한 미국이 공수부대가 떠난 '화려한 휴가'의 목적이 광주 시민 학살이었음을 모르지 않았을 테니까 말이다. 광주의 충격과 미국에 대한 분노는 학생운동 세력의 사상적 급진화를 초래했다. 당시 운동권 학생들에게 미국은 더 이상 한국을 전쟁과 절대빈곤에서 구해준 은혜로운 나라가 아니었다. 제국주의적 야욕으로 불쌍한 민중을 희생시키는 침략자였다. 이들은 그 탐욕스러운 손길로부터 한국 민중을 구하기 위해선 휴전선 너머의 동포들과 손을 맞잡고 싸워야 한다고 판단했다. 그리고 그 판단은 '우리 민족끼리' 자주적 통일을 이루고 평등 사회를 건설하자는 목표로 뻗어 나갔다. 그렇게 북한을 포함한 공산권 국가들을 향한 이상론적 동경이 행복 바이러스처럼 퍼져나갔다. 많은 학생이 김일성의 주체사상을 연구했고 학생회 지도부 중 일부는 암암리에 북한으로 건너가 이들과 민족자주통일의 꿈을 키워나갔다. 마침 남북한의 국력이 역전되고 소련에서 개혁·개방 정책이 추진되면서 냉전 체제에 균열이 나타나기 시작했다. 1960년대생들은 이 모든 세계사적 변화를 아무 거리낌 없이 받아들일 수 있었다. 한국전쟁의 기억이 없었던 덕분이다. 그들이 북한을 대하는 태도는 분명 이전 세대의 그것과는 달랐다. 그렇게 당시에 이들이 심은 묘목은 문재인 대통령이 집권했을 땐 이미 거대한 나무가 되어있었다.

1980년대 당시 학생운동 세력이 주축이 된 문재인 정부가 집권 후 남북대화에 많은 공을 들인 건 당연한 귀결이었다. 그 성과에 대한 평가는 차치하더라도, 이 시기에 남북관계 개선을 위한 각종 조치가 시행된 건 부정할 수 없는 사실이다. 이 조치들은 분명 이전 두 보수 정권에서는 볼 수 없는 강도로 추진되었다. 임기 초 평창동계올림픽 남북단일팀 구성을 시작으로 여러 차례의 남북정상회담과 북미정상회담까지, 문재인 정부는 평화통일을 향한 백방의 노력을 아끼지 않았다.

그러나 이런 노력에 대한 청년들의 반응은 싸늘했다. 특히 평창동계올림픽 남북단일팀 구성은 공정 이슈와 맞물리며 큰 반발을 샀다. 심지어 2018년 북미정상회담 이후 급랭한 남북관계를 바라보는 이들의 시선은 멸시에 가까웠다. "그렇게 퍼주고 제대로 대접도 받지 못하냐"는 불만이었다. 청년들에게 북한은 동족상잔의 비극을 일으킨 적대국도 아니고, 미 제국주의를 쳐부수기 위해 함께 손잡고 가야 할 동포도 아니다. 체제 경쟁의 상대라기엔 국력 격차가 너무 크고, 한민족 동포라기엔 분단 후 너무 오랜 시간이 흘렀기 때문이다. 이들은 그저 북한을 옆에 있는, 이따금 말썽을 일으키는 나라 정도로 여긴다. 세계화 시대에 나고 자란 이들에게 단지 한민족이라는 이유로 통일해야 한다는 주장은 소구력을 갖지 못한다. 대부분은 북한 자체에 관심이 없다.[67] 문재인 정부가 강력하게 걸었던 평화통일 드라이브에 청년들이 시큰둥한 반응을 보인 건 그래서다. 보수화된 게 아니라, 처음부터 평화통일이나 민족화해 같은 의제가 우선순위 안에 들지 않은 것이다.[68] 비슷한 맥락에서 지금 MZ세대에게는 종북이 어떻고 국가보안법이 어떻고 하는 이야기들이 와닿을 수 없다. 이들은 통합진보당의 이석기를 내란선동죄로 구속한 것에 대해 고개를 갸우뚱하지만, 그를 민주주의의 상징으로 묘사하며 석방하자고 했던 주장에도 공감하지 못한다. 반공과 반미로 상징되는 이데올로기 논쟁을 쌍팔년도식 구닥다리 싸움으로 여긴다. 적어도 청년세대에게 있어서 이념형 의제는 그 효력을 다했다.

그렇다면 오늘날 청년들에게 가장 중요한 의제는 무엇인가? 한 세대 구성원 다수가 직면한, 그리고 그들의 사고를 지배하는 문제를 시대정신이라고 했을 때, 오늘날 청년들을 지배하는 시대정신은 먹고사니즘(먹고사는ism)일 것이다. 이들이 먹고사는 문제를 최우선 과제로 상정한 건 달리 특별한 게 아니다. 그만큼 기본적인 생계를 유지하는 것조차 버거워진 시대가 되었기 때문이다. MZ

67 국민일보, '가장 싫은 나라 중국, 북한은 남'… MZ세대 모든 것, 2021년 6월 25일

68 대학내일20대연구소, 〈코로나19 이후, 세대별 사회 및 국가 가치관 비교〉, 2020년 12월 1일

세대가 살아오면서 겪은 가장 큰 위기는 전쟁이나 독재가 아닌 경제위기였다. MZ세대를 사전적 의미 그대로 1980년대 초반생부터 2000년대생까지 정의하더라도 그렇다. 경제위기와 양극화만큼 이들의 삶을 짓누른 건 없었다. 취업이나 결혼 같이, 기성세대가 통과의례처럼 여겼던 일들이 이들에게는 삶의 목표가 되었다. 과거 86세대가 학생운동을 하다가 부모님의 등쌀에 못 이겨 취업하는 게 가능했다면, 오늘날의 청년들은 죽어라 취업 준비만 해도 일자리를 가질 수 없는 시대를 살고 있다. 평범하게 일해서 집을 산다는 건 더더욱 불가능해졌다. 이들에게는 거대담론에 관심을 가질 여유가 없다.

이런 환경에서 성장한 청년들이 이념 논쟁에 염증을 느끼는 건 당연한 일이다. 이들이 정치적 구호에 좀처럼 반응하지 않는 것도 같은 맥락에서 이해할 수 있다. 실용과 합리를 중시하는 MZ세대의 특징이 정치적 영역에서도 나타나는 것이다.

● 구호의 소멸

선거는 메시지 대결의 장이다. 물론 진보·보수를 막론하고 야당의 메시지는 정권 심판인 경우가 많았지만, 그럼에도 각 정당이 표방하는 메시지는 대통령 선거에서부터 동네 시·구의원을 뽑는 데까지 선거 과정에서 큰 역할을 해 왔다. 이 메시지는 한 번 바람을 타면 걷잡을 수 없는 태풍이 된다. 그땐 후보의 자질 여하에 상관없이 선거를 승리로 이끌기도 한다. 그래서 각 정당은 메시지를 짜는 과정에서 여러 가지 전략적 고려를 한다. 우리 당이 어떤 모습을 어필해야 하는지, 어느 집단에 좀 더 호소할 것인지 하는 것처럼 말이다. 2012년 대선에서 경제민주화를 내걸고 중도 확장을 꾀한 박근혜 후보나, 2017년 대선에서 적폐청산을 주장하며 국정농단 사태에 실망한 유권자들을 끌어모은 문재인 후보는 그런 전략을 성공적으로 구사한 케이스였다. 같은 선거에서 "자유대한민국을 지키자"고 열변을 토한 홍준표 후보도 어떻게 보면 나름 성공한 경우라고 할 수 있다. 비록 고리타분한 메시지로 청년 표는 모두 날려 먹었지만, 전통적인 보수층을 다시 결집시키며 탄핵 여파에도 불구하고 20%를 넘는 득표율을 기록했기 때문이다.

메시지는 공약을 통해 드러나기도 한다. 후보들은 공약을 통해 자신의 정체성을 드러내는 한편, 타깃으로 삼은 집단의 표를 얻고자 한다. 예컨대 개성공단 재가동 같은 공약은 그 자체로 남북화해나 한반도 평화 분위기 조성 등의 메시지를 보여준다. 우리는 그런 공약을 내건 후보가 임기 중 대북강경책을 쓰지는 않을 거란 걸 쉽게 유추할 수 있다. 마찬가지로 "페미니스트 대통령이 되겠다"고 공언하고 남녀 동수 내각 구성, 여성 고용 우수기업 인센티브 부과 등의 공약을 제시한 후보가 당선 후 여성친화적 행보를 펼칠 거란 것도 어느 정도 예상할 수 있다. 당연히, 이러한 방향성은 평화통일을 염원하는 유권자들이나, 여성들의 표심에 영향을 끼친다.

그런데 이 부분에서 정치권은 늘 골머리를 앓는다. 특히 청년들의 지지가 저조할 때 그렇다. 그땐 아무리 청년 공약을 쏟아내더라도 반응이 뜨뜻미지근한 경우가 많다. 지금까지 청년들을 향한 공약들은 다분히 구호적 성격을 띠는 경우가 많았기 때문이다. 반응이 저조하면 각 진영에선 마치 배팅이라도 하듯 더욱 센 공약과 구호를 내뱉는다. 창출하겠다는 일자리의 개수는 많아지고, 주거 지원 정책에는 청년과 신혼부부를 위한 혜택이 뒤따른다. 일자리를 몇 개 창출하고, 창업을 어떻게 활성화할 것이며, 주택을 얼마나 늘리겠네 하는 식이다. 청년들이 느끼는 고충의 상당수가 일자리나 주거에서 기인하기 때문에 이런 방향 자체가 틀린 건 아니다. 그런데 문제는 이런 정책들이 구호로만 존재하고 구체적인 실천방안은 뒷받침되지 않는 경우가 많다는 점이다. 이런 시도는 대개 실질적인 효과를 거두지 못하는 경우가 많다. 엄청난 예산이 투입될 정책임에도 불구하고, 청년들은 공허한 메아리처럼 느끼게 된다. 목표치만 설정해놓고 이를 달성하기 위해 무리하게 추진하다 보니 그 과정에서 역효과가 나타나기도 한다.

2017년 대선 당시 문재인 후보의 1순위 공약은 일자리 확대였다. 공공부문에서 81만 개 일자리를 만들겠다고 선언했고, 비정규직의 정규직화를 약속했다. 당선 후엔 '일자리 대통령'이 되겠다며 집무실에 일자리 상황판을 설치해 화제를 낳기도 했다. 그의 재임 기간 중 공공일자리 예산은 급격하게 증가했다. 매년 최소 15%를 상회했다.[69] 인천국제공항을 비롯해 각종 공공기관이 비

69 데일리안, [사라진 일자리①] 그렇게 뽐내던 청와대 상황판은 누가 치웠을까?, 2021년 9월 6일

정규직을 정규직으로 전환했고, 신규채용도 늘었다. 하지만 이건 일종의 스테로이드였다. 단기적으로 고용률 하락을 방어하는 데는 도움이 될지 모르지만, 장기적인 관점에선 그다지 도움이 되지 않는다. 당장만 봐도 그렇다. 역설적이게도 저소득층의 근로소득은 줄어들었고, 비정규직 비율 역시 근 몇 년 새 최고치를 기록했다. '국립대 강의실 불 끄기', '철새도래지 감시' 같은 싸구려 단기 일자리들은 청년이 겪고 있는 채용 한파를 녹이는 데 조금도 보탬이 되지 못했다. 그 결과 청년들이 체감하는 경제적 고통은 역대 최고를 갱신하고 있다.[70]

일자리를 창출하겠다는 말은 누구나 할 수 있다. 주택을 몇 채 보급하겠다는 것도 말은 쉽다. 하지만 이런 구호성 공약이 남발될수록 공약에 대한 청년들의 반응도는 떨어질 수밖에 없다. 이들에게 중요한 건 그 공약이 실질적으로 나에게 도움이 되느냐다. 하지만 정치권에서 당장 체감될 수 있는 공약을 내놓은 경우는 많지 않았다. 그러니 청년 정책을 쏟아부어도 청년들의 지지가 좀처럼 오르지 않는 것이다.

청년들은 내 일자리를 만들겠다는 말이 얼마나 허황된 약속인지를 경험적으로 알고 있다. 그리고 그런 약속이 거듭되자 이를 분별하는 나름의 노하우를 체득하기도 했다. 공약보다는 평소 어떤 자세를 견지해왔는가를 보고 판단하기 시작한 것이다. 비록 당장의 공약은 없을지라도, 이 정당 또는 이 후보가 우리 눈앞에 직

70 한국경제연구원(KERI), 〈청년체감경제고통지수 분석〉 보도자료, 2021년 11월 15일

면한 문제를 해결할 자질을 갖추었나를 보기 위해서다. 따라서 한 두 번 나오는 정책으로는 청년들의 지지를 얻을 수 없다. 결국, 어떤 모습을 꾸준히 보여주느냐가 중요하다.

'A 씨'들의 한 줄짜리 죽음
- 월간노동법률 칼럼 2021년 10월호)

내가 초등학교를 졸업할 즈음 부모님은 우면산 밑자락에 식당을 여셨다. 이름은 처갓집. 왜 처갓집이라고 명명했는지는 여쭤본 적이 없어서 모른다. 아마 취급하는 음식이 흔히 처가에 가면 먹을 법한 메뉴들이었기 때문이 아닐까 짐작할 뿐이다. 굳이 대표 메뉴를 꼽자면 된장찌개나 불고기, 생선구이, 삼겹살 같은 것들이 있었다.

비록 테이블 여섯 개 놓인 작은 식당이었지만 손님이 적지는 않았다. 한때는 옆 가게까지 얻어 가운데 벽을 트는 확장 공사를 하기도 했다. 그렇다고 떼부자가 된 건 아니지만 부모님은 거기서 번 돈으로 우리 형제를 먹이고 입히셨다.

그런데 어느 날 건물주가 "사촌이 이 자리에서 장사를 한다고 하니 가게를 비워달라"고 통보해 왔다. 그때만 해도 건물주들이 장사 잘되는 집을 쫓아내고 그 자리에 제 가게를 여는 일이 비일비재했다. 나가긴 해야 하는데 그렇다고 다른 일을 시작할 수도 없었다. 마침 같은 건물에 우리 가게의 1/4 정도 되는 빈 가게가 있었다. 몇 년 전 술집이었다가 강도살인 사건이 발생한 이후 줄곧 비어있던 가게였다. 울며 겨자 먹기로 자리를 옮긴 부모님은 그곳에서 고사를 지낸 뒤 다시 가게를 시작했다.

가게 자리를 새로 옮겼지만 근심은 그치는 날이 없었다. 태풍과 수해로 물가가 치솟거나, 경기침체로 회식이 줄어들면 부모님의

입에선 한숨이 뻑뻑 새어 나왔다. 구제역이 발생하면 돼지고기 가격이 올라서, 배추 파동이 터지면 김치 가격이 올라서 걱정이었다. 어디에 도움을 받을 수 있는 것도 아니었다. 자영업자만큼 온갖 세파를 혼자서 감당하는 직업도 없다는 걸 어깨너머로 느낄 수 있었다.

올 9월에는 자영업자들의 자살 소식이 유난히 많이 들렸다. 지난 7일, 마포에서 23년간 호프집을 운영해온 50대가 자택인 지하 원룸에서 숨진 채 발견됐다. 사유는 말할 필요도 없이 장기간의 사회적 거리두기로 인한 생활고. 그는 돈이 없어 세상을 떠나는 와중에도 원룸 보증금을 빼서 아르바이트생에게 월급을 주었다.

12일에는 전남 여수의 한 치킨집 주인이 숨진 채로 발견되었다. 그는 유서에서 "경제적으로 힘들다. 부모님께 죄송하다"는 내용을 남겼다. 사흘 뒤에는 원주에서 5년 동안 유흥업소를 운영하던 50대의 시신이 발견되었는데, 그 역시 지인들에게 경제적 어려움을 호소해 왔다고 한다. 19일엔 전남 순천의 한 야산에서 지난 6월 집을 나간 뒤 극단적 선택을 한 40대 자영업자가 발견되기도 했다.

이들의 이름은 모두 'A 씨'다. 숱한 기사에는 A 씨로 통칭되는 그들의 이름과 함께 발견 당시의 짤막한 경위가 담겼다. 거기에는 그동안 그들이 겪었을 구구절절한 사연도, 졸지에 가장을 잃은 가족의 슬픔도 담기지 않았다. "어디 사는 A 씨가 장기간의 사회적 거리두기로 인한 어려움을 호소하다가 결국은 숨진 채 발견되었다"는 이야기들은, 마치 '오징어 게임' 속 참가자들의 죽음처럼 무미건조하게 다뤄졌다.

전국자영업자비상대책위원회에 따르면, 코로나19 확산 이후 그렇게 생을 등진 자영업자는 최소 22명으로 파악됐다. 지난 1년 6개월 동안 폐업한 매장 수만 해도 45만 3천 개(소상공인연합회 조사)에 달한다고 하니, 집계되지 않은 현실은 그보다 더욱 참혹할 것이다. 상황이 이런데도 정부는 제대로 된 실태 파악조차 하지 않고 있다. 약속한 손실 보상은 지지부진하다. 세계적 위기라는 코로나19 시국에서도 자영업자들은 홀로 그 어려움을 감당해 내고 있다.

코로나19로 소비가 위축되고 경기가 침체되자 세계 각국은 엄청난 돈을 풀었다. 적지 않은 돈이 생활지원과 자영업자·소상공인들의 손실 보상에 쓰였다. 미국은 작년 8월부터 매출 감소 음식점에 최대 500만 달러까지 손실 보상을 해주고 있으며, 일본은 영업시간 단축에 응한 매장에 하루 6만 엔가량을 지원한다. 때문에 미국·일본 등 OECD 주요 선진국들의 GDP 대비 정부 부채 비율은 2019년에 비해 약 20~25% 포인트가량 증가했다.

반면 우리나라는 7월에야 손실 보상 근거법이 마련되었다. 그마저도 법 공포일인 7월 7일 이전의 손실에 대해서는 소급 적용을 않기로 했다. 이렇게 알뜰살뜰히 재정을 운영한 덕분에 우리나라의 GDP 대비 정부 부채 비율은 2019년에 비해 약 5%포인트 증가하는 데 그쳤다.

정부가 돈을 아끼니 국민의 빚이 빠르게 증가했다. 한국은행이 24일 발표한 '자영업자 대출 동향' 보고서에 따르면 지난 6월 기준 자영업자들의 대출 금액은 858조 4000억 원으로 1년 전에 비해 103조 3000억 원이나 증가했다. 은행 대출이 어려운 사람들이 비은행권에 몰리며 고금리 대출도 빠르게 늘었다. 결국 K-방역의 계산서는 자영업자들이 지불한 셈이다.

이 글이 쓰이고 나가는 순간에도 수많은 'A 씨'들이 정부의 고강도 사회적 거리두기에 기꺼이 협조하고 있다. 그러나 돌아오는 건 "조금만 더 참아달라"는 말뿐, 요원하기만 한 손실 보상에 한숨 지을 뿐이다. 정치권이 지금이라도 손실 보상의 소급 적용 방안을 논의하길 바란다. 적어도 정부의 지침에 협조한 데 따른 정당한 대가는 지불해야 하지 않겠는가. 그들을 코로나19의 파도를 막는 방파제 정도로 여기는 게 아니라면 말이다.

4 투명한 절차, 합당한 보상

● 청년착취의 현대사

"전부가 다 영세민의 자녀들로서 굶주림과 어려운 현실을 이기려고 하루에 90원 내지 100원의 급료를 받으며 하루 16시간의 작업을 합니다."

1969년 12월 19일, 동대문 평화시장의 재단사인 22세 청년 전태일은 대통령 박정희에게 한 통의 편지를 보냈다. 성문화되었지만 사문화된 근로기준법을 준수해달라는 내용이었다. 그는 박 대통령에게 쓴 편지에서 "(평화시장의) 2만여 명의 노동자 중 90% 이상이 평균 연령 18세의 여성"이고 "40%를 차지하는 시다공들은 평균 연령 15세의 어린이들"임에도, 이들이 하루 16시간의 노동에 시달리고 있다고 언급했다. 이들이 스무 살이 되면 6년 전후의 경력을 쌓은 숙련공이 되는데, 그때가 되면 이미 환자가 되어있다고도 했다. 햇빛을 보지 못해서 안구질환과 신경통, 신경성 위장병 등을 안고 있기 때문이다. 그가 요구한 건 별 게 아니었다. 하루 14시간 이상의 작업시간을 10~12시간으로 줄일 것, 한 달에 이틀뿐인 휴일을 늘려서 적어도 일요일에는 쉬게 해줄 것, 건강진단을 제대로 해줄 것, 많아봤자 100원인 시다공의 수당을 50% 인상할 것 등이었다.[71] 참고로, 1969년 당시 우리나라의 연간 1인당 국민총생산(명목)은 7만 원이었다.[72] 전태일의 요구는 당연히 묵살되었다. 하지만 그는 포기하지 않았다. 이후에도 꾸준히 평화시장의 노동 실태를 파악하고 정부와 언론에 개선을 요구했다. 그러나 이 모든 건 받아들여지지 않았고, 그는 결국 "근로기준법을 준수하라"고 외치며 분신 항거했다. 1970년 11월 13일의 일이다.

청년착취가 어제오늘의 일은 아니다. 아니, 오히려 절대적인 측면에서는 요즘보다 과거 산업화시대를 살았던 청년들의 노동조건이 훨씬 열악했다. 전태일 열사의 편지에서 드러난 것처럼 당시엔 주5일은커녕 주6일 근무조차 사치인 노동자들이 부지기수였고, 일일 노동 시간도 12시간을 상회했다. 작업환경도 매우 나빴다. 특히 1980년대에 접어들며 중화학공업은 본격적으로 성장하고 있는데 안전에 대한 사회적 인식이나 제도적 기반이 뒷받침되지 못하면서 산업재해가 급증했다. 일례로 1988년, 한 온도계 제

71 국사편찬위원회 우리역사넷, 〈박정희 대통령에게 노동 조건 개선을 요구하는 전태일의 편지〉

72 한국은행, 〈한국은행경제통계시스템, 국민계정〉, 통계청, 〈장래인구추계〉, 2016

조업체에서 일하던 16세 소년이 입사한 지 두 달 만에 수면장애와 구토 증세를 겪고 회사를 쉬게 된 일이 있었다. 그 소년은 몇 군데 병원을 찾았으나 병명을 알 수 없었고, 급기야 무당을 불러 굿을 하기도 했다.[73] 당연히 이는 아무 효험을 보지 못했다. 이런 상황에서 회사는 그에게 '업무상 요인으로 발생한 상해가 아니'라는 각서만 요구했다. 소년은 결국 그해 여름 17세의 짧은 일기로 숨을 거두었다. 수은 중독으로 숨을 거둔 그의 이름은 문송면이었다.

나는 사실 "청년은 무조건 약자다"하는 식의, 정체성을 강조하는 구호에는 동의하지 않는다. 요즘 청년 중에서도 부모 잘 만나 어려움 없이 사회지도층에 편입되는 이들이 있고, 기성세대라고 하더라도 여전히 저임금·고위험 노동에 종사하며 고된 삶을 이어 나가는 이들도 많다. 그러나 많은 청년이 자본과 인적 네트워크를 갖추지 못한 상태에서 노동시장에 처음 진입한다. 그리고 이 과정에서 여러 부당한 처우를 강요받는 환경에 노출된다. 고용인과 피고용인 사이에서 체결되는 노동 계약은 강화도 조약처럼 불평등하게 이뤄지는 경우가 많기 때문이다. 산업화시대나 요즘이나, 절대적인 노동환경의 개선이 꾸준히 진행되었음에도 청년들이 늘 상대적으로 약자의 위치에 머물 수밖에 없는 이유가 바로 여기에 있다.

기성세대는 "청년들이 곱게 자라 힘든 일을 하지 않으려고 한

73 한겨레, [기고] 21세기 '문송면'에게 / 문윤수, 2021년 4월 25일

다"고 생각한다. 하지만 이 편견은 기사를 조금만 검색해봐도 그 반례를 숱하게 찾을 수 있다. 환경미화원은 가장 고된 직업 중 하나라고 할 수 있지만, 모집 때마다 20~30대가 엄청나게 몰리고 심지어 그 경쟁률이 수십 대 일에 육박한다. 2021년 말 화제가 된 Mnet의 '스트리트 우먼 파이터'에서는 꿈을 위해 장기간의 저임금 노동을 마다하지 않은 출연자들의 사연이 화제가 되기도 했다. 이는 MZ세대 많은 이들이 처우만 제대로 해주면, 또는 발전 가능성이 있으면 힘든 일도 마다하지 않는다는 걸 의미한다.

그러나 오늘의 현실은 어떤가. 청년들이 중소기업을 기피하는 건 단지 급여가 적어서가 아니다. 처우는 형편없는데 발전 가능성마저 없기 때문이다. 매일 같이 반복되는 단순노동은 자기 계발은 고사하고 경력직 이동마저 꿈꾸기 어렵게 한다. 가뭄에 단비 내리듯 찾아오는 좋은 기회는 대부분 '백두혈통'이라고 불리는 사장의 친인척들에게 돌아간다. 죽어라 일해도 내 월급은 오르지 않는데 사장은 어디서 나왔는지 모를 돈으로 외제 차를 타고 다니면서 유흥을 즐긴다. 그런 사장이 회삿일보다 가상화폐와 부동산에 빠져 사는 꼴을 보노라면 회사의 장래마저 기대하기 어렵게 한다. 물론 이는 일부의 이야기이겠지만, 요즘 청년들이 공유하는 보편적인 정서다. '좆소기업'이 단지 회사 규모가 작아서인 건 아니라는 뜻이다.

청년이라는 이유로 등골 빼먹는 사회에 대한 분노는 2010년대 중반을 전후해 임계점을 넘는다. 그렇게 비분강개한 청년들이 만든 단어가 바로 열정페이다. 열정페이는 '꿈이 있다면 월급이 적더라도 열정을 갖고 일하라'는 문장으로 압축될 수 있는데, 결국 핵심은 불공정한 보상에 대한 분노다. 2015년 1월, 청년단체들이 광화문 광장에서 '2014 청년 착취대상' 시상식을 열고 한 디자이너를 대상으로 선정했다. "견습에게 10만 원, 인턴에게는 30만 원의 월급을 주는 등 패션계에 갓 진입한 청년들의 열정과 노동을 착취했다"는 것이 그 사유였다.[74] 그보다 앞선 2014년 12월에는 한 소셜커머스 업체가 직원을 채용하는 과정에서 구직자 11명에게 실무평가를 이유로 2주간 영업을 시켜놓고는 "기준에 부합하는 사람이 없다"며 전원 불합격 처리해 지탄받기도 했다. 당시 구직자들에게는 하루 12시간 이상 음식점을 돌아다니며 계약을 체결하는 등 정직원과 다를 바 없는 업무가 맡겨졌다. 업체 측은 사태가 걷잡을 수 없이 커진 뒤에야 "오해가 있었다"며 '전원 해고'했던 11명의 현장 테스트 참가자들을 '전원 합격' 처리했다.

저임금 혹은 무급 노동의 명분으로 제시되는 열정페이의 논리는 주로 "일을 가르쳐 준다"는 것이다. 실제로 채소 가게로 성공한 어떤 젊은 사업가는 자서전에서 "일하면서 돈도 달라고 하는 것은 도둑놈 심보"라고 해 물의를 빚기도 했다.[75] 그러나 인턴들이 수행하는 업무는 대개 단순 반복되는, 개인의 성장에는 그다지 도움이 안 되는 업무인 경우가 많다. 다른 곳이라면 돈 받고 일하면서 더 많은 걸 배웠을 수도 있다. 이처럼 열정페이에 따르는 기

---

74 노컷뉴스, '해고·열정페이' 甲질에 멍드는 청년들, 2015년 1월 8일

75 이동수, 《진보도 싫고 보수도 싫은데요》, 이담북스

회비용은 온전히 피고용자인 청년이 떠안는다.

열정페이는 일종의 노예 계약이다. 법정 최저시급에 한참 못 미치는 임금을 지급한다. 심지어 2010년대 중반까지는 무급 인턴도 허다했다. 이렇게 상식적으로 봤을 땐 전혀 성립될 수 없는 근로계약이 체결될 수 있는 건, 그만큼 기회가 적기 때문이다. 청년들은 비록 무급일지라도 인턴을 한 번 해놓으면 그 경력이 취업에 도움이 될 거라고 믿는다. 혹은 '이거라도 하지 않으면' 경쟁에서 도태될까 걱정한다. 하지만 인턴을 했다고 취업이 보장되지는 않는다. 심지어 tvN 드라마 '미생'에 나왔던 것처럼, 인턴을 성실히 수행했던 회사에서조차 정규직으로 선발하지 않는 경우도 많다. 그렇게 되면 '무임금'과 '기회'를 조건으로 형성된 계약의 균형이 무너진다. 결과적으로 노동력을 값싸게 부린 고용주 측만 큰 이득을 본다. 이건 일종의 어음 사기나 다를 바 없다.

MZ세대가 정당한 보상을 요구하는 건 이들이 유독 깐깐하거나 계산적이라서가 아니다. 과거엔 당장은 힘들더라도 미래에는 더 나은 생활을 영위할 수 있을 거란 믿음이 있었다. 나날이 증가하는 소득수준과 개선되는 생활환경은 그런 믿음을 현실로 보여주었다. "젊어서 고생은 사서도 한다"는 말에 내재된 전제 역시 그렇게 하면 훗날 성공할 수 있을 거란 약속이었다.

하지만 이제는 미래를 약속할 수 없는 시대가 되었다. 오히려 경제가 쇠퇴할 거란 전망이 쏟아져 나온다. 이런 시대에 고진감래는 신화일 뿐이다. 2010년대 중반 대두된 열정페이도 결국, 미래를 보장할 수 없으면 노력에 따르는 보상이라도 제대로 하라는 울분의 발로였다고 볼 수 있다.

● SK하이닉스 직원들은 왜 분개했나

정당한 보상을 추구하는 건 투명한 절차에 대한 요구로도 이어진다. 어떻게 보면 이 둘은 실과 바늘처럼 불가분의 관계에 있다. 절차가 투명하지 않으면 그 보상이 정당하기 어렵고, 정당한 보상이 없으면 투명한 절차는 무용지물이 된다. 그런데 여기서 중요한 건 얼마나 많은 보상을 하느냐가 아니다. 그보다 중요한 건 보상을 결정하는 과정에 대한 구성원들의 합의다. 2021년 초 발생한 SK하이닉스 발 성과급 사태는 그걸 여실히 보여주었다.

최태원 SK그룹 회장의 '연봉 반납'으로까지 이어진 SK하이닉스 성과급 사태는 역설적으로 회사가 너무 잘 나가서 일어났다. 2020년 무려 5조 원의 영업이익을 달성한 SK하이닉스는 임직원 2만 8천여 명에게 연봉 20% 수준의 성과급을 책정했다. 이들은 PS(초과이익배분금)라는 이름의 성과급을 지급하고 있었는데, 전년도 실적이 목표 이익을 초과달성 했을 때 연봉의 몇 %를 지급하는 방식이었다.[76] SK하이닉스의 고액 연봉을 생각하면 20%의 성과급도 결코 적은 액수는 아니었을 것이다. 그런데 문제는 영업이익이 절반에 불과했던 전년도에도 비슷한 수준의 성과급을 지급

---

76 한겨레, 성과급 논란 SK하이닉스, 영업이익 연동하고 우리사주 지급키로, 2021년 2월 4일

했다는 점이었다. 회사가 번 돈은 두 배가 늘었는데 동일한 성과급을 받으니 직원들 사이에서 반발이 일어나지 않을 수 없었다. 마침 경쟁사인 삼성전자가 반도체 부문 임직원들에게 47%에 달하는 초과이익성과급(OPI)을 지급하기로 한 사실이 알려지면서 '블라인드' 게시판을 중심으로 "성과급 산정 기준을 공개하라"는 목소리가 들불같이 일어났다. 파장이 커지자 최태원 회장이 "연봉을 반납해 임직원과 나누겠다"고 선언했지만, 직원들은 "연봉 30억 원을 나누어봤자 1인당 10만 원에 불과하다"며 물러서지 않았다. 사태는 결국 회사 측이 성과급 산정 기준을 영업이익과 연동하는 식으로 바꾸고, 우리 사주를 발행해 구성원들에게 기본급의 200%에 해당하는 혜택을 제공하기로 한 뒤에야 일단락되었다.

성과급과 관련한 논란은 비단 SK하이닉스에 그치지 않고 다른 기업들로 퍼져나갔다. 심지어 LG전자에서는 생산직 노조와의 형평성을 이유로 사무직 노조가 결성되기도 했다. 지도부는 물론 구성원들까지 MZ세대가 주축이 된 노조였다. 그동안 노동조합의 주축이 생산직종에 종사하는 중년 남성들이었다는 점에서, 이 'MZ 노조'는 큰 화제가 되었다.[77]

2021년 초 여러 회사에서 불거졌던 성과급 사태의 원인이 단지 돈 때문이었다고 평가하면 곤란하다. 그건 돈보다는 공정의 문제였다. 회사는 분명 많은 돈을 벌었는데, 왜 거기에 기여한 내게는

77 월간노동법률, LG전자 사무직 노조, "MZ세대 특성 아닌 공정의 문제…생산직도 가입문의", 2021년 4월 14일

그에 상응하는 보상이 없냐는 것이다. 그러한 의문이 성과급 산정 과정의 투명성을 요구하는 목소리로 비화하는 건 당연한 결과였다. MZ세대 회사원들에게 성과급이란 사장님이 기분 좋으면 주는 보너스가 아니라, 노력에 따른 타당한 보상이기 때문이다. 열심히 일해서 받는 연봉의 일부인 것이다. 사실 이건 그동안 기업들이 의도한 바이기도 했다. 기본급을 억누르는 대신 통상임금에 포함되지 않는 기타 비용으로 보상함으로써 인건비를 절감해 왔으니 말이다. 물론 노력만큼 보상한다는 게 쉬운 건 아니다. 회사에서 창출되는 부가가치에는 다양한 요인이 결합해 있다. 하지만 그렇기에 구성원들의 합의를 바탕으로, 그들이 납득할 만한 평가와 보상 기준을 정립하는 게 필요하다. 그 기준은 개인의 성과를 중심으로 구체적으로 세워지는 게 좋다. 적어도 MZ세대에게는 그렇다.

대학내일20대연구소가 2021년 9월 발표한 〈2021 세대별 워킹 트렌드〉라는 자료에는 재미있는 조사 결과가 포함되어 있다. 연구소는 당시 여러 세대를 대상으로 '가장 합리적이라고 생각하는 성과 평가 방식'을 물었다. 이에 1960년대에 태어난 86세대와 1970년대에 태어난 X세대는 "소속 팀·부서의 실적을 기준으로 평가하는 게 좋다"고 답했다. 그런데 요즘 20대인 Z세대는 "개인의 실적을 기준으로 평가하는 게 가장 좋다"고 응답하며 차이를 보였다. 조직의 성공보다 개인의 성과에 대한 정확한 보상을 더욱 중요시한다고 볼 수 있는 대목이었다. 실제로도 이들은 조직이 성장을 거듭하더라도 그것이 나의 이익과 연결되지 않으면 큰 의미를 두지 않는다. 이런 정서는 게임을 통해서도 드러난다.

최근 20대들이 가장 많이 하는 게임의 장르는 말할 것도 없이 AOS(Aeon of Strife)다. 이 장르는 스타크래프트의 유즈맵 플레이를 그 모태로 하는데, 여러 명이 한 팀을 구성해 각자의 캐릭터를 성장시키며 상대 팀과 대결한다는 게 핵심이다. 대표적인 게임으로 리그오브레전드(롤)와 디펜스오브디에인션트(도타), 히어로즈오브더스톰(히오스) 등이 있다. 이 중에서 가장 많은 인기를 누리는 건 말할 것도 없이 롤이다. 롤은 AOS 장르뿐 아니라 모든 게임을 통틀어 근 10년 동안 최고의 인기를 누리고 있다. 이 게임의 특징은 팀 단위로 진행되지만, 보상은 개인의 성과에 따라 차등적으로 주어진다는 점이다. 포지션에 따른 차이는 있다. 하지만 전반적으로 잘하는 사람이 더 많은 보상을 가져간다. 특출난 개인이 조직을 승리로 이끈다는 '하드 캐리'도 여기에서 나온 말이다. 이런 보상 시스템은 개인의 성취욕을 자극하는 원동력이 된다. 이른바 '성공 체험'이다.[78] 보통의 사람들은 이 성공 체험, 그러니까 자신이 압도적인 경기력을 선보여서 팀을 승리로 이끌고 엄청난 찬사를 받았던 때의 감동을 잊지 못한다. 물론 이런 '슈퍼 플레이'는 100번 중 한번 찾아올까 말까 하고, 대부분은 소위 '병풍' 신세를 면치 못할 가능성이 크다. 그러나 그건 중요하지 않다. 그만큼 영웅이 되었을 때의 쾌감이 강렬하기 때문이다. 사람들은 그 쾌감을 다시 한번 맛보기 위해 게임에 참여한다. 반면 경쟁 게임인

78 김성회, 【침터뷰/김성회】 2부 - 현재의 게임개발사 이대로 괜찮은가, 2019년 7월 12일

히오스는 팀 구성원 모두가 고른 재미를 느끼게 해주겠다는 이유로 그걸 제한해버렸다. 그들이 채택한 건 팀 레벨 시스템이었다. 이 시스템은 이름 그대로 팀원들에게 잘하든 못하든 같은 보상을 준다. 그래서 실력이 뛰어나더라도 개인에게 가는 보상은 제한적일 수밖에 없고, 그런 이유로 롤처럼 압도적인 슈퍼 플레이를 기대하기가 어렵다. 그런데 팀원들의 부진에 따른 패배의 스트레스는 그대로다. 팀워크라는 미명하에 성공 보상은 제한하고, 패배의 스트레스는 그대로 남겨둔 히오스가 '공산주의 게임'이라는 비난을 면치 못한 건 당연한 결과였다. 결과적으로 이 게임은 흥행 면에서 롤에 상당히 뒤처질 수밖에 없었다.

청년들이 개인 단위의 성과 측정을 선호하는 건 그들이 결코 이기적이어서가 아니다. 이것은 교육제도 속에서 체득된 노하우와 같다. 2010년대 이후로는 대학은 물론 중·고등학교에서도 수행평가를 이유로 조별과제가 시행되었다. 그런데 팀 단위의 수행평가는 필연적으로 무임승차를 초래했다. 무임승차에 따른 부담은 나머지 구성원들에게 전가되었다. 경쟁은 치열한데 무임승차는 제지되지 않는 모습은 학생들에게 무임승차 내지는 공동책임에 대한 반감을 심어주기에 충분했다. 이런 정서가 MZ세대의 DNA에 각인되는 건 당연한 일이다. 'SNL코리아'가 2013년 6월 방송했던 '조별과제 잔혹사'가 당시 대학생들로부터 뜨거운 호응을 받았던 것도 같은 이유에서다. 주인공이 각종 핑계를 대며 조별과제에 빠지는 학우들을 찾아가 복수한다는 내용은 MZ세대라면 누구나 공감할 만한 내용이었다. 그만큼 그들이 교육과정에서 경험한 갈등과 스트레스가 컸다는 반증이기도 하다.

개인의 능력과 노력에 상응하는 합당한 보상을 지급하는 건 일종의 정찰제와 같다. 정찰제 문화가 제대로 자리 잡지 않은 사회에서는 재화와 서비스의 값이 들쭉날쭉하다. 그런 곳에서는 누군가가 부당이득을 취하게 마련이고, 이는 곧 소비 의욕의 저하로 이어진다. 가격을 투명하게 공개하는 건 그래서 중요하다. 그런 점에서 "성과급 산정 과정을 투명하게 공개하라"는 MZ세대 직장인들의 목소리는 "내 노력의 값을 투명하게 쳐달라"는 것과 다르지 않았다. 이건 아마 우리 사회가 지금보다 발전된 방향으로 나아가고 있다는 증거이기도 할 것이다.

CASTING VOTE

5 솔직함과 위선혐오 사이

2010년대 초반을 대표하는 단어를 하나 선정하라면 나는 망설임 없이 '힐링'을 꼽을 것이다. 그때 우리 국민은 너무 지쳐있었다. IMF 외환위기와 2000년대 신자유주의의 파고를 겨우 헤쳐 나왔지만, 우리를 기다리고 있던 건 부와 번영이 아닌 글로벌 금융위기라는 거대한 산이었다. 물론 우리는 이 산을 세계 어느 나라보다 빠르게 넘어섰다. 그러나 그만큼 체력은 고갈되었고 마음은 허약해졌다. 지난날처럼 '웰빙'을 찾을 여유도 없었다. 사람들에게는 따뜻한 위로와 응원이 필요했다. 앞이 보이지 않는 불확실한 세상 속에서 갈 곳을 가리키고 용기를 북돋워 줄 스승이 나타난다면 더할 나위 없었다.

나는 2010년대 초반을 휩쓴 '힐링'이나 '멘토' 열풍이 결코 우연의 산물이라고 생각하지 않는다. 2000년대 국내외적으로 불어닥친 굵직한 변화를 겪은 사람들은 번아웃(burnout·어떠한 활동이 끝난 후 심신이 지친 상태) 상태였다. 그들에게는 마음을 의지할 곳이 필요했고, 지식인이라는 부류의 사람들은 그런 대중의 염원을 정확히 읽어냈다. 학자·종교인·정치인·연예인을 가리지 않고 많은 이들이 청춘들의 멘토를 자처하고 나섰다. 서점가에서는 김난도 교수의 《아프니까 청춘이다》나 혜민 스님이 쓴 《멈추면, 비로소 보이는 것들》 등의 책들이 밀리언셀러에 등극했고, 방송가에서는 '힐링캠프'를 필두로 각종 힐링 콘텐츠들이 제작되었다. 그중 가장 돋보이는 건 단연 서울대학교 융합과학기술대학원 원장이었던 안철수 교수와 '시골의사'로 유명한 박경철 원장이 진행한 '청춘콘서트'였다. 대담식 강연 형태인 청춘콘서트는 안철수 교수가 미국 유학 시절 눈여겨봤던 강연을 벤치마킹해 도입한 것이다. 그는 한 언론과의 인터뷰에서 "젊은이들이 사회의 구조적인 문제에 짓눌려 어깨를 펴지 못하는 것 같아 안타까웠다"며 "젊은이들을 돕고 용기를 불어넣어 주고 싶었다"고 청춘콘서트를 진행한 이유를 밝혔다. 청춘콘서트는 원래 일회성 강연으로 기획된 콘텐츠였다. 그런데 2009년 10월 진행한 첫 강의가 청년들의 열렬한 호응을 받고, 이에 박경철 원장이 "매달 전국의 지방대 위주로 개최"할 것을 선언하면서 판이 커졌다. 이후 법륜 스님이나 조국 서울대 교수, 연예인 김제동, 김여진 씨 등이 가세하면서 폭발적인 인기몰이를 했다.[79] 이들은 청춘들의 우상이 되었고 청춘콘서트는

79 한겨레, 안철수 '마지막 콘서트'…"청춘들에 용기 주고 싶었다", 2011년 9월 9일

소통의 새 지평을 열었다.

청춘콘서트에 대한 청년들의 호응은 정말 대단했다. 사회적으로 일가를 이룬 저명인사들이 청년들과 직접 마주 앉아 허심탄회하게 이야기를 나눈다는 콘셉트는 그 자체로 혁신이었다. 사실 그들의 멘토링이 번뜩이는 인사이트를 줬다거나 직면한 문제들을 해결해주었다고 보기는 어렵다. 예를 들자면 취업이 어렵다고 하는 청년에게 "그건 여러분의 잘못이 아니라 취업이 안 되는 사회를 만든 어른들의 잘못"이라고 이야기해주는 식이다. 하지만 이런 말들이 실제 취업에 도움이 되냐 안 되냐는 중요하지 않았다. 청년들에게는 그 자체로 큰 힘이 되는 격려이고 응원이었다. 그들은 당장 자신이 처한 문제를 해결하진 못하더라도, 공감이라도 해주는 어른을 찾고 있었다.

멘토들의 부상은 당시의 정치적 환경과도 연관이 없지 않다. 여야는 4대강 사업과 미디어법을 두고 극심한 대치를 이어나갔고, 국회는 청년들의 목소리를 조금도 담지 못했다. 보다 못한 청년들이 스스로 문제를 해결하겠다며 노동조합과 단체를 결성하기도 했다. 청년들의 당사자 운동이 본격적으로 태동하던 시기도 이때였다. 이런 상황 속에서 기성정치에 염증을 느낀 청년들이 안철수 교수를 중심으로 한 멘토들에게 열광하는 건 당연한 결과였다.

하지만 따뜻한 위로나 공감에도 유통기한은 있다. 아무리 듣기 좋은 말도 내가 직면한 현실을 바꾸지 못한다면 그 한계효용은 체감할 수밖에 없다. 청년들은 멘토의 조언이 순간의 위로는 될지언정 근본적인 문제를 해결해줄 수는 없다고 생각하기 시작했다.

그렇게 따뜻한 위로는 '뻔한 말'이 되었다. 그리고 이는 곧 사회에 대한 분노로 뒤바뀌었다. 2010년대 중반 한국 사회를 휩쓸었던 '헬조선' 담론은 힐링의 효용이 다한 뒤에 따르는 자연스러운 과정이었다.

멘토에 대한 존경도 위선과 내로남불에 대한 혐오로 바뀌었다. 이것은 멘토들의 사회적 지위나 정치적 입장을 고려하면 필연적으로 발생할 수밖에 없는 문제였다. 2020년 11월 큰 화제가 되었던 혜민 스님의 '풀(full)소유' 논란은 대표적인 사례다. 당시 혜민 스님은 tvN의 '온앤오프'라는 프로그램에 출연해 자신의 일상을 보여주었다가 큰 비판에 직면했다. 남산이 한눈에 내다보이는 서울 삼청동의 고급 주택에 거주하면서, 고가의 스마트기기들을 능수능란하게 사용하는 모습 때문이었다. 이건 사실 그의 인지도나 이력을 고려하면 충분히 있을 수 있는 일이었다. 한 시대를 대표하는 멘토가 될 정도로 명성을 얻었다면, 그에 걸맞은 부는 저절로 따라올 수밖에 없다. 하지만 문제가 된 건 그게 그가 지금까지 주장했던 무소유 등의 가치와 배치된다는 점이었다. 인터넷을 떠돌던 그의 과거 발언들은 그대로 부메랑이 되어 돌아왔다. 그는 "초심으로 돌아가서 부족했던 저의 모습을 돌아보고 수행자의 본질인 마음공부를 다시 깊이 하겠다"는 사과문을 올리고 활동 중단을 선언해야만 했다.[80]

안철수 전 서울대 교수나 조국 전 장관이 치른 홍역도 크게 다

80 THE FACT, 혜민스님, 활동 중단…'온앤오프'가 쏘아올린 '풀소유' 논란, 2020년 11월 17일

르지 않다. 이들은 멘토로서 얻은 인지도와 호감을 발판으로 정치에 진출했다. 그리고 초창기엔 큰 존경과 기대를 얻었다. 그러나 이들 역시 점차 주류가 되어가면서 내로남불 논란에 휩싸이지 않을 수 없었다. 정치를 하다 보면 속된 말로 '어쩔 수 없는' 일이 있게 마련이기 때문이다. 예컨대 어떤 사람을 흠이 있는 줄 알면서도 고위직에 기용한다든가, 공약을 추진하는 과정에서 현실과 타협해 내용을 바꾼다든가 하는 일은 불가피하게 일어난다. 그들 역시 현실정치에 뛰어든 이후로는 그런 모순들에 직면해야만 했다. 그리고 정치권 밖에 있을 때 편하게 내뱉었던 자신들의 비판을 그대로 되받을 수밖에 없었다.

자가당착에 빠진 멘토들의 모습은 청년들에게 큰 실망감을 안겨주었다. 물론 논란이 된 몇몇을 제외하면, 대부분의 멘토들은 여전히 자기 자리에서 모범적인 모습을 보여주고 있다. 그러나 그것만으로는 상징적이었던 멘토들의 추락이 만든 불신을 극복할 수 없었다. 여기에는 "좋은 어른인 줄 알았던 멘토들도 결국은 여느 기득권층과 다르지 않았다"는 배신감이 배어있었다. 이런 사례들이 반복되자 청년들은 냉소적인 시선으로 사회를 바라볼 수밖에 없었다. 그것은 상실감이 만들어낸 학습효과였다.

이제 청년들은 따뜻한 위로와 응원의 힘을 믿지 않는다. 그것도 결국 가진 자들의 기만이며 위선이라고 보기 때문이다. 입에 발린 소리보다는 차라리 거칠더라도 현실을 제대로 짚고 해결책을 제시해주는 게 낫다고 여긴다. 그게 청년들로서는 의지할 수 있는 어른이 사라진 시대에 살아남는 유일한 방법인 것이다.

[2030 세상보기] 불의한 해군보다 정의로운 해적이 낫다
- 한국일보 칼럼 2021년 4월 24일

애니메이션 '원피스'에 등장하는 해군 장교들의 옷에는 정의(正義)가 새겨져 있다. 세계정부의 영해를 관할하는 그들은 자신들이 절대적 정의를 추구하는 집단임을 자부한다. 실제로 많은 장병이 이 본분에 충실히 임한다. 하지만 그렇다고 해군이 항상 정의롭기만 한 건 아니다. 알라바스타 왕국에서 내란을 사주하는가 하면, 역사적 진실을 은폐하기 위해 고고학자들이 모여 사는 오하라섬을 섬멸하고 피난민들이 탄 배에 포격을 가해 침몰시킨다. 심지어는 '칠무해'라는 조직을 구성하고 해적 우두머리들에게 일부 바다의 치안을 일임하기도 한다. 차라리 정의로운 건 그런 악당들을 물리치고 조용히 제 갈 길을 떠나는 루피나 샹크스 같은 해적들이다.

정의로운 해적이라는 말은 마치 소리 없는 아우성처럼 모순적이다. 하지만 그건 중요하지 않다. 언어가 꼭 그 실체를 규정하는 건 아니기 때문이다. 우리네 삶에는 A라고 쓰더라도 B라고 읽히는 일이 비일비재하다. 그래서 어떤 말을 하는가보다 어떤 모습을 보여주는가가 더 중요하다.

20대 남자, 이른바 '이대남'들이 국민의힘 후보들에게 몰표를 준 걸 두고 일부 여당 지지층 사이에서는 이해할 수 없다는 반응이 쏟아졌다. 핵심은 "아무리 여당이 못 했어도 어떻게 국민의힘을 뽑냐"는 것. 심지어는 "투기꾼 못 잡았다고 투기꾼을 뽑냐"는 주장도 나왔다. 그들로서는 민주화의 주역들로 가득한 더불어민주당이 친일정당, 투기를 조장하는 정당, 검찰과 재벌 기득권을 옹호하는 정당이라고 여겼던 국민의힘에 완패한 게 도무지 납득이 안 될 것이다. 분명 도덕적 우위를 점했다고 판단했는데 선택받지 못하니 그 책임을 20대 남자들에게 돌린다. 그들이 보수화되어서, 여성친화정책에 반발해서 그렇다고 생각할 뿐이다.

현 여권의 정치는 늘 자신들이 도덕적으로 우월하다는 인식에 기반했다. 적폐세력을 청산해야 한다느니, 총선은 한일전이라느니 하는 구호들은 그 배경에서 나왔다. 하지만 정작 자신들이 어떻게 비치고 있는지는 되짚어보지 못했다. 오늘날 보여주는 모습들은 양쪽 다 별반 다를 게 없는데 말이다.

듣기 좋은 말을 한다고 좋은 정치가 되지는 않는다. 국민이 체감할 수 있게 보여줘야 한다. 공정한 사회를 만들겠다고 했으면 '부모찬스'가 논란이 될 때 단호히 대처해야 하고, 투기세력을 잡겠다고 했으면 적어도 여권 정치인들의 다주택 보유에 엄격해야 한다. 이대남들의 페미니즘에 대한 반발을 나무라기에 앞서 소속 정치인의 성범죄 사건부터 제대로 처리해야 한다. 하지만 현실은 어땠나. 그들이 말의 성찬을 늘어놓고 시민 품에 안겨서 눈물을 흘리는 사이 집값은 두 배로 뛰었고 부모의 도움 없이 성공하는 길은 더욱 요원해졌다. 젠더 갈등도 봉합할 수 없을 만큼 격화되었다.

우리가 정치권에 바라는 건 '속이 뻥' 뚫리고 '뭉클'하게 하는 말들이 아니다. 단지 우리의 일상을 어제보다 나은 것으로 바꾸는 일이다. 일상을 외면한 고담준론으로는 삶이 나아지지 않는다는 것을, 국민은 너무 잘 알고 있다. 그런 점에서 평범한 사람들에게는 불의한 해군보다 정의로운 해적이 낫다. 정부 여당은 지금이라도 과거에 가졌던 인식의 틀, 추상적 이념에서 벗어나 실질적인 민생을 고민해야 한다. 그러지 않으면 미래는 없다.

3부

어떻게 MZ 세대를 잡을 것인가?

CASTING VOTE

1 새로운 시대의 낡은 정치

● 유능한 세력에 표를 주겠다

2021년 서울시장 보궐선거에서 더불어민주당 박영선 후보 측은 국민의힘 오세훈 후보의 내곡동 땅 투기 의혹을 집요하게 파고들었다. "오 후보가 서울시장 재직 시절인 2009년, 서울시가 국토해양부에 내곡동을 보금자리주택지구로 지정할 것을 요구했다(천준호 의원)"라는 게 의혹의 핵심이었다.[81] 오 후보 측은 "내곡동 땅은 부인이 결혼 전인 1970년 상속받은 땅"이라고 해명했고, 이에 사안은 다시 투기 의혹이 아닌 셀프 특혜로 번졌다. 언론은 뜨겁게 달아올랐다. 가뜩이나 LH 사태로 땅 투기에 대한 여론의 분

81 한국경제, 野 천준호, 오세훈 시장 재직 시절 '땅 투기 의혹' 제기 [전문], 2021년 3월 9일

노가 한껏 치솟은 상황이었다. 거기에 오 후보가 2005년 내곡동 땅 측량 현장에 왔었다는 생태탕 집 주인 아들의 증언이 나오고, 또 그가 당시 '페라가모' 구두를 신고 있었다는 말이 나오면서 생태탕과 페라가모 구두는 보궐선거의 핵심 키워드로 떠올랐다. 당시의 뉴스는 온통 두 단어로 채워졌다. 그러나 정치권과 언론의 호들갑과 달리 여론은 시큰둥하기만 했다. 그중에서도 청년층의 반응은 싸늘했다고 할 수 있을 정도였다. 오히려 청년들 사이에서 생태탕과 페라가모에 집착하는 박 후보의 모습은 조롱거리가 되었고, 결과적으로 그는 오 후보에게 약간의 타격도 입히지 못한 채 완패를 당하고 말았다.

오세훈 후보를 향한 도덕성 프레임에 청년들이 조금도 동조하지 않은 건 여권 관계자들로서는 의아한 부분이 아닐 수 없었다. 일각에서는 청년들이 보수화되어서 그렇다는 주장이 대두되기도 했다. 4·7 재보궐 선거 결과와 이후 정치판을 휩쓴 이준석 현상을 보면 얼핏 그런 것 같기도 하다. 이를 두고 "학창 시절부터 일베를 많이 해서" 그렇다고 분석하는 사람도 있을 것이다. 하지만 청년들이 보수정당을 지지하는 건 근래 들어 갑자기 일어난 별난 일이 아니다. 오늘날 더불어민주당의 핵심 지지층인 30대와 40대 역시 10여 년 전엔 보수정당에 상당한 지지를 보낸 바 있기 때문이다.

2007년 대선에서 이명박 후보는 20대 청년들로부터 42.5%의 지지를 얻었다(SBS·TNS 출구조사 기준). 정동영 후보가 얻은 20.7%의 두 배를 넘었다. 이 후보는 30대에서도 40.4%를 득표하며 28.3%의 표를 얻은 정 후보를 크게 앞섰다. 당시에도 여권이 내세웠던 도덕성 프레임은 청년들에게 전혀 먹혀들지 않았다. 이미 한나라당 대선후보 경선 때부터 이명박 후보와 연관된 도곡동 땅, BBK, 다스 부동산 매입 등 온갖 의혹이 제기되었지만, 그의 지지율은 꿈쩍도 하지 않았다. 물론 청년들 사이에서도 이명박이 깨끗하고 도덕적인 인물은 아닐 거란 인식은 암묵적으로 존재했다. 그럼에도 그런 사실들이 선거에 영향을 끼치지 않은 건 애초부터 그에게 기대한 게 청렴이나 도덕성이 아니었기 때문이다. 디시인사이드를 중심으로 파생되었던 "~~ 하면 어때, 경제만 살리면 그만이지"라는 유행어는 그걸 간접 증명한다. 물론 참여정부에 대한 실망이 이명박에 대한 압도적인 지지로 나타난 측면은 있다. 그러나 그게 전부라고 보기는 어렵다. 대선이 끝나고 시간이 흐른 뒤에도 한나라당의 청년 지지율은 계속 유지되었기 때문이다. 2009년 중앙SUNDAY와 한국 정치사회학회가 전국의 성인남녀 3015명을 대상으로 조사한 결과에 따르면, 당시 20대들은 스스로 진보라고 생각하는 비율이 가장 높았으나, 정당 지지는 한나라당이 1위였다.[82] 여기서 흥미로운 건 20대와 30대 모두 한나라당을 가장 많이 지지하면서도 정작 본인이 보수라고 생각하는 사람의 비율은 진보와 중도보다 적었다는 사실이다. 이때만 해도 나이가 어릴수록 진보적이라는 주장이 성립되던 때였다. 진보의 개념이 오용된 것도 아니었다. 이들은 모두 노사갈등의 책임이 기업에 있다고 보았고, 동성애에 대해서도 매우 너그러웠다. 당시 청

82 중앙SUNDAY, 스스로 '진보' 많은데, 정당 지지는 한나라가 1위, 2009년 3월 15일

년들의 생각은 많은 부분에서 한나라당이 추구하는 가치와 충돌했다. 그런데도 한나라당이 청년들로부터 많은 지지를 얻었던 이유는 하나였다. 경제를 살릴 수 있을 것만 같은, 능력 있는 정당으로 비추어졌기 때문이다. 한나라당은 참여정부 내내 '경포대(경제를 포기한 대통령의 준말)'라는 단어로 상징되는 '경제 파탄' 프레임 공세를 멈추지 않았고, 이는 참여정부가 연평균 4.48%의 경제성장률을 달성했음에도 진짜 대한민국 경제가 파탄이 난 것 같은 착각을 주기에 충분했다. 거기에 임기 말 부동산 가격이 급등하면서 국민의 불안과 분노가 더욱 가중되었다. 이런 상황은 굴지의 대기업에서 '샐러리맨의 신화'를 이룩하고, 서울시장이 된 뒤에는 버스준공영제와 청계천 복원을 성공적으로 완수한 이명박 후보에게 더할 나위 없는 찬스였다. 그는 그 이력만으로도 준비된 경제 대통령으로서의 면모를 부각할 수 있었다.

청년들에게 정치인의 도덕성이 중요하지 않다는 게 아니다. 때로는 도덕성이 정치인을 평가하는 가장 중요한 요소가 되는 것도 사실이다. 박근혜·최순실 국정농단 한창이던 2016년 11월, 박근혜 대통령에 대한 20대들의 지지율은 0%로 떨어졌다.[83] 당연히, 모든 세대를 통틀어서 가장 낮은 수치였다. 당시 청년들은 도덕적으로 파산한 박근혜 정부에 일말의 기대도 남기지 않았다. 심지어 보수를 지지했던 청년들마저도 거리로 나서 촛불을 들었다. 더불어민주당의 문재인 후보는 적폐청산이라는 슬로건으로 그러한

83 중앙일보, 박 대통령, 20대 지지율 0%…부정 평가 90% 역대 최고치, 2016년 11월 11일

실망과 분노를 온전히 흡수했다. 그리고 이때의 도덕적 우위는 그가 한동안 별다른 어려움 없이 국정을 운영할 수 있는 자산이 되었다.

그러나 국정농단은 극히 예외적인 사건이었다. 사실 이만한 충격 없이는 웬만해선 도덕적 우위를 점하기 어렵다. 이유는 별 것 없다. 청년뿐 아니라 국민 모두가 정치인은 '그놈이 그놈'이라고 생각하기 때문이다. 사람들의 국회에 대한 신뢰가 길에서 처음 보는 사람보다 못하다는 건 익히 알려진 사실이다.[84] 2020년 KBS가 실시했던 여론조사에서도 국회의 신뢰도는 2.7로 처음 만난 사람의 신뢰도인 3.7보다 한참 낮았다. 실제로 정치인들의 부동산 투기, 배우자 혹은 자녀 관련 논란, 뇌물수수 사건들은 여야, 진보·보수를 불문하고 발생했다. 그러나 정치인들은 늘 이러한 사실을 망각한다. 자기 자신 혹은 자기 정당은 '당연히' 도덕적으로 우위에 있다고 판단한다. 이런 판단에 기초해 상대방을 공격하는 도덕성 프레임은 세간의 비웃음만 살 뿐이다.

유시민 작가의 말마따나 정치는 짐승의 비천함을 감수하면서, 야수적인 탐욕과 맞서, 성인의 고귀함을 이루는 일이다.[85] 거대한 권력과 이해관계, 그리고 이를 향한 욕망이 뒤섞여있는 정치는 태생적으로 완전무결하기 힘든 공간이다. 그런 공간에서 정치인들이 도덕성을 강조하는 이유는, 역설적으로 그것 말고는 내세울 게

84 KBS, [신년여론조사] 처음 만난 사람보다 못 믿어…'국회·언론·검찰' 불신 톱3, 2020년 1월 2일

85 유시민, 《청춘의 독서》, 웅진지식하우스

아무것도 없기 때문이다. 국민은 이런 모습을 보며 내로남불이나 이중성에 대한 염증을 느끼지 않을 수 없다.

누구 하나 도덕적 우위를 점하지 못하는 상황이라면 차별점을 가질 수 있는 건 결국 실력이다. 2021년 가을 여러 언론이 진행한 여론조사에서도 유권자들은 차기 대통령에게 필요한 자질로 정책과 공약, 능력 등을 1순위로 꼽았다. 도덕성은 3~4순위에 머물렀다.[86][87] 여기서 말하는 능력이 학벌 같은 척도로 표시되는 건 당연히 아니다. 당장 눈앞의 먹고사는 문제를 해결할 수 있는 깜냥이 되느냐는 것이다.

청년들은 늘 정치권에 물어 왔다. 극심한 취업난과 천정부지로 치솟은 부동산 문제를 해결할 수 있는지, 연금개혁이나 쓰레기매립지 이전처럼 큰 반대에 부딪혀 손도 못 대던 난제를 풀어나갈 수 있는지, 4차 산업혁명으로 예견되는 대량 실업과 양극화에 제대로 대응할 수 있는지, 등등. 이렇게 숱한 질문들에도 불구하고 정치권이 내놓은 답변은 늘 엉뚱한 데를 향하고 있었다. 거기에서 오는 답답함이 오늘날 다수의 부동층을 만드는 원인이 되었다. 2010년대 초반 반값등록금부터 열정페이, 가상화폐 논란을 거쳐 최근의 부동산 문제까지, 청년들의 목소리는 시대마다 조금씩 달랐지만 그 본질은 같았다. 우리 일상에 놓인 문제를 해결할 능력과 비전을 갖춘 세력에 표를 주겠다는 것이다.

---

86 MBN, [MBN·갤럽 여론조사] 차기 대통령, 도덕성보다 정책·능력 중요…'경제활성화' 이재명 1위, 2021년 9월 27일

87 경향신문, 대선 후보 자질 1위는 '정책·공약'…'도덕성'보다 앞서, 2021년 10월 6일

● 과거에 머물러 있는 정치

정치는 세상의 모든 이해관계가 교차하는 장소다. 국회에서는 남성과 여성, 청년과 노년, 호남과 영남, 대기업과 중소기업, 정규직과 비정규직 등 다양한 집단의 이해가 얽히고설키며 갈등을 빚는다. 모든 이해당사자가 갈등을 직접 조정할 수는 없기에, 국민의 권리를 위임받은 대리자들이 나서서 그 갈등을 조정하고 합의점을 찾는다. 갈등의 조정이야말로 정치의 가장 중요한 기능이 아닐 수 없다.

갈등의 조정이 어려운 건 단지 이해관계가 엇갈리기 때문만이 아니다. 그 갈등이 수치로 딱 맞아떨어지는 성격의 것이라면 그걸 조정하는 건 그렇게 어렵지 않다. 그때는 개중에서 가장 경제적인 방식을 선택하면 된다. 그런데 문제는 각 집단의 요구를 충족시키는 과정에서 계량화할 수 없는 가치가 개입된다는 점이다. 예를 들어 한정된 자원을 가지고 철도를 놓는다고 했을 때, 경제성만 고려한다면 당연히 대도시 사이를 잇는 노선만 신설하는 게 효율적일 것이다. 그러나 철도를 놓을 땐 지역균형발전이나 교통복지 측면을 고려하지 않을 수 없다. 시장 논리로는 도저히 이해할 수 없는, 사람이 거의 다니지 않는 농어촌을 오가는 노선을 운행해야 할 때도 있다. 이때는 의사결정 과정에서 고도의 정무적 판단력과 이해관계자들을 설득하고 동의를 얻을 수 있는 역량이 정치인들에게 요구된다.

계량화할 수 없는 가치를 다룬다는 점은 정치인의 성과측정을 어렵게 하는 주된 요인 중 하나다. 가치의 경중을 판단하는 기준은 사람마다 다르기 때문이다. 특정 지역에 공항을 새로 짓는다고 했을 때, 누군가는 지역균형발전과 주민 편의의 측면에서 찬성할 수도 있고, 또 다른 누군가는 예산 집행의 비효율을 들어 반대할 수도 있다. 여기에서 옳고 그른 건 없다. 때로는 포항제철 건립처럼 무모해 보여도 추진하는 게 결과적으로 옳은 결정일 수 있고, 또 때로는 아무것도 하지 않는 게 현명한 방법일 수도 있어서다. 따라서 어떤 일을 했거나, 하지 않은 걸 두고 그 정치인이 일을 잘했냐 못했냐를 평가하긴 어렵다.

사실 '정치인을 어떻게 평가할 것이냐'는 정치권의 오랜 난제 중 하나다. 정당은 국민의 선택을 받아야만 생명력을 유지할 수 있는 집단인데, 이를 위해선 당 소속 정치인이 제대로 일하고 있는지를 꾸준히 측정하지 않을 수 없기 때문이다. 정당은 일 잘하는 정치인을 선거에서 우대하고, 제대로 일하지 않는 정치인은 공천에서 배제함으로써 국민에게 자신들이 유능한 집단임을 어필할 수 있다. 그래서 소속 정치인을 평가하려는 시도는 여야를 불문하고 늘 있었다. 거기에는 주로 의정활동과 지역구 관리가 핵심 평가항목이 되었다. 그런데 문제는 여기에서부터 비롯되었다. "도대체 의정활동이나 지역구 활동을 어떻게 평가할 것인가."

2020년 국정감사에서는 더불어민주당이 내놓은 국감 우수의원 평가 기준이 논란이 되었다. 당시 김태년 원내대표는 언론 보도를 중심으로 우수의원을 선발하겠다고 발표했다가 각 의원실로부터 원성을 샀다. 해당 발표에 담긴 건 방송·신문에 보도된 횟수로 국감 우수의원을 선정하겠다는 내용이었다. 국정감사의 질을 언론 보도로 평가한다는 것부터 문제였지만, 그밖에도 매체별로 차등을 둔 점, 유튜브나 소셜미디어 등 바뀐 매체 환경을 고려하지 않았던 점 등이 비판을 피할 수 없었다. 이에 당은 다시 기준을 바꿔 질의서·보도자료·카드뉴스 등 의원실에서 생산한 자료를 바탕으로 평가하겠다고 재발표했다. 그러나 이 또한 "가뜩이나 바쁜 국감 기간에 언제 당에 보고할 자료를 만드느냐"라는 의원실 관계자들의 불만에 직면해야만 했다.[88] 이때의 논란은 정치가 그 성과를 구체적으로 측정하기 어려운 영역임을 보여주었다. 하지만 동시에, 지금껏 정치인을 평가하기 위한 최소한의 기준마저 제대로 마련하지 않은 우리 정당의 후진성을 보여주는 것이기도 했다.

정치인들의 성과를 계량화하려는 시도가 예전에도 없었던 건 아니다. 법안 발의 건수나 법안 통과율을 바탕으로 정치인들의 의정활동을 측정하려는 시도는 늘 있었다. 그러나 이런 시도들은 언제나 너무 뻔한 부작용에 부딪혔다. 예컨대 법안 통과율로 정치인의 자질을 평가한다면, 너무 개혁적이어서 통과되기 어려운 법안을 발의하는 의원들은 설 자리가 없어진다. 이 경우 통과시킨 법안이 많지 않다고 해서 그가 자질이 없는 정치인이라고 보기는 힘들다. 같은 맥락에서 법안 발의를 열심히 한다고 일을 잘하는 것도 아니다. 지난 20대 국회의 법안 발의 건수는 사상 최초로 2만 건을 넘기는 등 그 어느 국회보다 활발했다. 그러나 통과율은

88 미디어오늘, 민주당 의원평가 언론차등 기준 삭제했지만 계량평가 여전, 2020년 10월 8일

30%도 되지 않았다. 의원들이 실적 채우기용 법안 발의를 남발한 탓이었다. 개중에는 '환수할'이라는 단어를 '돌려받을'이라고 바꾸거나 '가 해제'를 '임시해제'로 바꾸기만 한 채 발의되는 등 함량 미달의 법안도 수두룩했다.[89]

정치 영역에서 그 성과를 구체적으로 측정하기 어렵다는 맹점은 권력자가 개입할 여지를 만들기도 한다. 2017년 12월 17일, 자유한국당 홍준표 대표는 당협위원장에 대한 감사결과를 발표했다. 당협위원장은 각 지역구의 총책임자로서 지방선거에서 공천 권한을 행사하고 국회의원 선거를 준비한다. 당시 홍준표 대표는 현직 국회의원 4명과 현직이 아닌 원외 위원장 58명 등 총 62명에 대한 당협위원장직을 박탈하는 내용의 당무감사 결과를 발표했다.[90] 문제는 배제된 당협위원장 상당수가 홍 대표와 반대편에 섰던 친박계였다는 점이다. 표적 감사라거나 '홍준표 사당화' 전략이라는 논란이 일었다. 위원장직이 박탈된 인물 중엔 당내 최다선이자 친박계의 수장이었던 서청원 의원도 포함되어 있었는데, 그 역시 "고약 짓이다. 못된 것만 배웠다"라며 당무감사 결과에 반발했다. 자유한국당의 텃밭이었던 서초갑 당협위원장직을 박탈당한 류여해 최고위원은 홍 대표의 결정을 비판하다가 제명되었고, 이후에는 "주막집 주모"라는 말로 유명했던 성희롱 논란이 빚어지기도 했다.

---

89 뉴스타파, [국회작동법 1부] ②20대 국회 가결법안, '건수 늘리기'용 15%, 2020년 1월 22일
90 한겨레, 홍준표, 결국 '차도살인 당무감사'였을까, 2017년 12월 17일

2017년 자유한국당을 내홍으로 빠뜨린 당무감사 사태는 홍준표라는 개인의 강한 캐릭터로 인해 불거진 일이지만, 사실 그게 꼭 그의 문제였다고 볼 수만은 없다. 감사나 공천 과정에서 정성적 요소를 집어넣고 당 권력자의 사견을 반영하는 일은 우리 정당사에서 비일비재했다. 한나라당이 한창 잘나가던 2008년, 친이계와 친박계가 첨예하게 대립하는 상황에서 친박계 의원들이 대거 공천에서 배제되었던 사실은 유명하다. 이른바 '공천 학살' 사건이다. 당시 박근혜 의원은 "국민도 속고 나도 속았다"며 이명박 대통령을 향한 화살을 날렸지만, 사실은 그녀 역시 대통령이 된 이후에는 '말 안 듣는' 유승민계 의원들을 공천에서 철저히 배제했다.

정치적 능력이나 성과를 계량화할 수 없다 보니, 현재의 시스템하에서는 권력자의 선택이 큰 영향을 끼치게 된다. 이는 곧 그와의 친소관계에 따른 공천 또는 낙하산 인재 영입으로 이어진다. 정치 도전자들로서도 자신의 역량을 키우기보단 권력자의 눈에 들어 선택을 받는 게 가장 효율적이면서, 절대적인 전략이 된다. 이들이 권력자에게 아첨하느라 국민의 목소리에 귀를 기울이지 않을 거란 건 뻔히 알 수 있다. 그렇게 충성경쟁이 벌어지는 정당에 민심 이반이 일어나는 건 필연적인 결과다.

오늘날 정치권이 행하고 있는 성과측정 방식은 매우 불공정하다. 이런 정치권의 시스템은 투명한 절차와 능력, 노력에 상응하는 보상을 추구하는 청년세대와 부합하지 않는다. 실력 있는 청년들로서는 이런 곳에 들어와 열심히 일할 이유가 없다. 그렇게 정치판에는 권력을 탐하는 하이에나들만 남아 자신들이 쏟아부은 기회비용을 복구할 먹잇감을 찾아 헤매게 된다. 그 재물이 국민의 복리와 안녕을 담보로 하고 있다는 건 말할 필요도 없다.

유능한 집단이 되기 위해선 어떤 점을 갖추어야 할까? 단기적으로 뛰어난 성과를 내는 건 개인적 차원에선 유능할 수 있지만, 조직적 차원에선 유능함의 조건이 될 수 없다. 일례로 피겨스케이팅의 김연아나 수영의 박태환은, 그들이 딴 올림픽 금메달만으로도 세계 최고의 선수로 인정받을 자격이 있다. 그러나 그들이 있었다고 해서 대한민국이 피겨와 수영 강국인 건 아니다. 그건 뛰어난 두 인물의 개인기 덕분이었지 대한민국의 시스템이 만들어 낸 성과는 아니었기 때문이다. 반대로 대한민국의 체육 시스템 속에서 김연아와 박태환 같은 선수가 꾸준히 배출된다면 그땐 우리나라가 명실상부한 피겨와 수영 강국이 된다. 결국 조직적 차원의 유능함은 얼마나 시스템을 잘 구축하고, 좋은 성과를 꾸준히 내느냐에 있는 셈이다. 우리나라 정치의 미래도 여기에 있다. 모두가 납득할 수 있는 평가 시스템이 마련되어 청년들이 권력자의 눈치를 보지 않고 소신껏 의정활동에 임할 수 있는 환경이 조성된다면, 그리고 그런 노력과 성과에 상응하는 보상이 주어진다면, 그것만으로도 유능한 정치인들의 경쟁의 장이 되지 않을까?

● 이념정치의 퇴장

박근혜 대통령의 집권은 한국 사회에서 옅어지던 반공과 공안의 기억을 되살려냈다. 그것은 임기 초 유신 헌법의 초안을 마련한 김기춘이 비서실장으로 임명되면서부터 시작되었다. 그의 임명은 대한민국이 이념 정치의 시대로 돌아가야 한다는 일종의 신호탄이었다. 아니나 다를까 박 대통령의 임기가 시작되자마자 검찰과 국가정보원을 동원한 공안 정치가 노골적으로 자행되었다. 국정원 여론조작 사건을 수사하던 채동욱 검찰총장은 어딘가에서 흘려진 사생활 정보로 자리에서 물러나야 했고, 몇 달 뒤에는 통합진보당에 대한 위헌정당해산심판이 청구되었다. 이밖에도 박근혜 정부에서는 국가정보원과 관련한 논란이 끊이지 않았다. 2015년에는 '빨간 마티즈'로 유명한 민간인 사찰 의혹이 불거졌다. 그리고 임기 말에는 국정교과서와 테러방지법이 강행 처리되며 이런 행보에 정점을 찍었다. 청년들이 여기에 조금도 공감하지 못한 건 당연했다. 가뜩이나 '헬조선'이니 '열정페이'니 하는, 대한민국의 구조적 문제를 바꿔야 한다는 거대한 목소리가 우리 사회를 지배하던 때였다. 그런데 박근혜 정부와 새누리당은 그런 불만에는 아랑곳하지 않고 자신들이 수십 년 전부터 매달렸던 의제에 집착했다. 청년들의 민심이 돌아서기 시작한 건 당연한 결과였다. 이들의 이탈은 2016년 실시된 제20대 총선을 통해 가시화되었다. 그리고 그해 가을 국정농단 사태가 터지면서 보수정당을 향한 청년들의 지지는 와르르 무너져내렸다.

국정농단 사태가 한국 정치에 핵폭탄을 떨어뜨리고 난 뒤, 그 폐허 위에서 출범한 문재인 정부는 크든 작든 청년의 많은 기대를 받지 않을 수 없었다. 특히 선거기간 '문재인 1번가'를 통해 보여준

생활 밀착 정책 지향이나 취임 초 블라인드 채용으로 대표되는 일자리 정책들은 (그 실효성이나 공정 논란은 뒤로하고) 청년들에게 이 정부가 내 일상을 바꿀 수 있겠다는 기대를 걸게 했다. 일각에서 쇼라는 비판이 제기되기도 했지만, 구내식당에서 밥을 먹고 커피를 든 채 참모들과 산책을 즐기는 대통령의 모습은 그 가능성을 보여주기에 충분했다. 그러나 문재인 대통령과 586세대로 일컬어지는 집권세력 역시 기존의 관성을 버리지는 못했다. 취임 초부터 강력하게 추진된 대북 정책이나 조국 사태 이후 급물살을 탔던 검찰개혁은 짧게는 20년 전, 길게는 40년 전부터 계속되어 온 이념 갈등의 연장선 위에 있던 것이었다. 그들은 확신했다. 그 오랜 시간 쌓여온 적폐를 청산하지 않고선 대한민국은 한 발자국도 앞으로 나아갈 수 없다고. 문제는 이런 의제들이 적어도 청년들에게는 조금의 감동도 주지 못했다는 점이었다. MZ세대, 그중에서도 20대들에게 이념 갈등은 저 먼발치에 있는 탁상공론에 지나지 않았다. 오히려 이들에겐 눈앞에서 일어나고 있는 젠더 갈등이 훨씬 심각한 문제였다.[91] 그러나 정치권은 정작 이 문제를 지독하게 외면했고, 대신 진영 간 정쟁에 몰두했다.

근래 우리 사회에서 이념 갈등 내지는 진영 간 대립이 가장 폭발적으로 분출된 사건은 조국 사태일 것이다. 조국 사태가 한창이던 2019년 가을, 양대 정당은 서초동과 광화문으로 상징되는 공간에 운집하여 세를 과시했다. 이 과정에서 서초동에 200만 명이

91 서울신문, 가장 심각한 사회 갈등은… 20대 "젠더 문제" 40대 "빈부 격차", 2021년 7월 18일

운집했네, 광화문에는 300만 명이 집결했네 하는 논쟁이 벌어졌다.[92] 자유한국당의 민경욱 의원은 "민주당식 계산으로 하면 3억 8천만 명이 모였다"라며 유치한 도발을 하기도 했다.[93] 두 진영 간의 대립은 분명 "청년들이 불공정에 분노한다"는 명분으로 시작되었다. 그러나 사태는 점점 공정과는 거리가 먼, 검찰개혁과 문재인 정부 퇴진으로 흘러갔다. 이때부터 사건은 청년들과 무관하게 전개되었다. 두 집회가 청년들의 호응을 받지 못한 건 물론이다. 실제로 당시 SBS가 서울시와 KT의 자료를 바탕으로 추정한 바에 따르면, 서초동 집회 참가자의 절반 이상(56.8%)이 4050세대였다. 20대 청년들의 비중은 5.7%에 불과했다. 자유한국당과 우리공화당이 주축이 됐던 광화문 집회의 참가자는 더욱 편중되어서 60대 이상의 비중이 74.85%에 달했다.[94] 이 두 공간에 청년들이 설 자리는 없었다.

두 진영 간의 거듭 반복되는 이념 갈등은 청년들의 요구가 개입될 틈을 주지 않았다. 이들의 열망이 한국 사회를 떠돌다가 집결한 곳은 제3지대였다. 2007년 대선 당시 창조한국당 문국현 후보나 안철수 대표처럼, 이념에 얽매이지 않고 합리성을 추구할 것만 같은 인물들을 중심으로 제3지대론이 끊임없이 부상했다. 그 열망은 2016년 총선에서 국민의당 돌풍을 일으킨 주역이기도 했다. 그러나 국민의당은 그 열화와 같은 성원에 제대로 화답하지 못했

92 세계일보, "5일 서초동에선 500만 모이자"… 세 대결로 비화하는 '조국 사태', 2019년 10월 4일

93 국민일보, "민주당식 계산으로 3억8천만명 약간 넘어", 2019년 10월 3일

94 SBS, [취재파일] 촛불, '얼마나'가 아닌 '누가' 들었나를 살펴봤습니다, 2019년 10월 11일

다. 중도실용을 내세우긴 했지만, 실상은 호남에서 민주당 공천을 받지 못한 구세대 정치인들을 끌어모은 지역주의 정당의 재림에 지나지 않았다. 비록 안철수 대표를 중심으로 그 가치를 추구하는 사람들이 계속 남아있긴 했으나, 그 역시 '극중주의' 같은 모호한 개념을 제시하면서 그런 기대를 소거해버렸다. 청년들이 그에게 원했던 건 진보와 보수 사이에서 기계적 중립을 지키라는 게 아니라 이념에 경도되지 말고 실용적인 정치를 해나가라는 것이었기 때문이다.

더불어민주당은 문재인 대통령의 당선을 기점으로 굵직한 선거에서 연일 대승을 거두었다. 그중에는 청년들의 지지가 상당했던 것도 사실이다. 그러나 더불어민주당이 연전연승을 거듭했다고 청년들이 온전히 민주당의 노선에 공감했다고 보기는 어려웠다. 더불어민주당의 압도적인 승리는 사실 민주당이 잘해서였다기보다 경쟁상대인 자유한국당이 워낙 못했던 게 크게 작용했다. 그 사실은 한국갤럽의 정기조사(데일리 오피니언)에서도 드러나는데, 자유한국당에 대한 20대 청년들의 지지율은 남녀 불문 2019년까지는 한 자릿수에 불과했고, 2020년에도 10%대에서 고정되어 있었다. 더불어민주당은 남북정상회담과 북미정상회담을 성공적으로 치르며 한때 남녀를 불문하고 20대들로부터 50% 전후의 압도적인 지지를 받기도 했으나, 부동산 문제나 공정·내로남불 논란이 계속되며 지지율이 지속적으로 하락했다. 민주당에서 이탈한 지지층의 일부는 바른미래당 같은 제3지대 정당으로 향했다. 그러나 대부분의 국민은 지지 정당이 없는 무당층으로 남았다.

2020년부터는 이 무당층 비율이 남녀 공히 50%에 육박했다.[95] 이들이 정치에 무관심해서 무당파로 남아있는 게 아니라, 정치에 대한 불신과 혐오 때문에 기존 정당을 지지하지 않는 '적극적 무당파'일 거라는 건 쉽게 추측할 수 있는 사실이다. 이데일리가 2019년 "2030 청년세대에 새로운 대한민국의 길을 묻다"라는 주제로 실시했던 여론조사에서도 2030 청년 세 명 중 두 명은 진보와 보수를 불문하고 '이념논쟁을 끝내야 대한민국이 발전한다(61.8%)'고 바라보았으며, 차기 대선에서 진보, 보수가 아닌 새로운 후보에게 투표할 의향이 있다고 밝혔다.[96]

청년들은 진보, 보수라는 기존의 틀을 거부하고 있다. 이것은 1987년 헌법 개정으로 형성된 양당 중심의 정치 구도, 즉 '87년 체제'가 그 효력을 다 했음을 의미하는 부분일 수도 있다. 그러나 이것이 꼭 다당제로 가야 한다는 뜻은 아니다. 양당제니 다당제니 하는 논의는 형식일 뿐, 그것보다 중요한 건 이념에 얽매이지 않는 실사구시적 접근이다. 이념 갈등을 멈추고, 반대를 위한 반대보다는 국가와 국민의 미래를 위한 대화와 타협의 영역을 넓혀야 한다. 일상에 놓인 문제들을 해결하겠다는 의지와 실용적 자세야말로 청년들의 표심을 끌어들일 수 있는 가장 효과적인 방법이다. 이미 반세기 전 대륙의 덩샤오핑도 말하지 않았나. 검은 고양이든 흰 고양이든 쥐만 잘 잡으면 된다고 말이다.

---

95 한국갤럽, 〈한국갤럽 데일리 오피니언〉, 2016년~2021년 10월

96 이데일리, [2030에 묻다]기성세대에 대한 불신 팽배..70% "청년문제 해결 않고 이용만", 2019년 9월 11일

[2030 세상보기] "정인이법 만든 사람이 바로 접니다"
- 한국일보 칼럼 2021년 1월 23일

국회에서 근래 들어 더욱 두드러지게 나타나는 현상이 하나 있다. 바로 번갯불에 콩 볶아 먹듯 법안을 처리한다는 것이다. 특히 국민의 공분을 사는 일이 한번 발생하면 평소에는 민생에 관심이 없던 국회의원들도 부랴부랴 입법을 추진한다. 그때는 중차대한 법안도 며칠 지나지 않아 뚝딱 만들어진다.

얼마 전 통과된 '정인이법'은 그 대표적 사례다. 21대 국회가 들어선 이후, 이 법안은 지난 연말까지 30건이 발의되었다. 하지만 논의는 지지부진했다. 상황이 바뀐 건 1월 2일, '그것이 알고 싶다'가 방송되면서다. 여론이 들불같이 일어났기 때문이다. 발등에 불이 떨어진 국회의원들은 월요일이 되자마자 관련 법안을 마구잡이로 쏟아냈다. 나흘 동안 무려 14건의 정인이법이 발의되었다. 이 법안이 상임위, 법사위, 본회의를 모두 통과하는 데까지는 채 일주일이 걸리지 않았다.

졸속으로 통과된 법안들은 대개 처벌을 강화한다든지 규제 범위를 확대한다든지 하는 내용을 핵심으로 한다. 그게 만들기 쉽기 때문이다. 하지만 다짜고짜 형량을 높이자고 하는 건 초등학생도 한다. 제대로 된 정치인이라면 자신이 만드는 법안의 맹점은 없는지, 또 예기치 못한 부작용은 없을지 세심히 살펴야 한다.

어린이 보호구역 내 교통사고를 줄이겠다고 만든 '민식이법'만 봐도 그렇다. 선거를 앞두고 도로교통법을 바꿔야 한다는 여론이 확산하자 국회는 성급히 개정안을 통과시켰다. 그런데 처벌을 너무 강화한 게 문제였다. 이를 악용해 아이 부모가 과도한 합의금을 요구한다든지, 일부 철부지들이 차를 쫓아다니며 운전자를 위협하는 '민식이 놀이'를 즐긴다든지 하는 사건이 알려지면서 "개정안을 다시 개정해야 한다"는 불만들이 터져 나왔다. 쫓기듯이 만든 민식이법은 되레 민식이 이름에 먹칠을 한 꼴이 되었다.

'타다금지법'은 또 어떤가. 타다가 성행해 택시업계가 파업에 나서자 이내 타다금지법이 발의됐다. 지역구에 택시업체가 많은 의원들이 중심이 되었다. 어쩌면 미래 산업의 향방을 가늠하게 될지도 몰랐을 이 법은 제대로 된 의견 수렴도 거치지 않고 발의된 지 40여 일 만에 국회 본회의를 통과했다. 그 결과 규제 사항만 잔뜩 늘어난 만신창이 법안이 탄생했다.

법조문 하나가 우리 삶에 미치는 영향은 매우 크다. 따라서 단어 하나를 바꾸더라도 수많은 고려를 해야 한다. 그런데 어느 순간부터 입법이 퍼포먼스로 전락하면서 무분별한 발의 경쟁이 붙었다. 함량 미달의 법안들을 쏟아내고서는 "일하는 국회를 만들었다"며 자화자찬을 늘어놓는다. 하도 엉성하게 만들다 보니 '전동킥보드법'처럼 무턱대고 규제를 풀었다가 문제가 불거지자 개정안이 시행되기도 전에 다시 고치는 어처구니없는 일도 생긴다. 혼란은 당연히 우리 몫이다.

이슈가 생길 때마다 '무슨무슨법'을 허겁지겁 내놓고 인기를 좇는 정치인들, 그들은 아마 그 법을 열심히 홍보한 뒤에는 다른 이슈로 갈아탈 것이다. 그게 목적이었으니 말이다. 정인이법을 내놓은 국회의원들이 동네에 가서 “제가 정인이법 만들었습니다”라며 생색낼 모습도 벌써 눈에 선하다. 그걸 생각하면 씁쓸하지만, 그래도 정인이법이 제대로 기능해주길 염원한다. 아동 학대를 예방하자는 취지만큼은 진심이었길 바라면서.

2 공정, 사회적 신뢰의 회복

● 다 같이 콜로세움에 서겠다

그간 한국 사회를 뜨겁게 달군 공정 논란은 줄곧 경쟁과 능력주의에 대한 논쟁으로 비화하곤 했다. '공정한 경쟁의 장을 마련하라'고 요구하는 청년들을 향해 정치권은 '능력주의가 공정하다는 건 착각'이라거나 '강자와 약자를 동일선상에 세우는 것 자체가 불평등'이라며 맞받아쳤다. 이런 주장은 주로 진보진영 인사들에게서 두드러졌는데, 그 내용은 대체로 "능력주의는 양극화를 심화시킨다"거나 "절차의 공정에 집착할 게 아니라 불평등을 이야기해야 한다"는 식이었다. 때마침 하버드대학교의 마이클 샌델 교수가 자신의 저서 《공정하다는 착각》을 통해 능력주의를 비판하면서 우리나라에서도 능력주의를 비판하는 게 무슨 지식인의 기본소양인 양 유행하기도 했다. 그러나 청년들 사이에서 공정과 능력주의에 대한 요구가 확산하는 원인에 대한 고찰 없이 덮어놓고 양극화나 불평등 해소를 위해 노력해야 한다는 식의 주장이, 모순적으로 그 양극화와 불평등을 해결하는 데 얼마나 도움이 될지는 의문이다.

능력주의는 이름 그대로 개인의 능력에 따라 사회적 지위와 보상이 주어지는 철학을 일컫는다. 시험 성적이 1점이라도 더 높은 사람에게 대학이나 회사에 들어갈 자격을 주고, 근무 연수에 상관없이 실적이 좋은 사람에게 더 많은 연봉을 주는 게 능력주의의 전형이라고 할 수 있다. 시험을 치르고 입사한 정규직에게 그렇지 않은 비정규직보다 더 많은 월급을 지급하는 임금체계 역시 능력주의의 일환이다.

이 능력주의가 불평등한 요소를 강하게 내포하고 있음은 부인할 수 없다. 개인마다 다를 수밖에 없는 배경이나 역량은 고려하지 않은 채 모두를 같은 기준으로 평가하는 까닭에서다. 예컨대 지방의 작은 고등학교에서 EBS 인터넷 강의를 보고 공부한 학생이 어릴 적부터 대치동에서 고액의 족집게 과외를 받은 학생보다 수학능력시험에서 불리한 위치에 놓이는 건 분명한 사실이다. 같은 맥락에서 tvN 드라마 '미생'의 장그래처럼 어려운 가정형편으로 인해 아르바이트를 전전해야 했던 청년과, 잘사는 부모 덕분에 경제적 어려움 없이 어학연수를 다녀오고 각종 스펙을 쌓은 청년을 같은 잣대로 평가하는 것도 무리가 있다. 현실에 존재하는 이런 격차들은 공정과 능력주의에 대한 심리적 저항선을 형성한다.

공정과 능력주의에 집착할 게 아니라 그 너머에 있는 양극화와 불평등을 보아야 한다는 주장 그 자체가 틀린 말은 아니다.

그러나 아이러니하게도 그러한 주장은 양극화와 불평등을 더욱 강화한다. 능력주의의 장점은 앞서 언급한 것처럼 그게 공평하든 불공평하든, 모두에게 인정 가능한 기준을 제시한다는 점이다. 능력주의적 요소가 다분한 수능만 봐도 그렇다. 수능은 모두가 동일한 기준에 따라 시험을 치르고, 거기서 나온 객관적인 점수를 바탕으로 대학의 합격 여부를 결정한다. 출제에서부터 합격 발표까지 모든 절차는 투명하게 진행된다. 그 과정에서 출근 시간을 늦추고 비행기 이착륙을 늦추면서까지, 외부 변인은 철저히 통제된다. 아마 대한민국에서 수능만큼 공정한 시험은 없을 것이다. 최소한 명목상의 조건들만 놓고 보면 그렇다. 하지만 수능에서의 공정은 흡사 무균실과 같아서 가정형편이나 장애 여부 등 개인의 환경적인 차이를 전혀 반영할 수 없었다. 이는 학생의 잠재력과 그 배경을 두루 살펴봐야 한다는 입학사정관제나 학생부종합전형 등 정성평가 제도의 확대로 이어졌다. 로스쿨과 의전원도 다르지 않았다. 사회가 다원화되며 천편일률적인 평가 기준에 문제를 제기하는 목소리들도 거기에 한몫 거들었다. 하지만 조국 사태를 통해 드러났던 것처럼 이런 제도들은 부모의 사회적 지위와 재력이 개입될 틈을 만들었다. 해당 제도에 문제가 있었다기보다는 정성평가가 필연적으로 내재할 수밖에 없는 특성이었다. MZ세대가 절차적 공정에 목매는 이유가 바로 여기에 있다. 이들이 정시확대나 사법시험 부활같이 정량적 평가로의 회귀를 주장하는 건 그게 공평하거나 평등하다고 여겨서가 아니다. 그나마 그 제도하에서 반칙과 특권이 개입할 여지가 가장 적다고 판단하기 때문이다.

최근에 불거진 공정과 능력주의에 대한 요구는 청년들의 '집단적 절망감'에 의해 더욱 강화되었다.[97] 2017년 세상을 떠들썩하게 했던 강원랜드 채용 비리 사건만 해도 그렇다. 당시 보도에 따르면 2012~13년 강원랜드에 신입사원으로 합격한 518명 전원이 취업청탁 대상자였던 것으로 확인되었다. 청탁자로 이름을 올린 건 당시 사장, 국회의원, 지방의원, 중앙부처 공무원들뿐 아니라 국회의원의 사촌 동생, 노조위원장, 기자, 고등학교 교감과 종교인까지 다양했다.[98] 전방위적으로 이루어진 채용 비리 속에서 전체 지원자 5286명 중 다수는 들러리를 서야만 했다. 이런 부정행위는 진보·보수 어느 한 정치세력의 문제가 아니었다. 보수는 기득권이 누리는 특권은 외면하면서 개인의 노력만 강조했고, 진보는 공동체니 사회적 연대니 하는, 당장 이룰 수 없는 가치에 집착하며 눈앞의 불공정에 눈감았다. 청년들은 누구도 양극화를 해소하지 못하고 사회정의마저 바로 세우지 못하는 상황 속에서 홀로서기를 택할 수밖에 없었다. 부정과 반칙이 횡행하고 불공정이 개입될 여지가 있을 바에야 차라리 (체구가 크든 작든) 모두가 다 같이 콜로세움에 서서 싸우는 게 낫다고 여겼다. 그게 극한의 경쟁으로 치닫더라도 말이다.

---

97 경향신문, [이범의 불편한 진실] '능력주의 비판'을 비판한다, 2021년 6월 10일

98 한겨레, [단독] 강원랜드 최종합격자 518명 모두 청탁 대상자였다, 2017년 10월 16일

많은 이가 청년들이 '초중고 시절부터 치열한 경쟁에 익숙해서' 공정과 능력주의를 선호한다고 생각한다. 그러나 청년들이 경쟁에 익숙하다거나, 심지어 이를 선호한다는 건 편견에 불과하다. 이들은 태어났을 때부터 경쟁 참가 여부를 선택할 수 있는 처지가 아니었다. 경쟁은 말 그대로 어쩔 수 없이 참전해야 하는 전쟁이었다. 그렇게 수십 년 간의 전쟁을 치른 병사들에게 남은 건 피로와 불안감이었다. KBS '시사기획 창'에 따르면, 18세에서 34세 청년 중 54%가 "경쟁이 한국 사회를 더 좋아지게 한 게 아니다"라고 대답했으며, 67%는 "경쟁에서 패할까 불안하다"고 답했다. 반대로 35세 이상의 국민 중에선 두 질문에 같은 응답을 한 비율이 각각 39%와 50%에 그쳤다. 비슷한 결과는 한국일보가 2019년 12월 실시했던 설문 조사에서도 나타났다. "경쟁은 개인의 삶의 질을 악화시킨다"는 질문에 Z세대 청년 43.8%가 긍정했는데, 이는 기성세대(29.4%)보다 높은 수치였다.[99] 이 차이는 어디서 나는가? 당연히 각 세대가 겪어 온 경쟁의 강도에 기인한다. 한국인들이 겪는 경쟁의 강도는 시간이 지날수록 강해졌다. 예를 들어 수능 기출문제를 모아놓은 문제집만 보더라도 수능이 처음 시행된 1990년대의 영어지문과 근래의 영어지문 사이에는 비교할 수 없을 만큼의 난이도 차이가 존재한다. 수능이 어려워진 건 그만큼 경쟁이 치열한 까닭에 그 수준이 높아졌기 때문이다. 한 문제 차이로 명문대 진학 여부가 갈리고, 그것이 일자리의 질을 결정

99 한국일보, "공정? 미래? 헬조선엔 없어요" 경쟁에 탈탈 털린 Z세대, 2020년 1월 4일

하는 상황에서 청소년들은 매 순간 극한의 경쟁에 노출되지 않을 수 없었다. 그런 경쟁이 짧게는 몇 년, 길게는 십몇 년간 계속되었다. 그 지루한 경쟁이 이들의 정서에 염증을 유발하는 건 물론이다. 그렇다면 MZ세대는 경쟁에 익숙한 세대가 아니라 경쟁에 질린 세대라고 정의해야 타당할 것이다.

능력주의적 요소들이 배제된 사회에서는 혈연과 지연을 등에 업은, 부패하고 무능한 사람들의 잔치가 벌어진다. 체계적인 평가에 기반한 능력주의는 그런 것들을 방지하는 최소한의 안전장치로서 기능한다. 그런 현실은 외면한 채 양극화와 불평등 해소를 주장하며 공정과 능력주의에의 요구를 배척하는 건 우리 사회를 건강하게 만드는 데 도움이 되지 않는다. 청년들의 공정 요구 이면에는 기득권의 반칙에 대한 분노와 우리 사회가 최소한의 룰은 지켜달라는 염원이 깃들어있다. 그렇다면 청년들을 나무라기에 앞서서, 더욱 투명하고 신뢰할 수 있는 사회적 기반을 확립하는 게 먼저가 아닐까 싶다.

● 공정이란 무엇인가?

공정이란 무엇일까? 여기에는 정답이 없다. 시대마다 또는 사람마다 정의하는 공정의 개념이 각기 다른 이유에서다. 누군가에게는 어려운 시험을 통과한 정규직에게 더 많은 보상을 주는 게 공정일 수 있고, 또 다른 누군가에게는 시험 통과 여부에 상관없이 같은 일을 하면 같은 임금을 주는 것이 공정일 수 있다. 이중 어느 하나의 견해가 전적으로 옳다고 보기는 어렵다. 개인은 자신이 처했던 상황과 경험에 비추어 '상식적이라고 여겨지는' 판단을 할 뿐이다. 교육 현장에서도 빚어지는 공정 논란도 마찬가지다. 능력주의를 주창하는 사람이라면 "모두가 동일한 조건에서 시험을 치르고 그 점수로 상급학교 진학을 결정하는 게 공정하다"고 할 것이고, 그 반대편에 있는 사람은 "그런 시험은 개인이 처한 배경이나 타고난 능력을 고려하지 않으니 그 밖의 요소들을 함께 검토하는 게 공정하다"고 말할 것이다. 툭하면 반복되는 정시와 수시 비율 논쟁은 그 두 가치관의 충돌이 만들어낸 결과물이었다. 이처럼 사람마다 달리 가지는 공정의 기준은 각 정치세력을 통해 대변되었고, 서로 다른 정책적 지향으로 표현되었다. 하지만 씁쓸하게도 지금까지 주어진 선택지들은 그 어떤 것도 공정에 관한 국민의 요구를 만족시키지 못했다. 경쟁을 추구하면 필시 약자일 수밖에 없는 사람들의 소외를 가져왔고, 평등이나 다양성을 추구하면 제도적 허점을 파고든 반칙을 불러일으켰다. 특히 능력주의를 비판하는 사회지도층 인사들이 정작 자기 자녀는 외고에 진학시키고 외국 유학을 보내는 등 능력주의에 충실한, 이율배반적인 모습을 보이면서 집단적인 신뢰를 상실했다. 그들의 주장은 당연히 호소력을 갖기 어려웠다. 그렇게 공정을 요구하는 청년들의 목소리는 커져만 갔다. 2021년 우리 사회를 뜨겁게 달군 이준석 신드롬이라든가 능력주의에 대한 요구는 공정하지도, 그렇다고 평등하지도 않은 사회를 보여주는 리트머스 시험지와 같았다.

MZ세대 청년들이라고 해서 다 같은 생각을 하는 건 아니다. 이들도 살아온 배경에 따라 혹은 현재의 위치에 따라 공정에 대한 서로 다른 기준을 가지고 있다. 하지만 능력주의를 주장하는 사람이든, 아니면 이를 반대하는 사람이든 공통으로 동의하는 부분은 있다. 바로 노력에 상응하는 보상을 받아야 한다는 점이다. 다만 그 노력을 어떤 형태로, 어느 정도 선까지 인정하느냐에 차이가 있을 뿐이다.

한국의 능력주의에 대한 비판은 일종의 지대 추구 행위에 대한 비판과 같다. 고등학교 3학년 때, 혹은 취업준비생 때 시험 한번 잘 본 걸 가지고 평생 노력이나 사회적 기여분을 훨씬 웃도는 보상을 받는 건 부당하다는 지적이다. 이건 1부에서 언급했던 장원급제에 대한 비판과도 맥을 같이 한다. 실제로 동아시아 사회에서 뿌리 깊은 과거제 문화는 현장 경험이나 노동보다 시험을 잘 보는 것에 지나치게 큰 보상을 해 왔고, 이는 오늘날 비정규직에 대한 차별의 근거가 되기도 했다. 비정규직들은 아무리 노력하고 경력을 쌓더라도 어지간해선 공채로 들어온 신입사원보다 좋은 대접을 받기 어렵다. 인국공 사태 당시 비정규직의 정규직 전환을 찬성하는 주장의 핵심도 이거였다. 왜 현장에서 했던 노력과 그 과정에서 체득한 노하우는 제대로 된 보상을 받지 못하냐는 것이다. 우리 사회가 이런 노력을 평가하는 것에 굉장히 야박하고, 비정규직 혹은 현장 노동자들에게 그들의 노력에 상응하는 보상을 해야 한다는 데에 이견을 제기할 사람은 많지 않을 것이다.

그러나 이 의견에 동의하더라도, 많은 청년이 시험통과자에 대한 우대가 공정하다고 여긴다. 물론 개중에는 여전히 사농공상식의 고루한 계급적 사고를 버리지 못한 이들도 있겠지만, 그렇지 않은 청년들도 이런 형태의 능력주의가 작동하는 데 딱히 반기를 들지는 않는다. 왜냐면 시험을 잘 보기 위해 투입했던 노력도 노력의 한 갈래고, 무엇보다 시험을 바탕으로 개인의 노력이나 능력을 측정하는 게 그나마 믿을 수 있다고 보기 때문이다. 모두가 한날 한시에 같은 시험을 본다면 그만큼 개인의 능력 외 요소들이 개입할 여지가 비교적 줄어든다. 반면 특채라든가 경력직 채용에 있어선 인맥이나 학연·지연과 같이 능력 외 요소들이 개입할 여지가 다분하다. 청년들이 시험을 선호하고, 최근 대기업들을 중심으로 일어나고 있는 공채 제도 폐지 현상에 대해 우려를 표하는 건 그런 이유에서다. 그렇다면 '무엇이 공정한가'를 논하기에 앞서 선결되어야 하는 건 사회적 신뢰의 회복이다. 반칙과 특권이 개입될 여지를 없앤 뒤에야 시험통과자를 얼마나 우대하느냐, 현장에서 쌓은 경험에 얼마나 보상을 하느냐를 결정할 수 있는 것 아니겠는가. 이 문제를 해결하지 않고 능력주의를 비판하는 건 또 다른 부정의 소지를 낳을 뿐이다.

MZ세대가 '한 번의 시험을 통한 지대 추구'를 선호한다고는 생각하지 않는다. 이들은 삶의 과정에서 끊임없이 성장의 기회가 주어지길 바란다. 이건 요즘 20대들이 많이 하는 게임인 리그오브레전드를 통해서도 엿볼 수 있다. 롤에서는 마스터, 다이아몬드, 골드, 실버 등 다양한 등급(티어)이 존재한다. 이 등급은 승급전이라는 매치를 통해 결정되고, 그 기회는 거듭 주어진다. 게이머들은 목숨 걸고 승급전에 도전하고, 승리할 경우 티어를 올림으로써 이루 말할 수 없는 성취감을 느낀다. 물론, 반대로 연패를 한다면 강등되어 크나큰 분노를 느낀다. 등급이 떨어진 이들은 이를 갈고 다음 승급전을 기약한다. 그런데 만일 티어가 한번 결정된 뒤에 오르지도, 떨어지지도 않는다면 어떻게 될까? 게이머들은 성장의 필요성을 느끼지 못할 것이고 덩달아 게임에 대한 흥미도 잃을 것이다. 노력에 상응하는 보상과 거기에서 얻는 성취욕은 롤의 핵심이다.

비록 청년들에게 한탕주의적 경향이 있다곤 하지만, 이들도 시험 한 번에 평생 인생이 결정되길 원하지는 않는다. 승자독식에 반대하고, 패자부활전의 기회가 주어지길 희망한다. 다양하고 반복적인 기회를 통해 노력한 만큼 혹은 실력에 비례하는 보상이 따르길 원한다. 같은 맥락에서 행운에 의한 보상이 노력에 따르는 보상에 앞서는 현실에 분노한다. 본인이 독식할 수 있는 승자의 위치에 있지 않은 한 많은 이들이 이 점에 동의할 것이다. 그러나 우리 정치권은 한결같이 이러한 기대에 부응하지 못했다. 공정에 관한 논의는 언제나 정치 대결로 치환되었고, 입시부정이나 LH사태처럼 사회지도층의 반칙에 대한 처벌은 처음에만 요란하다가 흐지부지 마무리되었다. 삶에 영향을 끼치는 규칙들은 걸핏하면 최소한의 원칙과 기준마저 저버렸다. 불평등한 건 참아도 불공정한 건 못 참는다는 정서 이면에 깃든 감정은 이와 같은 불신이었다. 시험을 본 정규직을 우대하든, 경력을 쌓은 비정규직을 우대하든, 청년들이 바라는 공정은 비록 그 외형은 다를지언정 핵심은 같다. 공부든 일이든, 열심히 살면 그만큼 잘살 수 있었으면 좋겠다는 것이다.

3 역사의 상대성

● 월드컵둥이의 역사경험치

"20대의 경우 과거 역사 같은 것에 대해서는 40대와 50대보다는 경험치가 낮지 않나. 지금 벌어지는 여러 상황을 지금 시점에서만 보는 경향도 있다고 한다."

서울시장 보궐선거가 한창이던 2021년 3월, 더불어민주당 박영선 후보는 20대들이 기성세대보다 역사에 대한 경험치가 낮다는 이른바 '역사경험치' 발언을 했다가 큰 곤욕을 치렀다. 20대의 지지율이 낮은 이유를 묻는 취재진의 질문에 답하는 과정에서 나온 말이었다. 당시 리얼미터가 조사한 바에 따르면(3월 24일), 국민의힘 오세훈 후보의 20대 지지율은 60.1%에 이르렀던 반면 박 후보의 지지율은 그 3분의 1 수준인 21.1%에 불과했다.[100] 해당 발언이 알려지자 청년들은 '전형적인 꼰대 마인드'라고 즉각 반발했다. 그리고 오세훈 후보는 이때다 싶어 "저희 20대, 30대 때와 비교하면 정말 똑똑하고 세상 물정을 다 꿰뚫고 있다"라고 요즘 20대들을 칭송하며 승부의 쐐기를 박았다.[101] 사실상 선거는 이때 끝났다고 해도 과언이 아니었다.

과거에도 이런 유의 설화는 종종 빚어졌다. 정치인들에게 약간의 학습효과라도 있다면 이처럼 굳이 안 해도 될 말을 해서 표를 깎아 먹는 일은 없을 것이다. 하지만 정치인들은 언제나 오늘이 주는 교훈을 금세 잊어버린다. 그렇게 역사는 다시 반복된다. 아니나 다를까 같은 논란은 불과 반년여 뒤인 2021년 10월 재차 불거졌다. 이번에는 국민의힘 대선 후보 경선 과정에서였다. 윤석열 캠프의 주호영 선거대책위원장은 라디오 인터뷰에서 '2030에서 지지율이 낮은 주된 이유'를 묻는 진행자의 질문에 "20대, 30대는 정치인들의 이전의 여러 가지 일들은 잘 기억하지 못하고 가까운 뉴스를 접하고 보는 것을 가지고 판단하는 경향이 있다"라고 대답했다가 '청년 비하' 논란을 겪었다.[102] 당시 윤석열 후보는 60대 이상에는 압도적인 지지를 얻고 있었던 반면, 2030세대를 대상으로는 홍준표나 유승민 후보를 상대로 고전을 면치 못하고 있었다.

---

100 동아일보, 20대 지지율 하락에…박영선 "역사 경험치 낮아서", 2021년 3월 26일

101 중앙일보, 강남 간 오세훈 "20대 똑똑해"…박영선 '20대 경험치' 발언 직격, 2021년 3월 28일

102 한겨레, 윤석열 캠프 주호영 "20·30대 예전 일 기억 못해"…청년 비하 논란, 2021년 10월 18일

주 의원은 이 발언으로 진땀을 빼지 않을 수 없었다. 그는 "그렇게 들렸다면 세심하지 못한 저의 불찰"이라고 사과하는 동시에 "저는 당내 후보들을 오랫동안 보아왔기 때문에 현재 보이는 모습뿐만 아니라 과거의 모습까지 함께 보게 되면 판단이 달라질 수 있다는 취지로 말한 것"이라고 덧붙였다.[103]

"청년들이 그동안의 일들을 잘 몰라서 우리를 지지하지 않는다"라는 문장으로 정리할 수 있는 이들의 발언은 분명 사려 깊지 못한 것이었다. 하지만 그렇다고 완전히 틀렸다고 보기도 어렵다. 역사와 정치는 연속적으로 이어지지만, 개인에게는 이따금 단절적으로 다가온다. 시간을 거꾸로 되돌릴 수 있다고 가정했을 때, 그 되감기가 멈추는 시점이 기성세대보다 짧은 청년들로서는 그 너머의 사건들을 비중 있게 다룰 필요를 느끼지 못한다. 공감하지 못하는 것도 물론이다. 따라서 이들은 기억에 없는 과거보단 현재 눈앞에서 일어나는 일들을 판단의 준거로 삼는다. 속된 말로 전관예우를 해주지 않는 것이다. 주호영 의원에게는 자신이 십수 년 봐온, 독불장군이 따로 없다 느꼈을 홍준표 의원에게 20대 남성들이 열광하는 모습이 생경했을 것이다. 아마 그가 인터뷰에서 했던 발언의 진의는 사실 "너희들이 홍준표가 예전에 어떤 사람이었는지 잘 몰라서 지지하고 있다"였는지도 모른다. 마찬가지로 박영선 후보가 했던 발언의 함의 역시 "청년들은 국민의힘이 독재 정당의 후예라는 걸 잘 모르는 것 같다"였을 것이다.

---

103 아시아경제, "2030은 이전 일 기억 못해" 尹 캠프 주호영, 청년 비하 비판에 사과, 2021년 10월 19일

'역사경험치'는 살아온 세월에 비례하지 않는다. 사람이 체감하는 시간의 길이는 한계효용 체감의 법칙처럼 세월이 흐를수록 점점 줄어든다. 중·고등학교 땐 한 학년이 한없이 긴 듯이 느껴지지만, 나이를 먹을수록 그 1년은 순식간에 지나가지 않는가. 지금 정치권의 주류를 형성하는 50대들에게는 자신이 30대였던 국민의 정부, 참여정부 시절의 사건들이 엊그제 일처럼 생생하게 느껴지겠지만 이는 1990년대 중반부터 태어나기 시작한 오늘날의 20대들에게는 아득히 먼일이다. 객관적인 거리만 놓고 봐도 그렇다. 요즘 대학생인 2000년대생들에게 1980년대 전두환의 군사독재는, 그 시절 대학생이었던 1960년대생들에게 일제강점기만큼의 거리다. 민주화운동 세대가 그보다 앞선 산업화 세대의 의제를 온전히 따르지는 않는 것처럼, 요즘 청년들이 이들의 의제에 공감하지 못하는 건 당연한 이치다.

MZ세대 중 적어도 1990년대 중반 이후에 태어난 이들에게는 노무현 전 대통령에 대한 추억이나 애틋한 감정이 없다. 당연히 퇴임 후 그를 벼랑 끝으로 내몰았던 검찰에 대한 분노도 없다. 정치권이 검찰의 표적 수사와 망신주기식 수사를 규탄하더라도 청년들이 좀처럼 공감하지 않는 건 그런 이유에서다. 이들에게는 검찰개혁보다 중요한 문제들이 눈앞에 널려있기 때문이다.

판단의 기준이 되는 과거가 그리 길지 않은 까닭에 청년들은 철저히 지금을 기준으로 정치를 바라본다. 그런 이들에게 친일세력이니 빨갱이집단이니 독재 잔당이니 하는 건 큰 의미가 없다. 문재인 정부와 여당은 보수정당과 재벌 대기업, 검찰 등을 기득권으로 매도했지만, 사실 청년들의 눈에는 그들 역시 명문대학을 나와 강남에 살면서 자식들을 외국으로 유학 보내는 기득권일 뿐이다. 설령 보수세력을 적폐 기득권으로 인정한다고 한들, 그것이 청와대 임기를 마치고 나와 재개발 지역에 땅 투기를 하고, 본인이 발의한 임대차보호법 개정안이 시행되기 전 월세를 대폭 올리는 위선에 대한 면죄부가 되지는 않는다.[104] 이들이 1980년대 전두환과 싸우며 성취했던 도덕적 상징은 적어도 20대들에겐 그 유통기한이 다 했다.

지금의 20대에게는 산업화와 민주화보다 IMF나 2000년대 신자유주의 물결이 더 가까운 역사다. 이들은 북한의 위협이나 독재로부터의 억압보다 양극화로 인한 부의 세습에 절망하고 분노한다. 정치권이 진정 이들의 표심을 잡겠다면, 그들에게 필요한 건 과거에 있었던 일들을 강조하며 역사경험치를 주장할 게 아니라, 지금 이 시대에 무슨 일들이 일어나고 있는지 유의 깊게 살펴보는 것이다. 그들이야말로 새로운 경험치를 쌓아야 한다는 의미다.

● 새로운 시대

언제부턴가 4차 산업혁명이라는 단어는 정치권의 필수요소가 되었다. 여야를 불문한 정치인들은 걸핏하면 이 4차 산업혁명을

---

104 조선일보, 김의겸 아내 탓, 김상조 집주인 탓, 박주민 부동산사장님 탓, 2021년 3월 31일

끄집어냈고, 이는 수많은 인사와 막대한 예산의 명분이 되기도 했다. 그들은 4차 산업혁명을 알라딘의 요술램프처럼 여기는 것 같다. 문지르고 주문을 외면 없는 미래가 눈앞에 뚝딱 나타날 듯이 말이다. 하지만 4차 산업혁명을 운운하는 정치인치고 그게 무엇이고 어떤 내용을 포함하는지, 그리고 그 찬란하다는 미래를 맞이하기 위해 준비해야 할 게 뭔지 제대로 설명할 수 있는 사람은 거의 없을 것이다. 그와 같은 철학의 빈곤은 국회가 기술 관련 법안을 처리하는 과정에서 몇 번이고 입증되었다.

새로운 기술의 등장은 언제나 그렇듯 기존 제도나 이익집단과 마찰을 일으킨다. 그 마찰은 자연 상태에선 결코 해소될 수 없다. 따라서 정치는 위임받은 권한을 바탕으로 제도를 정비하고 자원을 배분하며 시장을 보호하거나 확대한다. 정치가 새로운 기술에 대한 통찰과 혜안을 갖추지 못한다면 이 모든 과정에 차질이 생긴다. 갈등을 조정하기는커녕 그게 왜 문제인지조차 인지하지 못하기 때문이다.

정보통신 분야에서 각종 신기술이 등장하고 그것이 우리 삶을 송두리째 흔드는 걸 4차 산업혁명이라고 정의한다면, 그 시발점이 스마트폰의 등장임은 이론의 여지가 없을 것이다. 스마트폰은 검색이나 구매·계약의 형태를 완전히 뒤바꾼 건 물론이요, 소유의 개념조차 뒤바꾸었다. 그 대상은 주로 집과 차같이 우리의 일상과 밀접한 것들이었다. 에어비앤비와 우버로 대표되는 애플리케이션들은 그와 같은 시대적 변화를 빠르게 감지하여 공유경제라는 새로운 역사를 선도해나갔고, 그랩(Grab) 역시 동남아시아

시장을 석권하며 맹위를 떨쳤다. 싱가포르에 본사를 두고 있는 그랩은 말레이시아 출신의 경영자 안소니 탄이 서른 살에 만든 '동남아시아의 우버'다. 콜택시 앱을 그 모태로 하는데, 이후 카풀과 소형화물 배달, 음식배달 등의 사업에도 진출하며 관련 시장을 빠르게 석권해나갔다. 동남아시아 국가들은 동아시아 선진국들보다 저개발 상태에 놓여있고, 경제적·사회적 인프라 역시 열악한 게 사실이다. 하지만 이건 그랩과 같은 정보통신 스타트업에게는 호재였다. 관습이나 경쟁같이 거추장스러운 장애물이 사실상 전무했기 때문이다. 그 덕에 그랩은 단기간에 비약적인 성장을 이룰 수 있었다.

차량 공유 서비스의 바람은 우리나라에도 불어왔다. 쏘카로 유명한 VCNC는 일찌감치 사업에 진출하며 한국 차량 공유 서비스의 대명사로 자리매김했고, 카카오택시를 성공시킨 카카오도 2018년 카풀 서비스 실시를 발표하며 공유경제의 새 장을 열고자 했다. 하지만 카풀이 실시된다면 택시 수요가 급감할 건 불 보듯 뻔했다. 택시업계는 강하게 반발하며 대대적인 집회를 열었다. 그 과정에서 택시기사 몇 명이 분신자살하는 안타까운 일이 발생하기도 했다. 여기에 놀란 정치인들은 논의의 장 자체를 엎어버렸다. 이들은 집회현장을 방문하여 카카오 카풀을 막겠다고 강력하게 외쳤다. 이들에게 중요한 건 기술의 발달이나 거기에 수반될 시대의 변화가 아닌, 다음 선거에서 영향을 끼칠지도 모를 표였기 때문이다. 같은 논란은 1년 뒤 타다금지법을 통해서도 재현되었고, 이때는 여야가 합심해 해당 법이 발의된 지 40여 일 만에 본회의를 통과하는 씁쓸한 장면이 연출되기도 했다. 타다금지법을 발의한 의원들은 타다를 금지하는 게 아니라고 항변했지만 이건 기만 전술과 다르지 않았다. 개정안의 내용 자체가 관광 목적으로 승합차를 빌리는 경우에만 운전자를 알선할 수 있도록 했으며, 대여시간은 6시간 이상이어야 하고, 대여·반납 장소가 공항·항만인 경우로 제한되었기 때문이다. 그마저도 항공권이나 선박 탑승권이 있어야 했다.[105] 굳이 이 요건을 충족해가며 타다를 이용할 사람은 없을 것이다.

전동킥보드 정책이 처리되는 과정도 별반 다르지 않았다. 관련 산업을 육성한다는 명분으로 규제를 풀었는데, 그 과정에서 예상되는 부작용을 하나도 고려하지 않았다. 국회는 2020년 5월, 소형 오토바이와 같은 격이었던 전동킥보드에 대한 규제를 풀어 자전거와 비슷한 수준으로 취급하도록 했다. 이에 따라 그해 12월부터는 만 13세 이상이면 운전면허 없이도 전동킥보드를 이용할 수 있게 되었다. 하지만 전동킥보드는 자전거보다 훨씬 빨랐던 까닭에, 청소년들이 헬멧도 쓰지 않고 이용하게 하는 건 너무 위험하지 않겠냐는 비판이 제기되었다. 10대와 20대를 중심으로 사고가 급증하기도 했다. 그 결과 법 시행 한 달 만인 2021년 1월, 개정안이 다시 정반대로 돌아가는 웃지 못할 일이 벌어졌다. 운전면허를 가진 만 16세 이상이 헬멧을 착용해야만 이용할 수 있게 됐다. 아침에 명령을 내렸다가 저녁에 다시 고친다는 의미의, 조령모개라

105 머니투데이, "'타다금지법' 국토위 소위 통과…'택시 표' 택한 국회(종합)", 2019.12.05.

는 비판이 나온 건 당연한 일이었다.[106] 만일 이들이 전동킥보드를 한 번이라도 이용해보고 법안을 발의했다면 이런 코미디는 없었을 것이다. 우리나라 정치에선 이런 사람들이 4차 산업혁명을 이야기하고 있다.

기술의 발달은 기존의 관습은 물론 인식에도 큰 변화를 요구한다. 기술 때문에 예전에는 당연하게 여겼던 것들이 당연하지 않게 되고, 생소한 것들이 익숙해지는 일을 우리는 종종 경험한다. 그 변화는 거대한 쓰나미와 같아서 아무리 강한 권력이라 할지라도 비껴갈 수 없다. 2021년 말 일어난 연합뉴스의 포털 사이트 퇴출은 그걸 증명하는 사건이었다. 2021년 11월, 네이버와 다음(카카오)의 뉴스 제휴·제재 심사를 담당하는 뉴스제휴평가위원회는 연합뉴스의 제휴 지위를 강등했다. 연합뉴스가 나랏돈으로 운영되는 국가기간 뉴스통신사임에도 불구하고 홍보대행업체로부터 돈을 받고 수천 건의 기사형 광고를 게재했다는 이유였다. 이로써 네이버·다음 이용자들은 더 이상 뉴스 영역에서 연합뉴스의 콘텐츠를 볼 수 없게 되었다. 연합뉴스는 2022년 11월 즈음에나 콘텐츠 제휴를 다시 신청할 수 있는데[107] 그때까지 최소 1년 이상 양대 포털 사이트에 노출되지 않게 된 것이다. 여기에 당사자인 연합뉴스는 물론이고 정치권도 크게 반발했다. 더불어민주당 대권주자인 이재명 전 경기도지사는 "특정 포털에 의해 기사가 취사

---

106 문화일보, 전동킥보드法 조령모개, 2021년 4월 22일

107 기자협회보, 70점대 받은 연합뉴스, 포털 메인서 사라진다, 2021년 11월 16일

선택되고 일정한 편향이 반영되면 정말 위험한 상태"라며 포털의 기사 통제를 법과 제도 정비를 통해 막아야 한다고 주장하기도 했고, 국민의힘 윤석열 전 검찰총장 역시 "개별 언론사의 취재·보도에 대한 제한을 가하는 것보다 더 심각한 문제"라고 비판했다.[108] 언론과 정치권이 입을 모아 비판했던 건 그만큼 포털이 언론지형에 막대한 영향력을 끼친다는 의미였다.[109]

한때 언론은 삼권분립의 주체인 행정부·입법부·사법부에 이은 제4부라는 말이 있을 정도로 막대한 권력을 행사했다. 그중에서도 조중동으로 일컬어지는 조선일보·중앙일보·동아일보의 영향력은 지대했다. 하루 수백만 부에 달하는 유료부수를 바탕으로 많은 사람의 눈과 귀가 되었기 때문이다. 실제로 신문 정기구독률은 신문시장이 호황을 이루던 1996년에는 69.3%에 달했고 인터넷이 보편적으로 보급되며 구독률이 급감했던 2002년에도 52.9%나 되었다(ABC협회).[110] 당시 이들의 하루 발행 부수는 조선일보 175만 부, 중앙일보와 동아일보도 각각 92만 부, 75만 부에 이르렀다.[111] 조선일보는 그 입김이 워낙 세서 그 대척점에 놓여있던 진보정권과 자주 마찰을 빚었다. 김대중 대통령이 1998년 집권 이후 대통령자문정책기획위원장에 최장집 교수를 임명하면서

---

108 미디어스, 연합뉴스TV의 대선후보 인터뷰 활용 "포털이 언론시장 왜곡", 2021년 12월 1일

109 연합뉴스는 퇴출에 반발해 효력정지 가처분 신청을 제기했으며, 법원은 이를 받아들였다. 편집자 주

110 시사저널, 조선 1위, 중앙 2위, 동아 3위, 2013년 12월 13일

111 미디어오늘, 조중동 유료부수 '뚝뚝', 10년 만에 반토막, 2014년 12월 19일

발생한 충돌이 대표적이었다.[112] 당시 조선일보는 권력 감시란 명목으로 최 교수에 대해 사상검증을 진행했다. 비교적 최근의 언어로 치면 일종의 종북몰이였다. 이는 진보진영과 지식인 사회의 강한 반발을 불러일으켰고 하나의 사회개혁 운동으로 확대되었다. 바로 '안티조선운동'이다. 노무현 전 대통령이 강조했던 '기울어진 운동장론'도 같은 맥락에서 나왔다. 한국 사회에서 보수진영을 대변하는 세 언론의 힘이 워낙 막강한 탓에 진보의 담론은 늘 여론 형성에 불리할 수밖에 없고, 그 장면이 마치 기울어진 운동장에서 축구 경기를 진행하는 것과 같다는 것이었다. 2000년대 말 종합편성채널의 설립을 두고 촉발된 미디어법 사태의 이면에 내재했던 두려움도 바로 그것이었다. 미디어법에 반대했던 사람들은 종편이 탄생하면 보수 언론과 대기업이 여론을 장악한다며 우려를 표했다. 그러나 종편이 탄생하고 불과 10년이 지난 시점에서, 그와 같은 우려들은 시효를 다했다고 봐도 무방해졌다. 정보통신기술이 언론 지형도 완전히 바꿔놓았기 때문이다.

사실 지금으로부터 10년 전인 2010년대 초반에도 신문시장은 박살 나고 있었다. 하지만 언론사와 방송의 힘은 여전히 건재했고, 그들이 여론 형성에 절대적인 영향력을 행사하고 있다는 데엔 변함이 없었다. 그러나 요즘에도 그런지는 의문이다. 인터넷 시장이 확대되면서 덩달아 언론의 개체 수는 나날이 증가하고 있다. 2014년까지만 해도 2,743개였던 인터넷 매체는 2019년에만 해도

112 서울신문, 왜 '안티조선운동'인가, 2001년 3월 12일

4,282개로 늘어났다.[113] 전체 광고비를 두고 1/N개의 언론이 경쟁하는 상황에서 시장은 그대로인데 언론사 수인 N값만 늘어나고 있는 꼴이다. 게다가 스마트폰이 보편화되면서 신문이나 방송보다는 인터넷을 통해 뉴스를 접하는 사람들이 늘었다. 인터넷 세상에선 매체 발행 부수가 의미가 없다. 조선일보 역시 포털이 제시하는 여러 언론사 중의 하나일 뿐이다. 물론 언론들이 보유한 인적 자산이나 경험은 여전히 무시할 수 없겠지만, 적어도 독자들에게 끼치는 영향력이 과거에 비해 현저히 줄어든 건 부인할 수 없다. 더군다나 젊은 세대 중 상당수가 기존 언론보다는 인사이트나 위키트리같이 가벼운 뉴스를 다루는 사이트를 통해 뉴스를 소비하면서 이들에겐 보수 언론이 어떻고 하는 주장이 사실상 무의미한 것이 되었다. 이제는 조중동이 아니라 포털이 어떻게 의제를 설정하고 사람들에게 영향을 끼치냐를 견제해야 하는 상황이 된 것이다.

새로운 시대는 언제나 새로운 과제를 가져온다. 그리고 그에 걸맞은 새로운 해법을 요구한다. 하지만 우리 정치는 늘 바뀐 시대를 제대로 바라보지 못하고 과거에 짜인 틀로 오늘의 사건들을 바라보았다. 그러다가 크나큰 충격이 발생했을 때 비로소 부랴부랴 사안에 대응하기 시작했다. 심지어는 이미 철 지난 이슈를 가지고 와 표를 호소하기도 했다. 그렇게 해도 선거에서 이길 수 있었기 때문이다. 진보든 보수든 30% 정도씩은 존재하는 콘

113 한국언론재단, 〈2021 한눈에 보는 한국의 미디어〉

크리트 지지층은 정치인들이 발전하지 않더라도 권력을 유지하게 해주는 보호막이 되어주었다. 정치인들로서는 이들에게 호소하는 게 효율적인 선거 전략이기도 했다. 이념논쟁이 오늘날 청년들의 공감을 사지 못함에도 끊임없이 부상하는 건 그런 배경에 기인할 것이다.

그러나 중도층 유권자들에게는, 특히 이념적 색채가 옅고 실용성을 중시하는 MZ세대에게는 그런 전략으로 표를 얻을 수 없다. 공감도 안 될뿐더러 당장 일상에 산적한 문제를 해결하는데도 보탬이 안 되기 때문이다. 이들에게 중요한 건 온갖 기술로 요동칠, 불확실한 미래에 정치가 얼마나 나의 일상을 지켜줄 수 있는가다. 청년들은 뜬구름 잡는 말과 설익은 정책들로는 결코 미래에 대비할 수 없다는 사실을 잘 알고 있다. 그만큼 향후 선거에서는 구체적인 비전과 역량을 보여주는 게 승패를 가르는 핵심 요인이 될 것이다. 이건 반대로 말하면 그 정도 식견은 갖추어야 캐스팅 보트를 잡을 수 있다는 뜻이기도 하다.

나고야 편의점의 어느 흑인 매니저
- 월간노동법률 칼럼 2021년 2월호

지금으로부터 1년 전, 좋아하는 가수의 돔투어 콘서트를 보기 위해 일본 나고야에 갔다. 아직 코로나19는 남의 나라 이야기처럼 느껴지던 시기였다. 티켓 수령을 위해 가장 먼저 찾은 곳은 시내의 한 편의점. 일본은 편의점에서 공연 티켓을 발권할 수 있는 건 물론이고 심지어 항공권 예매도 가능하다. 나는 롯삐(Loppi)라고 하는, ATM같이 생긴 기기에 예약번호를 입력하고 영수증을 출력했다. 그걸 직원에게 보여주기만 하면 간단한 확인을 거친 뒤 티켓을 받는다. 그런데 동남아시아인이었던 직원이 포스기를 눌러대며 연신 고개를 갸우뚱거렸다. 익숙하지 않은 모양이었다. 몇 번을 더 시도하다가 결국 포기했는지 내게 "매니저를 불러올 테니 잠깐만 기다려달라"고 말하고는 사무실로 들어갔다. 잠자코 기다리고 있는데 그가 돌아왔다. 그리고 뒤를 이어 매니저가 등장했다. 그 매니저라는 사람에게 눈을 돌린 순간, 나는 흠칫 놀라지 않을 수 없었다. 나보다 키가 한 뼘은 큰 흑인 남성이 나왔기 때문이다. 그의 일본어는 조금 어눌했지만 일 처리는 거침없었다. 그는 후딱 일을 마치고는 홀연히 사무실로 되돌아갔다. 당연히 일본인이 등장하리라 예상했기에 신선하면서도 충격적인 장면이었다.

편의점 아르바이트는 생각보다 난이도가 높다. 취급하는 물건도 무궁무진한 데다가 티켓 발권과 택배, 출력·복사 등 워낙 많은 서비스를 제공하는 탓이다. 어지간한 일본어가 아니고서는 편의점 업무를 수행하기 쉽지 않다. 실제로 7년 전 일본에서 1년간 체류한 적이 있는데, 그때만 하더라도 편의점에서 외국인 아르바이트생을 본 적은 거의 없었다. 그러나 요즘은 스가 요시히데 총리 스스로가 "어느 편의점을 가도 점원 절반은 외국인(2018.8)"이라고 할 정도로 많아졌다. 그렇다고 그들의 일본어가 유창한 것도 아니다.

상황이 바뀌기 시작한 건 4~5년 전쯤, 15~64세 생산연령인구가 본격적으로 하락하면서다. 2018년에는 생산연령인구가 7484만여 명으로 전체 인구의 59.77%를 기록했는데, 60% 아래로 떨어진 건 이때가 처음이었다. 일손이 부족해지자 일본 정부는 이주노동자에 대한 장벽을 낮추는 식으로 노동력 확충을 도모했다. 비자 발급 규정을 완화하는 한편, 물류나 식품 가공·수산 등 그동안 외국인 채용이 제한되었던 분야의 문호를 개방했다. 그 결과 2019년에는 일본 내 이주노동자 수가 165만 8천여 명으로 역대 최다를 기록했다. 시대의 흐름 앞에서는 이민자에 배타적인 일본 사회도 어쩔 수 없었다.

뜬금없이 1년 전 에피소드가 떠오른 건 최근 유튜브를 통해 다시 회자되고 있는 한 영상 때문이다. 그 영상의 주인공은 손주은 메가스터디 회장. 2019년 가을에 열린 한 입시설명회에서 그가 말한 내용의 결론은 놀랍게도 "한국을 떠나라"는 것이었다. 손 회장은 총 부양비의 폭발적인 증가를 그 근거로 들었다. 생산연령인구 100명이 부양해야 하는 유소년·노년 인구수를 뜻하는 총부양비는 2017년 36.7명을 기점으로 급증하기 시작해 2038년에는 70명을, 2056년에는 100명을 넘어설 전망이다. 2067년에는 무려 120명을 기록할 것으로 예측되었다. 이는 세계적으로도 전무후무한 수치다. 총부양비를 감당할 수 없는 시대가 도래하면 한 명의 천재가 수많은 사람을 먹여 살리지 않는 한 사회를 지탱하기 어려워진다. 평범한 직장인들의 어깨에는 지금보다 3배는 무거운 짐이 얹어질 것이기 때문이다. 그렇기에 명문대를 졸업해도 안정적인 삶을 기대할 수 없고, 사교육 또한 일순간 절벽으로 떨어지는 날이 곧 올 것이라고 손주은 회장은 주장했다.

생산성이 비약적으로 증가하거나 AI가 발전하여 사람의 노동을 대체할 수도 있겠지만 그건 아직 다가오지 않은 미래다. 한국 정도 되는 선진국이 당장 취할 수 있는 현실적인 조치는 이민을 확대하는 것이다. 어쩌면 우리도 이미 그 단계에 접어들었는지 모른다. 청년들은 실업난에 허덕이고 있지만, 농촌에서는 이주노동자들이 부족한 노동력을 메우고 있다. 서울 부도심만 조금 벗어나도 조선족이라고 일컫는 중국 동포나 동남아시아계 외국인들을 흔히 볼 수 있다. 경제협력개발기구(OECD)는 외국인과 이민 2세, 귀화자 등 '이주배경인구'가 총인구의 5%를 넘으면 다문화·다인종 국가로 분류하는데 우리나라에 거주하는 외국인은 2019년 말 221만 6천여 명으로 이미 4.3%를 넘어섰다.

문제는 우리에게 다문화 국가가 된 대한민국을 맞을 준비가 되어있느냐는 것이다. 지난해 말 포천의 한 농가 비닐하우스 숙소에서 캄보디아 여성이 얼어 죽은 채 발견되었다. 낮 기온조차 영하

10도를 밑도는 강추위가 계속되었음에도 숙소의 난방은 끊긴 상태였다. 정부가 지난해 농·어촌 496개 사업장의 이주노동자를 대상으로 조사한 결과 이들 중 69.6%가 컨테이너나 비닐하우스 같은 가설건축물에 살고 있는 걸로 나타났다. 이 수치만으로도 우리의 법과 제도가 얼마나 현실을 따라가지 못하고 있는지 짐작할 수 있다.

이주노동자에 대한 열악한 처우는 어제오늘의 일이 아니다. 심지어 그 수가 점차 증가하면서 갈등의 씨앗은 더욱 흩뿌려지고 있다. 이들이 우리 노동시장에서 상당 부분을 차지하게 되었을 때 터져 나올 내국인과 외국인 간의 갈등은 어떻게 봉합할 것인가? 그런 상황이 되어도 이주노동자들을 '2등 시민'으로 묶어두고 비용 절감을 위한 수단으로 취급할 것인가? 아마 갈등은 노동 문제에 국한하지 않고 복지, 교육, 문화 등 사회 전반적으로 이루어질 것이다. 상황이 이런데도 그들에 대한 정치적, 사회적 논의는 좀처럼 보이지 않는다.

우리나라의 많은 사람이 트럼프가 멕시코와의 국경에 장벽을 세우는 장면을 보고 코웃음을 쳤다. 하지만 그는 극단적일지언정 미치광이는 아니었다. 그 장벽은 실업난에 허덕이는 많은 백인 노동자의 바람이었기 때문이다. 어쩌면 우리나라에서도 나고야의 한 편의점에서처럼 흑인이나 동남아시아 직원을 자주 접할 날이 곧 올지 모르겠다. 그때가 되면, 트럼프를 비웃었던 우리는 어떤 얼굴을 하고 있을까?

4 젠더 갈등을 어떻게 해결할 것인가?

2021년 12월 20일, 국민의힘 윤석열 대선후보 직속 기구인 새시대준비위원회가 신지예 한국여성정치네트워크 대표를 수석부위원장으로 영입했다는 소식이 전해지면서 인터넷은 뜨겁게 달아올랐다. 2018년 지방선거에서 '페미니스트 서울시장'이라는 캐치프레이즈를 내걸고 출마해 큰 화제를 불러일으켰고, 이후에도 대표적인 페미니스트 정치인으로 활동해 온 신지예가 보수정당으로 갈 거라곤 아무도 상상할 수 없었기 때문이다. 실제로 신 대표는 이전부터 국민의힘 이준석 대표와 젠더 사안을 놓고 대립각을 세워왔고, 영입 열흘 전까지만 해도 "조폭(윤석열)", "충격과 공포" 등의 표현을 써가며 당을 비판해왔다. 국민의힘 당내에서 2030 남성 당원들을 중심으로 '페미의힘'이라는 비난이 쏟아진 것도 무리는 아니었다. 안 그래도 이들은 그로부터 얼마 전 공동선대위원장으로 임명된 이수정 교수에 대해서도 반발하고 있던 터였다.

국민의힘의 신지예 영입은 양쪽 모두에 정체성의 혼란을 가져왔다. 이것은 단지 보수정당과 페미니즘이 양립할 수 없다는 이야기가 아니다. 그동안 서로를 향해 총부리를 겨눠온 두 주체가 과연 한 정당 안에 공존할 수 있느냐 하는 것이다. 물론 선거를 앞두고 당사자들 간의 결합이야 이루어질 수 있다. 하지만 문제는 이들의 지지세력까지 거기에 동조할 리 없다는 사실이다. 이를 두고 윤석열 후보는 "국민의힘도 국민들의 지지 기반도 더 넓히고 철학과 진영을 좀 더 확장해야 된다고 생각한다"고 밝혔고, 신 대표를 영입한 장본인으로 알려진 김한길 새시대준비위원장 역시 "중도나 합리적 진보라 불리는 분들을 모시기 위한 노력의 일환"이라며 영입 취지를 설명했다.[114] 의역하자면 젊은 페미니스트 정치인을 영입해 국민의힘의 취약 기반인 2030 여성들의 지지를 확보하겠다는 것이다. 하지만 현실은 반대로 흘러갔다. 여성들의 표가 새로 오기는커녕 이준석 대표 덕분에 확보했었던 남성들의 표마저 떠난 형국이었기 때문이다. 사실 페미니스트 정치인을 영입하면 여성들이 좋아할 거라는 단세포적인 접근은 오늘날 젠더갈등을 격화시킨 원인 중 하나라고 해도 과언이 아니다. 사안의 본질에 대한 고민과 성찰은 배제한 채 단편적인 방식으로 문제를 해결하려 하기 때문이다. 더불어민주당도 몇 년 전 20대 남성들의 지지를 얻겠답시고 20대 남성을 영입했다가 해당 인물의 사생활 논

114 경향신문, 국민의힘도 신지예도 '정체성' 논란, 2021년 12월 20일

란으로 손해만 본 적이 있었다. 이준석 대표가 젠더갈등을 복어에 비유했던 건 그런 이유에서다. 그러나 국민의힘 의원들은 이런 목소리에 귀를 기울이기는커녕 오히려 무시와 훈계로 맞대응했다. "페미/반페미 논쟁은 배부른 소리"라며 일축한 것이다. 이들이 앞으로 어떤 전철을 밟을지는 어렵지 않게 예상할 수 있는 일이다.

젠더갈등은 하루아침에 해결할 수 없다. 마치 20~30년 전 지역갈등이 부단한 노력에도 불구하고 단숨에 극복하기 어려웠던 것처럼, 오늘날의 젠더갈등 역시 복잡한 해법과 지속적인 노력을 필요로 한다. 이 문제가 어려운 건 (청년세대에 관한 한) 어느 한 집단의 손익이 뚜렷하게 나타나지 않고, 그래서 대단히 감정적인 싸움으로 비화한다는 데 있다. 청년들은 남녀 모두 자신이 피해자라고 여기고 있다. 남성들은 정부의 정책 집행이 편향되었다고 생각하고, 여성들은 한국의 사회 구조가 자신들을 차별한다고 믿는다. 이런 상황에서 누구를 영입해 문제를 해결하겠다는 둥, 젠더갈등은 중요하지 않다는 둥 하는 정치권의 안이한 생각이 갈등 해소에 조금도 도움이 되지 못하는 건 당연한 일이었다. 기성세대는 이준석 대표가 젠더갈등을 만들어내고 있다고 보지만, 실상은 그런 정치권의 단편적인 생각과 불통이 젠더갈등을 더욱 양산하고 있는 셈이다.

젠더갈등을 바라보는 기성세대와 MZ세대의 인식 차는 다양한 자료에서 공통적으로 나타난다. 서울연구원이 2020년 조사·발표한 자료도 다르지 않았다. 해당 자료에 따르면, 한국 사회에 존재하는 16개의 갈등[115] 중 가장 심각한 게 무엇이냐는 질문에 20대는 1순위로 젠더갈등을 꼽았다. 반면 오늘날 정치권의 주류를 이루고 있는 50대들에게 젠더갈등은 종교갈등이나 다문화 갈등보다도 덜 심각한 15번째에 머물렀다.[116] 젠더갈등이 심각하다고 인지하는 건 연령이 적을수록 높아지는 경향이 있었다. 하지만 세대를 불문하고 공통되는 측면도 있었다. 편 가르기 정치 문화가 이런 갈등의 원인이 된다고 생각하는 점이다. 편 가르기 정치 문화가 언론과 인터넷을 통해 증폭되고 이로 인해 상호 이해의 폭이 좁아지는 게 오늘날 젠더갈등의 주된 원인이라는 데 반기를 드는 사람은 많지 않을 것이다.

그렇다면 어떻게 해야 하는가? 민주화운동기념사업회 산하 한국민주주의연구소 최종숙 선임연구원은 "공통점에 주목해야 한다"고 주장했다.[117] 최 연구원은 20대 남성들이 "성평등 의식이 높으면서 반페미니즘 정서는 강한" 세대라고 분석했다. 남성의 육아라든가 여성이 직장상사로 있는 것에 대해 다른 세대보다 거부감이 없고, 심지어는 30대 여성보다도 '성평등 의식 점수'가 높다는 것이다. 따라서 일상적인 문제에서 합의할 수 있는 여지가 많다고

115 서울연구원이 제시한 16개 갈등으로는 빈부격차로 인한 갈등, 진보와 보수의 이념갈등, 기성세대와 젊은 세대의 갈등, 부동산 정책을 둘러싼 갈등, 갑과을 관계의 갈등, 노동자와 경영자의 갈등, 남성과 여성의 갈등, 개발입장과 보존입장의 환경 갈등, 이웃갈등, 종교갈등, 정규직과 비정규직 간의 갈등, 임대인과 임차인의 갈등, 디지털 갈등, 미래기술 갈등, 다문화 갈등, 수도권과 지방의 지역갈등이 있었다.

116 서울연구원, 〈서울시 사회갈등 이슈 진단과 정책방향(2020)〉

117 세계일보, "성평등 의식 높은 '이대남'은 왜 '반페미'일까" 한 사회학자의 물음, 2021년 6월 5일

보았다. 교집합을 찾고 그 영역을 확장시켜 나가자는 건 아주 뻔한 이야기이지만 정치권에선 당연하게 여겨지지 않았다. 그들은 갈등을 조장하고 극단적으로 한쪽을 대변하며 정치적 이득을 취해왔기 때문이다. 이는 정책 결정 과정에서 당사자인 청년들을 배제하고 결과적으로 그들에게 큰 피로만 안겨주었다. 물론 교집합을 확대해 나가는 게 당장 눈에 보이는 성과를 갖지 못할 수는 있다. 하지만 분명한 건, 이렇게라도 하지 않으면 그 손해는 결국 청년들의 몫이라는 거다. 언제나 그렇듯, 정치권은 누군가의 갈등과 분노로 배를 불리는 법이다.

세대별로 심각하게 느끼는 사회갈등은? (단위: 5점 평균)

		빈부 격차로 인한 갈등	진보와 보수의 이념 갈등	기성 세대와 젊은 세대의 갈등	부동산 정책을 둘러싼 갈등	'갑'과 '을' 관계의 갈등	노동자와 경영자의 갈등	남성과 여성의 갈등	개발 입장과 보존 입장의 환경 갈등
전체		4.22	4.49	3.87	4.42	4.13	3.92	3.88	3.6
연령대	20대	4.18	4.43	4.03	4.34	4.02	3.79	4.45	3.37
	30대	4.32	4.45	3.95	4.54	4.25	4.05	4.11	3.73
	40대	4.2	4.46	3.84	4.45	4.17	3.94	3.81	3.65
	50대	4.22	4.53	3.77	4.32	4.1	3.9	3.45	3.58
	60대	4.12	4.64	3.67	4.43	4.1	3.95	3.34	3.76

		이웃 갈등	종교 갈등	정규직과 비정규직 간의 갈등	임대인과 임차인의 갈등	디지털 갈등	미래기술 갈등	다문화 갈등	수도권과 지방의 지역갈등
전체		3.81	3.84	3.95	3.91	3.41	3.44	3.57	3.61
연령대	20대	3.65	3.97	3.88	3.8	3.38	3.26	3.48	3.55
	30대	4.02	3.9	3.92	4	3.4	3.51	3.68	3.7
	40대	3.99	3.88	4	3.97	3.47	3.45	3.65	3.66
	50대	3.68	3.67	4	3.9	3.37	3.53	3.48	3.56
	60대	3.63	3.73	3.95	3.79	3.42	3.44	3.57	3.56

자료: 〈서울시 사회갈등 이슈 진단과 정책 시사점(서울연구원, 2020〉 중
〈서울 시민의 도시사회 갈등 인식 조사〉

5 어른의 역할

어떻게 청년들에게 어필할 것인가는 정치권이 선거 때마다 직면하는 난제 중 하나다. 특히 최근 들어 MZ세대의 부동층 비율이 늘어나면서 이런 고민의 정도는 더욱 깊어졌다. 그 부동층의 규모가 너무 거대한 까닭에 예전처럼 "청년들이여 정치에 관심을 가져야 한다"는 둥 조언을 가장한 무시를 더는 할 수 없는 지경에 이르렀기 때문이다. 이들의 표심을 확보하지 않고선 승리를 담보할 수 없게 되었고, 그것은 작은 변수에 불과했던 청년들의 여론에 정치권이 귀를 기울이게 하는 유인책이 되기도 했다. 2021년 대선 경선 과정에서 각 당의 후보들이 보여준 각종 퍼포먼스와 콘텐츠는 그 고뇌와 노력의 산물이었다고 해도 과언이 아니다. 하지만 그 정성이 무색하게도 청년들의 반응은 싸늘하기만 했다. 청년들을 타겟으로 콘텐츠를 제작하긴 했으나 아이러니하게도 청년들의 감성과 너무 동떨어져 있었던 이유에서다.

국민의힘 윤석열 후보는 경선 당시 청년 문제를 해결하겠다며 '민지(MZ)야 부탁해' 온라인 캠페인을 진행했다. 청년들이 제안한 걸 바탕으로 정책을 개발하겠다는 내용이었다. 그는 캠페인 홍보 영상에도 직접 등장했다. "민지한테 연락이 왔어"라며 참모들이 모여있는 회의실로 들어와선 "요즘 MZ 세대가 힘들다는데, 우리가 좀 나서야 되는 거 아니야?", "야, 민지가 해달라는데 한번 좀 해보자"라고 외쳤다. 텍스트만 봐도 어색함이 느껴지는 이 영상은 당연히 청년들의 공감을 사지 못했고 심지어는 "이걸 기획한 사람을 잘라야 청년들과 소통이 원활해질 것 같다"라는 비판이 나오기도 했다.[118]

더불어민주당이라고 크게 다르지는 않았다. 대선 경선에 참여했던 정세균 후보는 소셜미디어 틱톡(Tik Tok)에 가죽점퍼를 입고 선글라스를 쓴 채 춤추는 영상을 올렸고, 이낙연 후보는 서울 종로에 있는 e-스포츠 경기장인 롤파크를 찾아 리그오브레전드 게임을 체험했다. 경선 당시 가장 젊은 후보였던 박용진 의원 역시 틱톡에다가 브레이브걸스의 '롤린'에 맞추어 춤추는 영상을 올리기도 했다. 하지만 청년들은 이들의 콘텐츠에도 별다른 반응을 보이지 않았다. 전통적인 지지층 정도가 그들의 회춘에 호응했을 뿐이다.

롤과 틱톡이 20대들 사이에서 가장 많이 소비되는 콘텐츠 중

---

118 조선비즈, 윤석열 '민지(MZ)야 부탁해' 캠페인 시작…"정세균 틱톡 같다" 비판도, 2021년 8월 21일

하나라는 데는 이견이 없다. 이런 문화 콘텐츠들은 서로 다른 정서를 공유하는 집단에 대한 이해를 높이는 데 보탬이 된다. 그리고 많은 경우 상대방에 대한 심리적 장벽을 낮추기도 한다. 예컨대 어떤 슈퍼스타가 알고 보니 우리와 같은 게임을 즐기는 사람이었다면(그리고 그 게임이 인기가 없으면 없을수록), 우리는 그에게 더 빠져들지 않을 수 없다. 같은 문화를 향유한다는 건 그 자체로 동질감을 느끼게 하기에 충분하기 때문이다. 경선 당시 많은 후보가 노린 것도 이 점이었다. 그들은 청년들이 열광하는 콘텐츠들을 직접 체험함으로써 청년들과 접점을 넓히고 그걸 바탕으로 이들의 지지를 확보하고자 했다. 그래서 아마 이후의 반응들을 보고 적잖이 당황했을 것이다. 자기들 딴에는 '대박 아이디어'라고 생각하고 내놓았는데, 기대했던 폭발적인 반응은커녕 조롱과 비웃음만 되돌아왔으니 말이다. 이건 아이디어를 낸 실무자나 이를 추진하기로 한 정치인 모두 예상치 못한 결과였을 것이다.

청년들의 환심을 사기 위한 정치권의 노력은 왜 성과를 거두지 못했는가? 나는 일상성의 결여가 가장 큰 원인이었다고 생각한다. 만일 롤파크에서 게임을 했던 정치인이 단순히 한두 번 체험했던 게 아니라 평소에도 게임을 즐기는 인물이었다면 그에 대한 청년들의 평가는 달라졌을 것이다. 4·7 재보궐 선거가 끝난 날, 당시 이준석 전 최고위원이 사무실에서 스타크래프트를 했던 사진이 화제가 되었던 건 그런 이유에서다. 비록 스타크래프트는 롤에 비하면 한물간 게임이긴 하지만, 정치인이 우리가 하는 PC 게임을 똑같이 즐기고 있다는 사실은 그 자체로 동질감을 느끼게 하기에 충분했다. 이 정도가 아니더라도 게임 전문 유튜버 '김성회의 G식백과' 채널에 출연했던 더불어민주당 이재명 후보나 국민의당 안철수 후보처럼 평소 게임 산업이나 e-스포츠에 대한 이해를 바탕으로 의견을 피력해왔다면 그 자체로 긍정적인 평가를 받을 수 있었을 것이다. 그런데 평소에는 게임에, 혹은 청년들의 문화에 관심도 없다가 선거 때가 임박해서 한두 번 겪어보는 모습을 보여주니 여기에 청년들이 시큰둥한 모습을 보이는 건 당연했다. 이따금 보여주는 퍼포먼스로 청년들의 공감을 사고 친근감을 어필하겠다는 발상 자체가 너무 단편적인 생각이었다. 앞에서는 이런 쇼를 보여주지만, 뒤에서는 권위와 특권으로 가득 차 보통 사람들의 일상과 동떨어진 삶을 사는 정치인들의 모습을 청년들이 모를 리 없다.

2016년 미국 대선 당시 청년들에게 가장 많은 지지를 얻은 후보는 화끈한 트럼프도, 여성인 힐러리도 아닌 백발의 노인 버니 샌더스였다. 평생을 버몬트의 무소속 정치인으로 지낸 그는 2015년 민주당 대선 후보 경선에 참여하며 중앙 무대에 이름을 알리기 시작했다. 이때 샌더스는 이미 70대 중반을 넘어선 나이였지만, 젊은 유권자들은 그에게 열광했다. 그렇다고 그가 기발한 아이디어를 내세웠다든가 우리나라 정치인들처럼 우스꽝스러운 퍼포먼스를 보여준 건 아니다. 그저 평생을 불평등·인종차별과 싸워온, 자기 본연의 모습을 그대로 보여주었을 뿐이다. 오히려 청년들은 샌더스가 보여준 평범함에 호감을 느끼고 환호했다. 그는 2021년 1월 조 바이든 대통령의 취임식에서도 등산 점퍼에 두툼한 털장

갑을 끼고 나와 화제가 되었다. SNS에서는 그의 복장과 관련된 다양한 밈이 생산되었고 그 사진이 인쇄된 '샌더스 굿즈'는 닷새간 20억 원이 넘는 매출을 올렸다. '꾸미지 않는 것이 새로운 멋이 된' 것이다.[119]

미국에 버니 샌더스 상원의원이 있다면 독일에는 앙겔라 메르켈 전 총리가 있었다. 2015년 메르켈 총리가 퇴근 후 베를린의 한 슈퍼마켓에서 장을 보는 모습이 우리나라 언론에 보도되면서 화제가 된 적이 있다. 베를린 중심부인 모렌슈트라세역 인근에 있는 곳으로, 메르켈은 1993년 해당 슈퍼마켓이 생긴 이래 꾸준히 장을 봐왔다고 한다.[120] 메르켈은 늘 비슷한 재킷을 입고 다니며 친근한 모습을 보여주어 '엄마(Mutti)'라는 별명을 얻기도 했다. 이런 친숙함이 그의 호감도에 큰 영향을 끼친 건 물론이다. 실제로 메르켈 전 총리는 2017년 총선에서 승리하며 4연임에 성공했다. 이로써 그는 2021년 12월 독일 사회민주당(SPD) 올라프 숄츠 대표가 제9대 연방 총리에 취임할 때까지 무려 16년간 장기 집권할 수 있었다. 그동안 어떤 총리들도 이루지 못한 업적이었다. 눈여겨 볼만한 점은 메르켈이 최장수 총리라는 명예를 획득하는 데 청년들의 압도적인 지지도 있었다는 점이다. 사실 제2차 세계대전 이후 유럽 청년들은 일반적으로 진보 정당을 지지하는 경향이 강했다. 독일 역시 다르지 않아서, 통상적으로 중도좌파

---

119 경향신문, 꾸미지 않아도 멋이 폭발한다…바이든 취임식에서 '신스틸러' 된 버니 샌더스, 2021년 1월 21일

120 조선일보, [기자의 시각] 메르켈은 '쇼통'이 아니었다, 2021년 9월 24일

성향의 사회민주당이 청년들의 지지를 가장 많이 받았고, 녹색당이 그 뒤를 이었다.[121] 그러나 2013년 총선에서 18~24세 유권자들에게 가장 많은 득표를 한 정당은 메르켈이 소속된 보수정당인 기독민주당(CDU)이었다. 2017년 총선에서도, 비록 당시 난민 문제로 극우 성향의 대안당(AfD)이 약진하기는 했지만, 2030세대에게 가장 많은 지지를 얻은 것은 기민/기사당(CDU/CSU) 연합이었다.[122] 이와 같은 결과에 메르켈 개인에 대한 호감이 크게 작용했음을 부인할 수 없다.

사실 샌더스나 메르켈은 외형으로만 봤을 땐 청년과 거리가 먼 정치인이다. 앞서 언급한 것처럼 그들의 외모나 패션은 평범하기에 그지없었고, 화려한 퍼포먼스를 강조하지도 않았다. 그럼에도 청년들의 열띤 지지를 얻을 수 있었던 건 이들이 정치인의 본분에 충실했기 때문이다.

메르켈이 통일 후 후유증을 앓던 독일의 체질을 개선해 이 나라를 '유럽의 우등생'으로 우뚝 세웠다는 데 이의를 제기할 사람은 거의 없을 것이다. 그가 4선 연임에 성공하던 2017년, 독일의 실업률은 3.7%로 사실상 완전고용(3% 미만) 수준에 도달했다(7월 기준). 이는 1991년 이래 최저치로 2005년 메르켈 총리 첫 취임 때와 비교하면 절반가량 떨어진 것이었다.[123] 메르켈 집권기에 독일의 경제성장률은 늘 유럽 이웃 국가들의 그것을 훌쩍 뛰어넘었

121 연합뉴스, 메르켈 '엄마 리더십'…총선 앞두고 진보성향 젊은층도 흡수, 2017년 8월 10일

122 국회입법조사처, 〈2017년 독일 총선 결과와 향후 전망〉, 2017년 12월 12일

123 뉴스1, [독일 총선]②청년·노동자도 흡수한 '메르켈의 힘'

고, 이런 경제적 성과는 청년과 노동자들이 이례적으로 보수정당을 지지하게 하는 주된 원인이 되었다. 일상에 산적한 문제를 해결하는 게 정치인의 역할이고, 그중에서도 핵심은 먹고사는 문제라는 건 말할 필요도 없다. 이런 본질은 외면한 채 화려한 쇼를 보여줄 궁리만 하는 정치인들에게 청년들이 호응하지 않는 건 너무 당연한 일 아니겠는가.

미디어 환경이 다변화하면서 정치인들은 쇼잉에 대한 압박을 느끼지 않을 수 없게 되었다. 그들은 쇼를 잘하는 것이 긍정 여론 형성에 도움이 된다고 믿는다. 하지만 그런 여론은 의도한다고 만들어지는 게 아니다. 그럴 만한 인물은 굳이 자신이 나서지 않더라도 지지자들이 알아서 인터넷에 내용을 퍼뜨려준다. 영국의 가디언지가 '세계 최초의 인터넷 대통령(World's first Internet president)'이라고 평가했던, 2002년 대선 당시의 노무현은 그걸 입증한 사람이었다. 지역주의를 청산하겠다는 신념 하나로 정치적 손해를 감수하면서 영남의 문을 두드렸던 노무현의 진정성은 팬클럽 노사모를 탄생시킨 결정적인 원인이었다. 그리고 이는 곧 인터넷 공간을 휩쓴 노풍(盧風)의 원천이 됐다. 퇴임 후 봉하마을에 내려가서도 그가 보여줬던 건 쇼가 아닌 평범한 일상이었다. 그와 같은 진정성과 일상성에 당시 청년들은 열광하지 않을 수 없었다.

버니 샌더스가 처음 중앙 정치에 우뚝 선 2015년, 20대 청년들이 백발 노인에게 열광하는 이유를 두고 다양한 분석이 나왔다. 평생 소외계층을 대변해 온 정치 역정부터 미국의 불평등을 이야기하는 시대정신까지 내용은 다양했다. 그러나 본질은 하나였다. 청년들에게 미래를 가리키며 희망을 심어주었다는 점이다. 미국의 청년들은 이런 사람이 존재한다는 사실만으로 가슴 뛰는 열정을 느낄 수 있었다. 그 열정이 세대를 뛰어넘어 샌더스를 지지하게 했다. 샌더스의 사례만 봐도 청년들의 마음을 얻는 방법을 알 수 있다. 믿고 의지할 수 있는 어른의 모습을 보여주면 된다. 청년에게 다가간답시고 애들 따라 하는 어른이 될 게 아니라, 진정한 어른이 되어야 한다는 뜻이다.

4부

집단으로 표류하는 세대

20대 남성이 보수적이라고는 하지만, 사실 이들이 보수정당의 품에 안긴 건 아주 최근의 일이다. 3부에서 언급했던 것처럼 불과 2~3년 전까지만 하더라도 더불어민주당에 대한 20대 남성들의 지지는 자유한국당의 두 배를 넘었다. 2018년 20대 남성의 더불어민주당 지지율은 40%대를 꾸준히 유지했던 반면 자유한국당 지지율은 10%대에 불과했다. 이런 경향은 2019년에도 크게 다르지 않아서 더불어민주당은 20대 남성들로부터 30% 안팎의 지지를 얻었지만, 자유한국당은 그 절반에 불과한 지지를 얻는 데 그쳤다. 더불어민주당의 우위는 2021년 초까지 이어졌다. 비록 지지율이 10~20%대로 떨어지긴 했지만, 그래도 민주당은 늘 국민의힘을 근소하게나마 앞섰다. 이와 같은 구도가 해체된 건 4·7 재보궐 선거와 국민의힘 전당대회 이후 20대 남성들의 국민의힘 지지율이 껑충 뛰면서부터였다.[124] 이런 사실에 비추어본다면 청년들이 보수화되었다는 정치권의 주장은 아예 틀렸거나, '20대 남성'에 국한하여 '비교적 최근'에 적용했을 때만 성립할 수 있다.

그럼 그 대척점에 놓인 20대 여성들은 반드시 진보적인가? 물론 20대 여성들이 다른 정당보다는 더불어민주당을 가장 많이 지지한다는 사실에는 변함이 없다. 하지만 40~50%의 지지율이 안정적으로 나왔던 2~3년 전에 비하면 이들 역시 상당수가 더불어민주당에서 이탈했다. 2021년 가을, 20대 여성들의 더불어민주당 지지율은 30% 내외에 불과하다. 그렇다고 국민의힘이 이 표를 흡수한 건 아니다. 이들은 여전히 10% 안팎의 지지를 얻고 있을 뿐이다. 게다가 20대 여성들은 여전히 2021년 한국 정치를 뜨겁게 달궜던 이대남 현상에서 소외되었다는 실망감을 가지고 있다. 이들 중 절반에 달하는 사람들이 부동층을 형성하게 된 건 우연이 아니다.

남성이든 여성이든, 아니면 20대든 30대든, 청년들의 주된 정치 성향을 꼽으라면 단연 무당층일 것이다. 2021년 12월, 각종 여론조사에서 2030세대의 부동층 비율은 계속 증가하고 있다. 절반 이상이 지지하는 정당이 없으며, 20대 10명 중 8명은 '현재 지지 후보를 바꿀 수 있다(76.4%)'는 입장을 피력하고 있다. 30대 역시 절반 이상이 '지지 후보를 변경할 수 있다(59.3%)'고 답했다.[125] 반

124 한국갤럽, 〈데일리 오피니언〉, 2018년~2021년

125 세계일보, 정책대결 실종 비호감 대선에… 2030세대 표심 '오리무중', 2021년 12월 24일

면 40대 이상에선 같은 응답을 한 사람의 비율이 30%도 채 되지 않았다. 향후 선거들에서 이 표심을 확보하는 정당이 승리할 거란 건 틀림없는 사실이다.

2022년 대선을 앞두고 청년세대의 부동층 비율이 증가하고 있는 현실을 두고 정치권은 '후보들의 비호감도가 높은 탓'이라고 진단한다. 더불어민주당 이재명 후보, 국민의힘 윤석열 후보의 각종 논란과 이를 두고 벌어지는 네거티브 공방이 청년들에게 실망감을 불러일으켰고 이로 인해 후보를 결정하지 않은 부동층이 확대되었다는 것이다. 그러나 이런 주장은 정치권의 책임회피에 지나지 않는다. 왜냐면 이 두 사람이 후보로 선출되기 전부터 청년들 사이에서 부동층 비율은 꾸준히 증가했기 때문이다. 물론 후보 개개인의 자질 논란도 어느 정도 영향을 끼치긴 했겠지만, 보다 근본적인 원인은 한국 정치가 청년들에게 기대와 희망을 심어주지 못한 데 있다. 이런 현실은 외면하고 후보 탓을 한다고 해서 이탈한 청년들의 표심은 돌아오지 않는다. 오늘날 우리 정치가 보여주고 있는 후진성을 극복하지 못한다면 그 어떤 후보를 내세우더라도 표류하는 청년들의 규모는 줄어들지 않을 것이다.

각 세대의 정치적 특성은 대개 나이가 들어감에 따라 진보에서 보수로 옮겨가는 '연령 효과(생애주기 효과)'와 한 세대가 공통으로 경험한 사건들로 인해 형성되는 특징인 '세대 효과(코호트 효과)'가 중첩되며 만들어진다. 그렇게 한 번 형성된 정체성은 좀처럼 바뀌지 않는다. 20년 전 노무현 대통령의 주요 지지층이었던 2030세대가 오늘날 4050세대가 되어 더불어민주당의 지지율을 떠받치고 있는 현실은 한 번 형성된 세대의 정체성이 세월이 흐른다고 쉽게 바뀌지는 않는다는 걸 보여준다. 그렇다고 연령 효과가 의미 없는 건 아니다. 4050세대가 더불어민주당을 지지하는 게 그들의 개혁성을 담보하는 건 아니기 때문이다. 그보다는 이들이 민주당이라는 정당과 함께 우리 사회의 주류로 발돋움한 거라고 보는 게 맞지 않을까 싶다.

이런 맥락에 비추어보면, 오늘날 2030세대의 표류하는 정치적 성향은 비단 2022년 선거에만 국한되지 않을 가능성이 크다. 탈이념적이고 실용과 합리를 추구하는 MZ세대의 특성은 분명 지속적으로 한국 정치에 영향을 끼칠 것이다. 이들의 표심은 끊임없이 표류하다가 어느 한순간 상식적이고 합리적이라고 판단되는 곳으로 집중될 수 있다. 결국 이 거대한 캐스팅 보트를 얻고자 한다면 우리 정치는 거듭 쇄신하고 발전해야만 한다.

지금까지 기성 정치인들은 특정 지역 혹은 특정 세대라는 텃밭에 안주하며 변화를 게을리했다. 캐스팅 보트를 쥔 집단은 대규모 토목공사라든가 경제적 이득이 주어질 만한 공약으로 회유할 수 있다고 여겨왔다. 그 과정에서 청년들의 목소리는 투표율이 낮거나, 당연히 진보적일 거란 이유로 무시되기 일수였다. 당연히 이들은 정치적 의사결정에서 후순위로 고려되었다. 그 관성은 여전히 남아서 청년들의 표심이 매우 중요해진 오늘날에도 똑같이 작동하고 있다. 보여주기식 인재영입과 퍼포먼스, 그리고 설익은 공약들은 그 고민의 깊이를 보여주는 반례다. 아마 선거가 끝나면 이런 어설픈 노력마저 사라질 것이다. 그러나 MZ세대가 집단으로 기억상실에 걸리지 않는 한 이 모든 과정은 이들의 머릿속에 기억될 것이고, 그것은 언젠가 표를 행사하는 데 중요한 선택의 기준으로 작동할 것이다. 이건 다른 세대도 마찬가지다. 그러니 정치권이 유권자들의 목소리를 외면한다고 분통을 터뜨릴 필요도 없다. 선거란 모름지기 결과로 보여주는 것이다. 언제든 캐스팅 보트를 행사할 준비가 되어있다면 말이다.